信息系统协会中国分会（CNAIS）

信息系统学报

CHINA JOURNAL OF INFORMATION SYSTEMS

第26辑

清华大学经济管理学院　编

科学出版社

北　京

内 容 简 介

《信息系统学报》是我国信息系统科学研究领域内唯一的专门学术出版物，被信息系统协会中国分会指定为会刊。《信息系统学报》倡导学术研究的科学精神和规范方法，鼓励对信息系统与信息管理领域中的理论和应用问题进行原创性探讨和研究，旨在发表信息系统研究领域中应用科学严谨的方法论、具有思想性与创新性的研究成果。本书内容包括相关的理论、方法、应用经验等方面，涵盖信息系统各个研究领域，注重结合我国国情进行探讨，从而对我国和世界信息系统的研究与应用做出贡献。

《信息系统学报》主要面向信息系统领域的研究人员，其作为我国信息系统领域学术研究探索与发展的重要交流平台，为相关研究工作创造了一个友好而广阔的交流空间，推动着我国信息系统研究、应用及学科建设不断前进。

图书在版编目（CIP）数据

信息系统学报. 第 26 辑 / 清华大学经济管理学院编. —北京：科学出版社，2022.3
ISBN 978-7-03-070877-9

Ⅰ. ①信… Ⅱ. ①清… Ⅲ. ①信息系统–丛刊 Ⅳ. ①G202-55

中国版本图书馆 CIP 数据核字（2021）第 259498 号

责任编辑：陶　璇 / 责任校对：张亚丹
责任印制：张　伟 / 封面设计：无极书装

科 学 出 版 社 出版
北京东黄城根北街 16 号
邮政编码：100717
http://www.sciencep.com
北京虎彩文化传播有限公司 印刷
科学出版社发行　各地新华书店经销
*
2022 年 3 月第　一　版　开本：889×1194　1/16
2022 年 3 月第一次印刷　印张：9 1/2
字数：187000
定价：118.00 元
（如有印装质量问题，我社负责调换）

《信息系统学报》编委会

主 编 单 位　清华大学（经济管理学院）

副主编单位　北京大学（光华管理学院）　　　　复旦大学（管理学院）
　　　　　　哈尔滨工业大学（经济与管理学院）　西安交通大学（管理学院）
　　　　　　中国人民大学（商学院）

参 编 单 位　北京大学（光华管理学院）　　　　北京航空航天大学（经济管理学院）
　　　　　　北京理工大学（管理与经济学院）　大连理工大学（经济管理学院）
　　　　　　电子科技大学（经济与管理学院）　东南大学（经济管理学院）
　　　　　　复旦大学（管理学院）　　　　　　哈尔滨工业大学（经济与管理学院）
　　　　　　合肥工业大学（管理学院）　　　　华中科技大学（管理学院）
　　　　　　南开大学（商学院）　　　　　　　清华大学（经济管理学院）
　　　　　　上海交通大学（安泰经济与管理学院）　天津大学（管理与经济学部）
　　　　　　同济大学（经济与管理学院）　　　武汉大学（信息管理学院）
　　　　　　西安交通大学（管理学院）　　　　中国科学技术大学（管理学院）
　　　　　　中国人民大学（商学院、信息学院）　中南大学（商学院）
　　　　　　中山大学（管理学院）

通 信 地 址
　　北京市清华大学经济管理学院《信息系统学报》，邮政编码：100084。
　　联系电话：86-10-62789850，传真：86-10-62771647，电子邮件：CJIS@sem.tsinghua.edu.cn，网址：http://cjis.sem.tsinghua.edu.cn。

信息系统学报

（第26辑）

目　录

China Journal of Information Systems

Issue 26

CONTENTS

主 编 的 话

本期《信息系统学报》是总第 26 辑，共收录 9 篇研究论文。

此次发表的 9 篇研究论文涵盖了直播推荐、疾病门诊量预测、移动学习口碑生成、在线用户创意采纳、消费者广告回避、消费者试用产品动机、游客出行决策、用户信息安全保护、创新驱动因素等多方面的主题，采用了多样化的研究方法。王潇等的论文在近年来在线直播行业快速兴起的背景下，针对直播推荐有较强动态性的特性，基于强化学习理论，将基于排序的有监督学习策略引入强化学习模型，提出了从静态、动态和实时特征三个角度构建用户状态表示的一种新型的直播推荐模型，探索全面反映用户偏好特征的直播推荐方法。顾福来等的论文基于心血管疾病门诊量时间序列数据，采用迭代策略进行多步长时间序列预测，从降低多步长预测带来的误差累积问题和数据非平稳、非线性特征出发，提出改进集合经验模态分解方法，并结合反向传播神经网络建立了组合预测模型，探索心血管疾病门诊量的精准预测方法。罗霄等的论文在移动学习呈爆发式增长态势的背景下，以影响用户在移动学习过程中发布评论信息的动机作为切入点，运用扎根理论，对常见移动学习论坛中 5 568 条真实评论数据进行分析，构建了"移动学习情境下口碑生成的影响因素模型"。秦敏和许安琪的论文针对在线用户创新社区拥有丰富的用户生成信息，整合创新扩散理论、技术接受与利用整合模型、吸收能力理论等经典理论，构建了在线用户创新社区创意采纳机理模型，探索从大量信息中选取具有价值的创意并引导用户提出更易被企业采纳创意的机理。罗江等的论文针对消费者对个性化广告仍然存在感知侵扰性和广告回避等问题，引入心理抗拒（愤怒情绪和负面认知）作为中介变量，以感知个性化作为调节变量，通过构建感知侵扰性影响广告回避的结构方程模型，探究个性化社交媒体广告对消费者广告回避的影响机制。孙凯等的论文在智慧健康产品试用情境下，以大学生为样本，采用实验室实验方法，探究"好奇"和"信念"在吸引消费者参与和产品评价时的作用机制。郝辽钢等的论文从"时-空-关"视角研究旅游决策情景中空间和时间的交互作用，探究空间对游客旅游消费心理预算周期的影响，并将感知控制作为调节变量，研究了游客心理预算周期对延迟消费行为的影响。陈昊等的论文针对未经妥善处理的电子废弃物中海量私密信息泄露可能导致身份盗用、财产损失甚至危及国家安全等问题，从行为学视角整合社会学习理论和保护动机理论，构建了个体电子废弃物持有者信息安全保护动机要素模型。金鑫等的论文在我国经济发展进入新常态，传统粗放的要素投入驱动模式无法持续，必须依靠创新驱动的背景下，从数字经济产业的视角对 2006~2017 年 29 个省（自治区、直辖市）的面板数据进行实证研究，从国家、地区等不同层面探讨了数字经济产业集聚对创新驱动因素的影响。

我们希望本期刊登的这些文章能够在促进科学探讨、启发创新思维、分享学术新知方面发挥应有的作用，同时也希望《信息系统学报》得到大家的更多关注并刊登更多高水平的文章。谨向关心和支持《信息系统学报》的国内外学者同仁及各界人士致以深深的谢意。感谢参与稿件评审的各位专家的辛勤工作，感谢各位作者对学报的支持以及出版过程中的配合，并感谢科学出版社在编辑和出版过程中的勤恳努力！

主 编 陈国青

副主编 黄丽华 李 东 李一军 毛基业 王刊良

2021 年 5 月于北京

一种基于深度强化学习的直播推荐方法[*]

王潇，刘红岩，车尚锟

（清华大学经济管理学院，北京 100084）

摘　要　近年来，在线直播行业快速兴起，而给用户推荐其感兴趣的直播是提升用户体验的关键。直播推荐有着更强的动态性，直播内容和用户偏好时刻在变化中。现有推荐算法没有针对此特点进行建模。本文基于强化学习理论，提出了一种新型的直播推荐模型。该模型从三个角度构建用户的状态表示。同时，将基于排序的有监督学习策略引入强化学习模型，使得模型在探索学习的同时保证推荐质量。在真实的数据集上的实验评估结果验证了所提模型的有效性。

关键词　推荐系统，深度强化学习，在线直播，有监督学习

中图分类号　TP391.3

1　引言

近年来，在线直播行业快速兴起，观看在线直播成为大众娱乐的重要方式之一。根据艾媒咨询的研究报告[1]，2019 年中国在线直播市场用户规模达到 5.04 亿人，增长率为 10.5%；2020 年中国在线直播市场用户规模达到 5.87 亿人，增长率为 16.5%；2021 年用户预计达 6.35 亿人，增长率为 8.2%。一方面，用户规模的快速提升促进了主播数量的增加、直播内容的丰富，同时也给用户选择感兴趣的直播带来可能；另一方面，用户规模虽逐年提升，但增速已经逐步放缓，当直播平台的用户量趋于稳定后，提升用户体验、增强用户黏性成为平台运营的关键环节。推荐系统的引入可以有效减少用户的搜索时间，帮助用户发现感兴趣的内容，从而提升用户体验。

但是在线直播的推荐面临着诸多挑战：①在线直播具有实时性，主播直播的内容在动态变化，用户也会在主播间随时切换以观看其最喜欢的内容。直播推荐系统必须有能力捕捉用户和主播动态变化的状态。②直播推荐面对的是主播、直播内容和用户的三元组，其中两两之间都具有关联关系，同一个主播不同时段的直播具有共性和特性，同时用户的兴趣既有针对特定主播的也有针对某类内容的，因此合理表示这三者及其之间的关系是直播推荐的重要步骤。已有推荐系统的相关研究没有针对直播的这些特点进行建模，性能上存在着改进的空间。

为解决上述问题，本文将直播领域中的推荐建模转化为一个强化学习问题，提出了一种用于直播推荐的深度强化学习（deep reinforcement learning，DRL）模型。该模型将推荐系统作为智能体，通过系统与用户不断交互的过程探索用户的真实偏好，最大化用户的长期收益。模型采用深度确定性策略梯度算法解决推荐系统问题中动作空间维度高、计算量过大的难题，同时解决了一般的强化学习策略只能推荐一个物品的问题[2]。另外，强化学习通过探索过程最大化用户长期收益，短期通过探索策略会推荐一些与当前偏好不完全吻合的目标，因此会牺牲部分短期收益，可能造成短期用户体验差的问

---

* 基金项目：国家自然科学基金面上项目（编号：71771131）、国家自然科学基金重大项目（编号：71490724）。

通信作者：刘红岩，清华大学经济管理学院教授、博士生导师，E-mail：liuhy@sem.tsinghua.edu.cn。

1

题。为此，本文提出了将基于排序的有监督学习策略引入强化学习模型，使得推荐列表能在原有基础上使用监督策略进行改进，缓解这一问题。同时，提出了对用户状态的建模方法，通过静态、动态和实时特征三个角度进行建模，全面反映用户的偏好特征。

本文内容安排如下：第 2 部分总结分析相关研究；第 3 部分定义研究问题；第 4 部分描述所提出的模型；第 5 部分通过实验评估所提模型的性能；最后第 6 部分总结全文。

2　相关研究

推荐模型可以分为协同过滤（collaborative filtering，CF）[3]、基于内容的推荐（content-based recommendation）[4]及混合方法。下面对经典的通用推荐模型以及与本文工作相关的视频推荐、直播推荐和基于强化学习的推荐模型进行总结分析。

2.1　通用推荐方法

在通用推荐模型中，比较经典的方法是协同过滤和基于内容的推荐。

协同过滤的基本思想是向用户推荐与其有着相似喜好的用户所喜欢的物品[3]。该方法基于用户的历史行为信息，如用户购买哪些商品或者用户对已有商品的打分信息计算用户之间的相似度。然后将相似用户购买过的商品推荐给目标用户。

基于内容的推荐是向用户推荐其喜好物品的相似物品[4]。如果用户喜欢某个物品，则与该物品类似的物品也会被推荐给用户。该方法的难点在于需要找到准确的特征以描述物品，同时该方法可能推荐的都是与已消费物品类似的物品。

经典的协同过滤方法和基于内容的推荐方法没有考虑用户行为的时序特点，因此，考虑用户行为的序列模式的推荐方法即序列推荐（sequential recommendation）吸引了很多研究者进行研究。早期的序列推荐方法利用马尔科夫链建模用户的序列行为[5]，建立在较强的马尔科夫性质的假设前提下。随着深度学习的发展，研究者提出了许多基于神经网络模型的推荐方法，例如，Hidasi 等研究者[6]采用循环神经网络（recurrent neural networks，RNN）模型来建模会话中的用户点击序列。Wu 等研究者[7]采用图神经网络建模，将全局偏好和当前会话偏好结合，对下一物品进行预测。Ying 等研究者[8]采用基于层级的注意力网络，结合了用户长短期的偏好进行预测，将用户长期的偏好的变化加入考虑。

近年来，强化学习在游戏领域和自动控制领域取得了良好的效果[9~11]。因此深度强化如何应用于推荐系统也成为研究热点。Zhao 等学者提出基于深度强化学习的用于电商平台的商品推荐算法，让推荐系统智能地学习最优推荐策略[12~14]。区别于其他应用中智能体每一步与环境的交互都可以得到反馈[15]，在推荐系统中，获得任意一步动作的反馈的代价是较高的。因此已有深度强化推荐工作中采用了环境模拟器来根据协同过滤的思想来预测反馈值。但该方法的不足之处在于，若环境模拟器的预测值与真实反馈值有偏差，则会影响到强化学习的学习效果。在同样的框架下，Zhao 等学者研究在电商平台下如何为用户推荐多个商品并排版成网页的问题，但该研究主要侧重于使用 Encoder-Decoder 模型进行商品页面的生成[13]。Zheng 等构建了基于深度强化学习的框架进行新闻的推荐，侧重解决推荐物品过于相似和重复的问题[16]。

Wang 等学者的研究结合了监督学习和强化学习，采用 Actor-Critic 模型来克服仅采用强化学习模型时在探索时期推荐不准确的缺陷[17]。但该方法的不足之处在于，其定义的动作空间维度与物品维度相同，在应用于直播领域时，由于待推荐的物品数量很多，会造成计算复杂度很高，同时网络的参数也会随动作维度的增大而增大，使得模型求解复杂。Liu 等同样采用了深度确定性策略梯度算法，提出了三种状态表示模型来建模物品之间的联系以及用户和物品之间的联系[18]。Chen 等学者提出两种算法来缓解由用户、物品分布变化引起的反馈不准确的问题，提出分层抽样回放和近似悔恨反馈法来有效地估计反馈值[19]。

2.2 视频推荐

在视频推荐领域，基于协同过滤的思想根据用户的行为进行分析，从相似用户的角度对用户进行推荐。基于内容的推荐则利用了视频的一些元信息，如标题和风格；或者视频中的信息，如色彩和明暗。

Davidson 等分析了 YouTube 的视频推荐系统，该系统采用的输入包括了内容相关信息和用户相关信息，后者包括了直接和间接的回馈。直接回馈包括喜爱和厌恶等行为，间接回馈包括浏览和观看等行为[20]。随着深度学习的发展，Covington 等应用了深度学习进行视频推荐，深度神经网络的优点在于可以方便地处理离散和连续变量，可将用户观看历史、搜索记录、场景信息及用户画像共同作为输入，并输出用户的向量表示[21]。基于内容的推荐还可以利用视频信息，如 Mei 等在研究中利用了视频的文本信息如描述和标签等[22]。Deldjoo 等同样采用基于内容的推荐，提出了一种能分析视频风格特征的推荐方法[23]。

2.3 直播推荐

由于直播行业近些年才流行起来，目前直播推荐相关的研究还很少。根据 Yang 等的研究[24]，直播平台 Twitch 采取了最多观看（most viewed）的推荐手段，该方法的缺陷是没有考虑到用户的个人偏好，即每个用户的不同点。由此该文章提出了 HyPAR（hybrid preference-aware recommendation）算法，加入了对用户历史观看记录信息的利用，包括观看频道、观看时长，以此来分析用户的喜好。Liu 等的研究[25]着重考虑了直播平台中的关注列表信息，该方法首先对用户观看记录进行分析并用 k-means 方法聚类，而后基于用户群进行推荐。

由此可见，目前已有的针对直播的推荐方法没有充分利用直播推荐的特点。如果采用已有的视频推荐算法做直播推荐，则忽略了直播内容实时变化的特点，直播视频的动态变化影响着用户的选择，但是在视频推荐中没有考虑这点。此外，直播视频都是实时的，这使得直播推荐算法无法利用完整的视频信息。另外，深度强化推荐模型这类新方法仍然主要应用于商品推荐，没有针对直播场景进行优化，同时，已有模型采用的离散动作空间的定义方式使得在推荐的场景下计算复杂度很高[19]。此外，部分已有强化推荐系统采用深度 Q 学习在每一步只能推荐一个物品，以及采用基于分类的监督学习算法[17]不能很好地解决本质上是多个物品排序的推荐问题。因此，本文针对直播推荐的应用场景，研究上述问题的解决方法。

3 问题定义

3.1 直播场景下的推荐问题

假设在推荐系统中有 M 个用户，用集合 U 表示；有 N 个主播用集合 V 表示。令 U_t、V_t 分别表示 t 时刻在线的用户和主播集合。对于任何一个用户 $u \in U$，给定其历史观看行为记录，推荐问题是预测其下一时刻可能感兴趣的直播，为其生成一个长度为 K 的主播推荐列表。

3.2　直播推荐的强化学习建模

强化学习的目的是教会智能体（agent）如何去决策（action），每一个决策会影响智能体未来的状态（state），智能体采取的每一步决策会产生反馈（reward），反馈值越高即表示收益越高。在直播推荐领域中，推荐系统可以看作类似的一个智能体，可以由图 1 来表示，推荐系统收到用户当前的状态表示 s_t，并根据策略做出决策，推荐用户喜好的直播列表（在图中对应动作 a_t），用户将对推荐系统的每个决策做出反馈 r_t，此时，用户达到下一个状态 s_{t+1}。

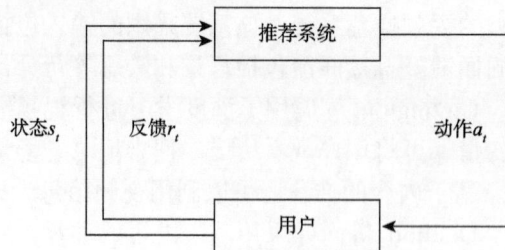

图 1　强化学习与推荐系统交互模型

给定某用户 t 时刻的状态 s_t 后，假设其未来的状态与过去的状态是独立的，当前时刻的推荐行为 a_t 只与当前状态 s_t 有关，而与之前的状态无关，则此过程符合马尔科夫决策过程（Markov decision process）的定义，因此我们可以将直播推荐问题建模为一个马尔科夫决策过程，由状态、动作和反馈的序列组成，可以由五元组（S，A，P，R，γ）表示，定义如下。

状态空间 S：用户当前状态的向量表示，用户在时刻 t 的状态为 s_t。

动作空间 A：推荐系统在时刻 t 的动作记为 a_t。在本文中，为了提升计算效率，将动作空间建模为连续空间。为了得到推荐列表，将 a_t 建模为由稠密向量表达的用户当前偏好。基于该向量与各个主播偏好向量的匹配可以得到推荐列表。本文采用的连续动作空间有着计算效率的优势，如果将动作空间定义为离散空间，计算复杂度很高[22]。

反馈 R：$S \times A \to R$ 表示反馈函数 $r(s,a)$，表示在状态 s 下采用动作 a 得到的反馈。推荐系统根据动作 a 推荐一个主播列表后，若用户观看了列表中的主播，则反馈取值为正。

状态转移概率 P：$p(s_{t+1}|s_t,a_t)$ 定义了由状态 s_t 采取动作 a_t，达到状态 s_{t+1} 的概率。

折现因子（discount factor）γ：γ 是[0,1]区间的实数，表示未来收益的折现率。特别地，若 $\gamma = 1$，意味着未来得到的收益与当前价值等同。若 $\gamma = 0$，则意味着未来得到的回报在现在毫无价值，智能体可被看作"短视"的。

为了衡量推荐系统在一段较长时间内的推荐效果，定义模型的总期望收益为 Q 函数（state action value function）：$Q^\pi(s,a)$ 表示在时刻 t 状态 s 下执行动作 a，并在接下来采取策略 π 的总期望收益。γ 表示折现因子，则

$$Q^\pi(s,a) = E\left(r_t + \gamma r_{t+1} + \gamma^2 r_{t+2}\cdots|s,a\right) \tag{1}$$

假设状态 s 下执行动作 a 得到的反馈为 r，则 Bellman 方程可给出 Q 函数的迭代形式：

$$Q^\pi(s,a) = E_{s'}\left(r + \gamma Q^\pi(s',a')|s,a\right) \tag{2}$$

采用值迭代（value iteration）的方法可以求出最优 Q 函数 $Q^*(s,a)$：

$$Q^*(s,a) = E_{s'}\left(r + \gamma \max_{a'} Q^*(s',a')|s,a\right) \tag{3}$$

3.3 强化学习的模型选择

由于上述的强化学习模型中对于 Q 函数的求解，以及策略函数 π 的求解比较困难，而深度强化学习则结合了强化学习与深度神经网络，采用了深度神经网络来表示 Q 函数或策略，并通过梯度下降的方法完成端到端的 Q 函数或策略的优化，有效解决了上述问题，因此，本研究中采用深度强化学习的模型来求解直播推荐问题。具体来说，本文采用基于策略梯度学习的深度确定性策略梯度模型[26]，并在此基础上进行改进。深度确定性策略梯度模型可以分为两部分：Actor 模型和 Critic 模型。Actor 模型学习策略而 Critic 模型学习 Q 函数。采用神经网络来进行策略近似和 Q 函数近似可以进行高维非线性的近似，能够有效处理连续动作空间。

本文采用参数为 w 的深度神经网络模型 Q-network 来表示 Q 函数，采用深度 Q 学习的方法估计最优的 Q 函数值，即

$$Q(s,a,w) \approx Q^*(s,a) \qquad (4)$$

目标是用深度 Q-network 来近似最优 Q 函数，所以令最优 Q 函数的 Bellman 方程[式（2）]的右半部分为 Q-network 模型的学习目标 Q-target，即

$$Q\text{-}target = r + \gamma \max_{a'} Q(s',a',w) \qquad (5)$$

本文用深度策略网络来近似表示策略，考虑确定性策略（deterministic policy gradient）的情况[27]。用含有参数 θ 的深度网络 μ 来表示策略，则在状态 s 时的动作为

$$a = \mu(s,\theta) \qquad (6)$$

假设时刻 t 的收益为 r_t，定义收益函数为

$$J(\theta) = E\left[r_1 + \gamma r_2 + \gamma^2 r_3 \cdots \mid \mu(s,\theta) \right] \qquad (7)$$

本文使用的主要变量符号如表 1 所示。

表 1 直播推荐问题中的主要变量符号

符号	含义
T	时刻的数目，推荐问题总共有 T 个时刻
t	时刻的取值，从集合 $\{1, 2, \cdots, T\}$ 中取值
M	直播平台中的用户数目
U	用户集合
U_t	t 时刻在线的用户集合
N	直播平台中的主播数目
V	主播集合
V_t	t 时刻在线的主播集合
h	表示每个用户和主播所用的向量空间（嵌入向量）的维度
H_u	用户 u 的嵌入向量，维度为 h
H_v	主播 v 的嵌入向量，维度为 h
$v_{u,t}$	用户 u 在时刻 t 观看的主播
o_t	t 时刻的观测信息，指 t 时刻起始时已知的推荐系统中与用户相关的所有信息
s_t	用户在 t 时刻起始时的状态表示，从观测信息 o_t 中提取得到
$f(\cdot)$	$s_t = f(o_t)$，指将 t 时刻的观测信息映射到用户状态表示的函数

符号	含义
a_t	在 t 时刻推荐系统给用户做出的推荐行为
$\pi(\cdot)$	$a = \pi(s)$，表示一个从状态 s 到推荐动作 a 的策略函数
r_t	在 t 时刻推荐行为 a_t 给用户带来的收益，反映推荐行为 a 是否准确

4　SDRIV 模型

针对直播推荐应用场景中直播的实时特点，本文在深度确定性策略梯度的 Actor 模型部分引入反映直播实时特点的特征。同时，为了更有效地对网络进行学习，本文引入了基于排序的有监督的学习策略。结合这两点，本文提出了基于有监督深度强化学习的直播推荐模型 SDRIV（supervised deep reinforcement based live video recommendation）。

4.1　模型概述

由于强化学习探索的特点，其产生的相对随机的动作可能会影响推荐系统的表现，带来负面的用户体验[19]，因此本文采用了融合有监督学习和强化学习的方法，来确保模型在探索的同时也保证了推荐的质量。受基于排序的推荐模型的启发[28]，本文提出了如何将基于排序的有监督学习与强化学习相结合的方法。同时，本文认为用户状态的表示（state）是强化学习推荐模型具有良好推荐效果的关键因素，提出从用户的静态特征、动态特征和实时特征三个角度来对用户建模。这些信息将从用户的历史观看记录和当前观看直播的情况来提炼。

本文提出的 SDRIV 模型的框架由图 2 表示，图中 Actor 模型中的两个全连接层（FC layer）由下至上分别为 ReLU 和 tanh；Critic 模型中的两个全连接层（FC layer）都为 ReLU。根据上述的介绍，先提炼用户的状态表示（state s）作为 Actor 模型的输入。图中 B_t 代表了 t 时刻用户的三元组信息集合，每个用户的三元组中包含用户编号、用户观看过的主播编号、用户未观看过的主播编号，将 B_t 引入模型中，是为了实现基于排序的有监督学习。Actor 网络的输出为动作 a（Action a），a 将由策略近似和基于排序的有监督学习[28]共同学习得到。推荐系统根据动作 a 为用户推荐一个主播列表，收到反馈 r（reward r），用于 Critic 网络的学习。Critic 网络用于实现 Q 函数的近似，其输入包括了用户状态表示 s、动作 a 和收集到的反馈 r。

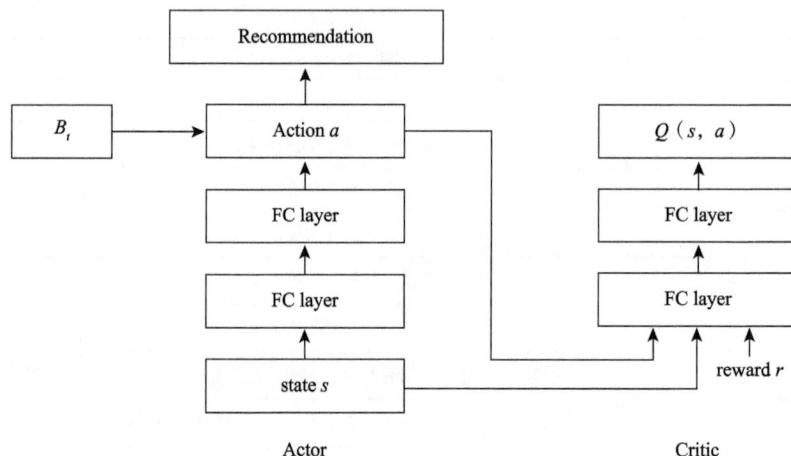

图 2　SDRIV 模型

4.2 用户状态表示模型

用户状态表示是 Actor 模型的输入部分。本文提出从用户的静态特征、动态特征和实时特征三个方面共同构建状态表示。静态特征反映的是用户长期的、稳定的兴趣，动态特征代表用户的动态偏好。两类特征通过所提模型学习得到，这种定义和处理方式与已有文献的处理方式一致[29, 30]。实时特征将当前在线的相似用户的偏好信息加以考虑，反映推荐时刻的实时信息。这三个方面分别从对时间敏感度不同的三个角度来提取特征，用以表示当前的状态。图 3 展示了用户 u 的状态表示模型。在本文中，无论是静态特征还是动态特征，都不是通过显式的特征反映，而是通过学习得到隐式向量（latent vector）来表达，且是与整个模型中的其他参数一起通过学习得到的。

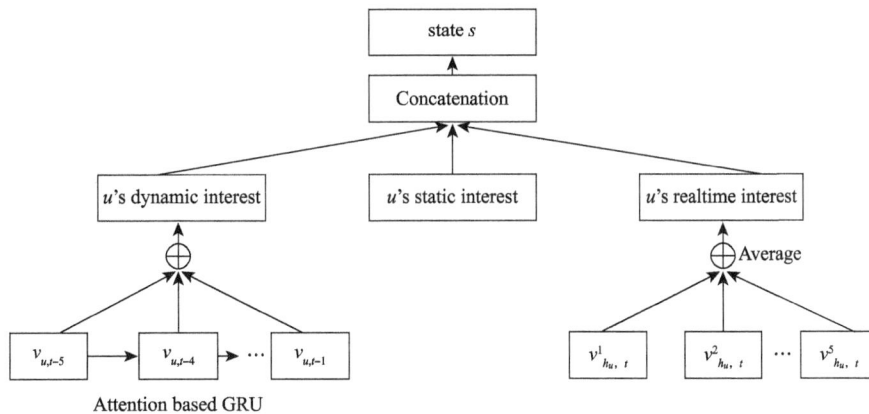

图 3 用户状态表示模型

第一部分是用户的静态特征，由嵌入向量（embedding vector）表示。通过模型的嵌入层（embedding layer），将用户 u 的编号（ID）作为输入，映射到维度为 h 的向量空间，得到向量 H_u。同时，每个主播 v 也通过模型的嵌入层得到其嵌入向量表示，记为 H_v。

第二部分是用户的动态特征，是基于用户的历史行为序列学习到的用户行为的序列模式特征，反映用户偏好的动态变化趋势。本文采用了用户最近 m 次观看的主播作为本部分的输入，用户 u 的观看历史序列记为 $< v_{u,\ t-1}, \cdots, v_{u,\ t-m} >$。在网络中，这 m 个主播将首先进行嵌入学习，得到其向量表示，作为门循环网络（gated recurrent network，GRU）部分的输入。循环神经网络可以有效学习序列前后元素相互依赖的特征。且由于本文处理的序列较短，GRU 参数较少，训练速度快，比 LSTM（long short-term memory，长短期记忆网络）更适合于本问题。在此之上，本文采用了注意力机制的方法[31]，通过赋予输入序列中每个元素不同的权重，可以进一步学习到输出对输入的每个部分的不同依赖程度。

第三部分是用户的实时特征，通过相似用户当前的观看行为获取。本文基于用户观看直播的历史行为，通过预训练一个基于排序的有监督学习模型得到用户的特征向量，在此之上通过内积的方式确定用户的相似用户。设 h_u 为用户 u 的相似用户的有序列表（根据相似度由高到低的顺序进行排序），$v_{h_u,t}$ 为在线的每个相似用户正在观看的主播，取前 n 个主播记为 $v_{h_u,t}^1, v_{h_u,t}^2, \cdots, v_{h_u,t}^n$。对主播进行嵌入学习，得到其向量表示后，取平均作为用户的实时特征表示。

将三部分得到的特征向量拼接，即用户 u 当前的状态表示，而这也将作为 Actor 网络的输入。用户表示模型的参数与 Actor 网络中的参数共同训练学习。

4.3　Actor 模型

Actor 模型用参数为 θ 的神经网络 μ 来表示策略，结合了策略近似和基于排序的有监督学习两个部分，定义 $J_{\mathrm{RL}}(\theta)$ 为强化学习部分的目标函数，$J_{\mathrm{RS}}(\theta)$ 为有监督学习的目标函数，$\epsilon \in [0,1]$ 用来调节两者的权重。则 Actor 模型的目标函数为

$$J(\theta) = \epsilon \cdot J_{\mathrm{RL}}(\theta) + (1-\epsilon) \cdot J_{\mathrm{RS}}(\theta) \tag{8}$$

本文采用梯度上升的方法来最大化 Actor 目标函数 $J(\theta)$。由于 $J(\theta)$ 可表示为 $J_{\mathrm{RL}}(\theta)$ 和 $J_{\mathrm{RS}}(\theta)$ 的线性组合，下面将分为强化学习和有监督学习两个部分，分别求对参数 θ 的偏导，最后得出整体的更新公式。

对于强化学习的部分，Actor 网络通过参数 θ 来更改策略 $\mu_{\theta}(s)$，使得 $Q(s,a)$ 的期望值达到最大。由式（6）知：$a = \mu(s,\theta)$，假设 w 是由 Critic 模型给出的深度 Q-network 的参数，则目标函数 $J_{\mathrm{RL}}(\theta)$ 表示如下：

$$\max J_{\mathrm{RL}}(\theta) = E\left[Q\left(s, \mu_{\theta}(s), w\right)\right] \tag{9}$$

采用链式法则对 θ 求偏导后得到梯度公式：

$$\nabla_{\theta} J_{\mathrm{RL}}(\theta) = E\left[\nabla_{\theta} \mu_{\theta}(s) \cdot \nabla_a Q(s,a,w)\right] \tag{10}$$

模型的有监督学习部分采用的是基于排序的有监督学习方法。在本文中，我们认为用户对正在观看的直播的偏好高于随机抽取的未观看过的直播。因此，对于一个用户，其在时刻 t 正在观看的主播被当作正例，在其他主播中随机采样 5 个主播作为负例，则有监督学习的目的是最大化观看正例与观看负例的概率之差。对于每个用户 u，可以构建三元组的集合 $B_{u,t}$，以及 t 时刻全部用户的三元组的集合 B_t，具体定义为

$$B_{u,t} = \left\{(u,i,j) \mid i = v_{u,t}, j \in V_t \setminus i\right\}$$
$$B_t = U_{u \in U_t} B_{u,t} \tag{11}$$

则有监督学习的目标函数可以表示为

$$\max J_{\mathrm{RS}}(\theta) = \ln p(\theta \mid >_u) = \Sigma_{(u,i,j) \in B_t} \ln \sigma(\hat{x}_{uij}) - \lambda_{\theta} \|\theta\|^2$$
$$\hat{x}_{uij} = x_{ui} - x_{uj} = a^T \cdot H_i - a^T \cdot H_j \tag{12}$$

采用链式法则对 θ 求偏导后得到梯度公式：

$$\nabla_{\theta} J_{\mathrm{RS}}(\theta) = E\left[\Sigma_{(u,i,j) \in B_t} \frac{e^{-\hat{x}_{uij}}}{1 + e^{-\hat{x}_{uij}}} \cdot \nabla_a \hat{x}_{uij} \cdot \nabla_{\theta} \mu_{\theta}(s)\right] \tag{13}$$

将强化学习与有监督学习的公式合并，采用梯度上升更新 Actor 模型部分参数 θ，假设学习率为 α_{θ}，梯度更新公式为

$$\theta \leftarrow \theta + \alpha_{\theta} \cdot \left[\epsilon \cdot \nabla_{\theta} J_{\mathrm{RL}}(\theta) + (1-\epsilon) \cdot \nabla_{\theta} J_{\mathrm{RS}}(\theta)\right] \tag{14}$$

对于每个用户 u，Actor 模型的输出是动作 a，用户当前对主播的偏好向量与表示主播的向量有着相同的维度。通过做内积的方式可以求得对每个主播的偏好分数。对于主播 v，其分数计算方式为

$$\mathrm{score}_v = a^T \cdot H_v \tag{15}$$

分数在前 K 的主播构成推荐列表 G，推荐给用户，若 G 中包含了用户下一时刻观看的主播 $v_{u,t}$，则 $\mathrm{rank}(v_{u,t})$ 表示 $v_{u,t}$ 在推荐列表中的排位序号。本文的反馈机制表示如下：

$$r = \begin{cases} 1 - \dfrac{\text{rank}(v_{u,t})}{K}, & \text{if } v_{u,t} \in G \\ -1, & \text{otherwise} \end{cases} \quad (16)$$

4.4 Critic 模型

Critic 网络的目标是实现 Q 函数近似，其输入包括了用户状态表示 s、动作 a 和收集到的反馈 r。设神经网络的参数为 w，采用 $Q(s,a,w)$ 对 $Q^*(s,a)$ 进行近似。

则 Critic 网络的损失函数为

$$L(w) = \frac{1}{2} \cdot E_{s,a,r,s' \sim D}\left[\left(r + \gamma \max_{a'} Q(s',a',w') - Q(s,a,w) \right)^2 \right] \\ a' = \mu(s' | \theta') \quad (17)$$

其中，D 是智能体的经验 $e_t = (s_t, a_t, r_t, s_{t+1})$ 的集合。本文采用了基于经验回放的训练方式[30]。将智能体的每条经验 $e_t = (s_t, a_t, r_t, s_{t+1})$ 存储到记忆 D 之中。模型训练过程中，每次从 D 中抽取一个随机的小批次 $\{(s,a,r,s')\}$ 进行模型训练。

本文采用固定 target 网络的方法[32]以减小更新 Q 函数时造成的策略的大幅度波动，并采用了与 Lillicrap 等的研究中相一致的一种缓速更新（soft update）[26]。对于深度确定性策略梯度算法的两个近似目标 $Q(s, a|w)$ 和 $\mu(s|u)$，在某时刻复制 Critic 和 Actor 模型作为 target 网络 $Q(s,a|w')$ 和 $\mu(s|\theta')$ 并缓慢地更新，如式（18）所示，其中 $\tau \ll 1$。

$$w' \leftarrow \tau w + (1-\tau)w'; \quad \theta' \leftarrow \tau\theta + (1-\tau)\theta' \quad (18)$$

Critic 网络的目标是最小化 $L(w)$，故而采用梯度下降的方法，采用链式法则对 w 求偏导可得到梯度公式：

$$\frac{\partial L(w)}{\partial w} = E_{s,a,r,s' \sim D}\left[-\left(r + \gamma \max_{a'} Q(s',a',w') - Q(s,a,w) \right) \frac{\partial Q(s,a,w)}{\partial w} \right] \quad (19)$$

令 α_w 为 Critic 网络的学习率，参数 w 的梯度更新公式为

$$w \leftarrow w - \alpha_w \cdot \frac{\partial L(w)}{\partial w} \quad (20)$$

4.5 SDRIV 算法

对于强化学习的探索部分，随机的动作所生成的推荐列表可能会影响到用户的体验。本文利用了深度确定性策略梯度算法的优势，即探索与模型的学习可以分开独立处理。本文采取的方法是在已有的动作上添加一个高斯随机变量 $\zeta, \zeta \sim N(0, \sigma^2 I)$，其中 σ 为随训练次数指数衰退的参数。

$$\mu'(s) = \mu(s|\theta) + \zeta \quad (21)$$

根据上述策略，模型会在训练初期进行较为大幅的探索，而随着训练的进行，策略趋近最优策略，探索幅度减小。$\mu'(s)$ 代表了带有衰退探索机制的策略，在模型测试时，策略将完全由 $\mu(s|\theta)$ 给出，并不会加入随机变量 ζ。

区别于传统的强化学习训练方法，本文采用的是结合监督学习与强化学习的训练手段，对于每一条训练样本都需要有标签与其对应，故而每一条经验的产生都要基于一个真实的用户记录。设 o_t 为

一个 t 时刻的用户记录，则 o_t 包含了用户的 ID 信息、观看记录和时刻 t 下推荐系统的一些特征信息。用户的状态 s_t 可由 $s_t=f(o_t)$ 得到。令 O 表示全部用户记录 o 的集合。表 2 给出了本文提出的 SDRIV 算法的主要步骤。

表 2　SDRIV 算法

算法：SDRIV

Randomly initialize critic network $Q(s,a,w)$ and actor network $\mu(s,\theta)$ with w, θ
Initialize target network Q, μ with parameters $w'\leftarrow w$, $\theta'\leftarrow\theta$
Initialize replay buffer D
For epoch = 1, M **do**
　For observation o_t in O **do**
　　　Obtain $s_t=f(o_t)$
　　　Select action $a_t=\mu(s_t|\theta)+\zeta$
　　　Execute action a_t and obtain reward r_t and new state s_{t+1}
　　　Store transition (s_t,a_t,r_t,s_{t+1}) in replay buffer D
　　　Sample a random minibatch (s_i,a_i,r_i,s_{i+1}) from D
　　　Set $y_i=r_i+\gamma Q(s_{i+1},\mu'(s_{i+1},\theta'),w')$
　　　Update critic by minimizing the loss：$L=\dfrac{1}{N}\sum_i(y_i-Q(s_i,a_i,w))^2$
　　　Update the actor policy using the sampled policy gradient：
$$\nabla_\theta J\approx\frac{1}{N}\sum_i\left(\epsilon\cdot\nabla_a Q(s,a,w)+(1-\epsilon)\cdot\Sigma_{(u,i,j)\in B}\frac{e^{-\hat{x}_{uij}}}{1+e^{-\hat{x}_{uij}}}\nabla_a\hat{x}_{uij}\right)\nabla_\theta\mu(s,\theta)$$
　　　Update the target networks：
$$w'\leftarrow\tau w+(1-\tau)w'$$
$$\theta'\leftarrow\tau\theta+(1-\tau)\theta'$$
　end for
end for

5　实验

5.1　数据集与预处理

本文采用的数据集是某在线直播平台 14 天的直播数据，数据包括了用户 ID、主播 ID、直播 ID、观看直播的起始时间及终止时间。在清洗数据时，本文剔除了平均每天观看时长大于 12 小时的用户，最后保留了观看时长超过 300 秒的用户。经过上述操作后，本文选取了观看直播次数较多的 1 781 位用户，以及直播次数较多的 1 012 位主播，在这 14 天共 191 112 条观看记录。将前 11 天数据作为训练集，第 12 天数据作为验证集，最后 2 天的数据作为测试集。

5.2　评价指标

本文采用了与基于会话推荐的文章相一致且广泛应用的两个指标，Recall@K 和 MRR@K。令 m 表示测试用例的个数，G 表示推荐列表。

Recall@K：召回率衡量了用户观看的主播在推荐列表中的测试用例占全部测试用例的比例。其计算方法如下：

$$\text{Recall} @ \left(K = \frac{n_{\text{hit}}}{m} \right) \tag{22}$$

其中，n_{hit} 为用户观看的主播在推荐列表中的测试用例的个数。

MRR@K：MRR 计算了用户观看的主播在推荐列表中排名的倒数的平均值，若排名超出 K，则被设为 0。该评价指标将用户真正观看的主播在推荐列表中的排序纳入了考量。其计算方法如下，假设用户 t 时刻观看的主播为 v_t，$\text{Rank}(v_t)$ 表示其在推荐列表中的排名，则

$$\text{MRR} @ K = \frac{1}{m} \sum_{v_t \in G} \frac{1}{\text{Rank}(v_t)} \tag{23}$$

本文基于两个不同的角度测试推荐效果，一个是在全部测试用例上衡量推荐的 Recall 和 MRR 值，另一个则是在用户观看新主播的测试用例上衡量上述指标。这里，用户观看新主播的定义是，该用户在测试集中观看了其在训练集中未曾观看过的主播。这可以代表用户的探索行为，在推荐领域中，如何发掘用户新的喜好是个重要的问题。

5.3 动态特征和实时特征的参数设置

本文所提模型在动态特征和实时特征部分分别选取当前用户的最近 m 次观看的主播和与其最相似的用户当前观看的 n 个主播的嵌入向量作为输入。本节讨论这两个参数的设置。

对于 m 的设置，本文比较了其不同取值对推荐效果的影响。以 Recall@10 和 MRR@10 为例，图 4 给出了 m=1,3,5,7,9,11 六种不同取值情况下在全部测试用例上的推荐性能，图 5 则给出了 m 在六种不同取值情况下在新主播测试用例上的推荐性能。

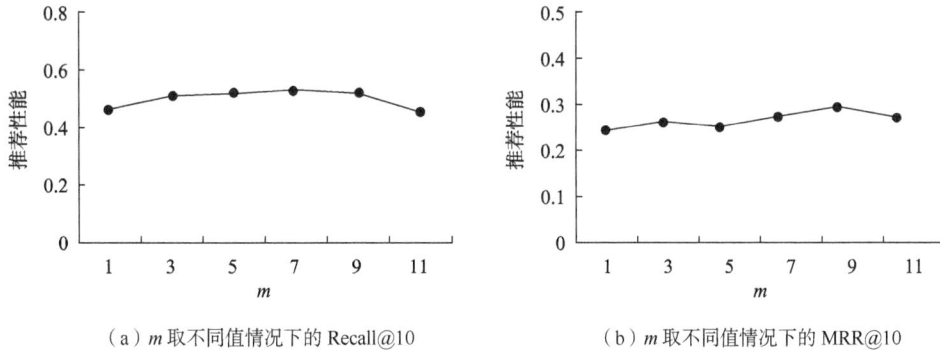

（a）m 取不同值情况下的 Recall@10 　　　　（b）m 取不同值情况下的 MRR@10

图 4 　m 的不同取值在全部测试用例上的推荐性能变化

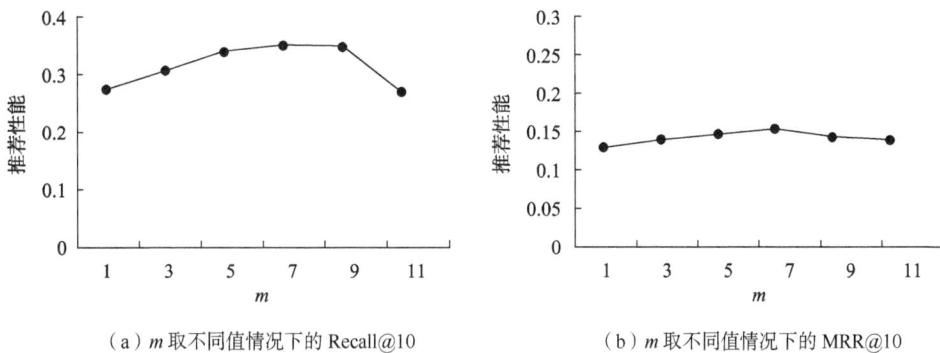

（a）m 取不同值情况下的 Recall@10 　　　　（b）m 取不同值情况下的 MRR@10

图 5 　m 的不同取值在新主播测试用例上的推荐性能变化

从图 4 和图 5 可以看出，当取到的最近观看次数 m 不大于 7 时，随着 m 的增大，推荐性能有上升趋势，这是因为在一定时间内能够利用的观看记录更多，可以让系统更好地获得用户的动态特征。但当 m 更大时，随着 m 的增大，推荐性能有下降趋势，这是因为过早的观看记录已经无法反映用户目前的兴趣特征，反而会为模型带来噪声。从图中可知当 m 取 5 到 9 之间时模型的性能较好且相对稳定，我们在后续实验中设置 $m=5$，与其他模型进行对比。

对于 n 的取值，本文比较了其取不同值对推荐效果的影响。以 Recall@10 和 MRR@10 为例，图 6 给出了 $n=1,3,5,7,9$ 五种不同取值情况下在全部测试用例上的推荐性能，图 7 则给出了 n 在五种不同取值情况下在新主播测试用例上的推荐性能。

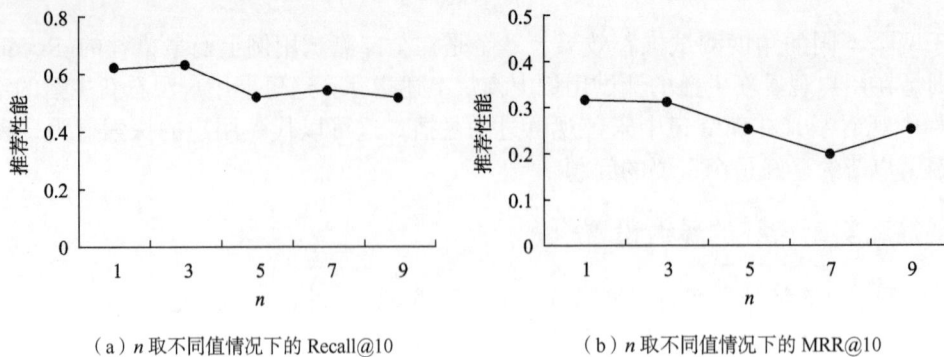

（a）n 取不同值情况下的 Recall@10　　　　　　（b）n 取不同值情况下的 MRR@10

图 6　n 的不同取值在全部测试用例上的推荐性能变化

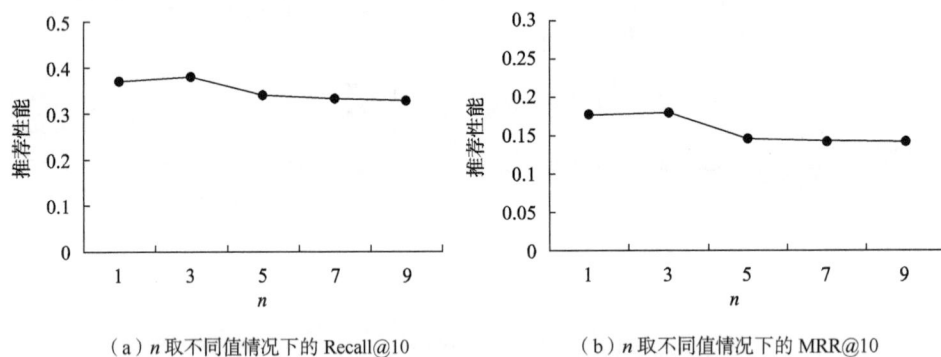

（a）n 取不同值情况下的 Recall@10　　　　　　（b）n 取不同值情况下的 MRR@10

图 7　n 的不同取值在新主播测试用例上的推荐性能变化

从图 6 和图 7 不难看出，随着 n 取值变大，推荐性能有下降趋势，这也是比较容易理解的，当 n 取值较大时，可能会引入不相似用户的观看偏好，因而为模型的输入带来噪声，降低模型的准确度。从图中看，n 取 3 相对有比较好的表现，n 取 5 之后表现相对稳定，因而在后续的实验中设置 $n=5$，与其他模型进行对比。

5.4　与其他模型对比

本节将对比本文提出的 SDRIV 模型与其他已有模型的推荐效果，包括了经典的推荐模型、基于会话的推荐模型以及基于强化学习的模型。衡量指标为 Recall 和 MRR 值，为了全面地比较推荐效果，推荐列表包含的主播数量 K 选取了 1，5，10，20 四个值进行比较。

下面为本文对比的算法的简介。

POPULAR：根据训练集中被观看的次数对主播进行排序，推荐训练集中最受欢迎的 K 个主播。

U-POP：对于每个用户，推荐其在训练集中观看次数最多的 K 个主播。该算法在推荐新主播的测试用例下不适用，因为其推荐的都是用户已经观看过的主播。

ITEM-KNN[33]：该方法基于物品的相似程度进行推荐，物品的相似程度根据 cosine 相似度进行计算。

BPR[28]：该方法应用矩阵分解进行推荐。区别于传统矩阵分解，BPR 利用随机梯度下降对一个基于物品偏序关系的目标函数进行优化。

GRU4REC[6]：采用循环神经网络模型来建模会话中的用户点击序列。

SRGNN[7]：采用图神经网络，将全局偏好和当前会话偏好结合，对下一物品进行预测。

SHAN[8]：采用基于层级的注意力网络，结合用户长短期的偏好进行预测，将用户长期的偏好的变化加入考量。

SRLDTR[17]：采用结合监督学习和深度强化学习的方法，用循环神经网络处理 POMDP 问题。该算法在原文中用于药品推荐，由于该算法也利用了强化学习结合有监督学习的方法，因此，本文将其应用到直播推荐中，与本文方法进行对比。

表 3 给出了全部测试用例下，各模型在推荐列表长度 K=1,5,10,20 下的 Recall 值和 MRR 值。

表 3　模型效果对比（全部测试用例）

模型	Top 1	Top 5	Top 10	Top 20
POPULAR	0.044/0.044	0.132/0.067	0.232/0.079	0.310/0.084
U-POP	**0.149/0.149**	0.363/0.223	0.479/0.238	0.576/0.245
BPR	0.094/0.094	0.359/0.192	**0.522**/0.213	0.625/0.220
ITEM-KNN	0.126/0.126	0.306/0.190	0.395/0.202	0.506/0.209
SRGNN	0.127/0.127	0.358/0.214	0.462/0.228	0.532/0.233
SHAN	0.106/0.106	0.273/0.161	0.385/0.176	0.495/0.184
GRU4REC	0.146/0.146	0.296/0.202	0.375/0.212	0.463/0.218
SRLDTR	0.127/0.127	0.262/0.177	0.367/0.190	0.642/0.210
SDRIV	0.148/0.148	**0.387/0.236**	0.520/**0.253**	**0.644/0.262**

表 4 给出了新主播测试用例下，各模型在 K=1,5,10,20 下的 Recall 值和 MRR 值。

表 4　模型效果对比（新主播测试用例）

模型	Top1	Top5	Top10	Top20
POPULAR	0.002/0.002	0.026/0.008	0.053/0.011	0.110/0.015
BPR	0.006/0.006	0.105/0.039	0.324/0.066	0.459/0.076
ITEM-KNN	0.023/0.023	0.056/0.035	0.077/0.038	0.139/0.042
SRGNN	0.023/0.023	0.097/0.049	0.143/0.054	0.204/0.059
SHAN	0/0	0.010/0.003	0.020/0.004	0.141/0.011
GRU4REC	0.062/0.062	0.137/0.091	0.176/0.096	0.223/0.099
SRLDTR	0.048/0.048	0.186/0.090	0.231/0.097	0.457/0.120
SDRIV	**0.087/0.087**	**0.207/0.128**	**0.341/0.146**	**0.526/0.159**

在全部测试用例中的实验结果中，SDRIV 算法相较其他算法有着一定的提升。从 U-POP 的结果可以看出，仅推荐用户历史中喜好的主播就可以取得相对较好的效果。并且在排序上，由于 U-POP 是按照用户对主播的观看次数进行排序，故而其 MRR 值也很高。基于会话的推荐中，采用图神经网络的 SRGNN 也取得了较好的效果，不过相比于本文的 SDRIV 算法有一定的差距。对于 Recall 值所反映出的算法的召回能力，BPR 算法在 Top1 中推荐效果较差，而 Top5、Top10 和 Top20 中的结果均较好，与 SDRIV 算法持平。但对于 MRR 值所反映出的算法的排序能力，SDRIV 算法相比于 BPR 算法有着较大的提升。SDRIV 算法合理应对了直播推荐的特点，有效建模用户表示，并采用监督学习确保了推荐质量，在 Top1 的 Recall 和 MRR 以及 Top10 的 Recall 上与表现最好的结果非常接近，而在其他情况下均表现最优。

在对新主播的推荐上，可以看出，本文所提模型优于其他所有模型，其推荐策略的探索机制为用户带来对新主播的推荐，且基于排序的有监督学习的融入也使得模型保持了较高的推荐准确率。

5.5　用户状态建模的性能测试

4.2 节介绍了本文提出的用户状态表示模型。用户状态表示模型由三部分构成，即用户的静态特征、动态特征和实时特征。本小节将分模块验证各个部分的效果，即模型其他部分不变，但是在用户表示部分仅采用一个或两个特征作为输入。

表 5 给出推荐列表长度 K=20 时的实验结果。在只采用单独一个特征作为用户状态建模的情况下，静态特征忽略了其动态性和实时性，使得其在预测全部测试用例或观看新主播测试用例上均表现较差。在全部测试用例情况下，动态特征的 Recall 值最高，实时特征的 MRR 值最高。在新主播测试集上，实时特征性能最优。观看新主播的测试结果说明，由于在该测试用例下，用户之前未曾观看过该主播，故而其静态特征和历史特征均不如实时特征对观看新主播的预测和排序准确。

表 5　用户状态建模的实验结果

用户状态	全部测试用例		观看新主播测试用例	
	Recall@20	MRR@20	Recall@20	MRR@20
静态特征	0.623	0.214	0.508	0.089
动态特征	0.638	0.224	0.511	0.093
实时特征	0.624	0.246	0.522	0.147
静态+动态特征	0.641	0.218	0.518	0.090
静态+实时特征	**0.645**	0.252	0.512	0.151
动态+实时特征	0.636	0.253	0.521	0.142
SDRIV	0.644	**0.262**	**0.526**	**0.159**

根据融合了两个特征的建模用户表示的结果，采用实时特征可以提高 MRR 值，即将用户观看的主播排在前列。包含用户静态特征会使全部测试用例的 Recall 值有一定提高，说明用户的静态特征也是预测用户下一个观看的主播所必不可少的一部分。动态特征模块则更好地把控了用户近期的偏好，相对来说要比静态特征更为敏感，更能拟合用户当前喜好。将三种用户特征结合起来共同建模用户状态，模型在全部测试用例的 MRR 值和观看新主播测试用例的 Recall 和 MRR 值上总体表现最优。此部分实验在推荐列表长度 K=1,5,10 时具有相同结论。

5.6 基于排序的有监督学习

为了测试本文提出的将基于排序的有监督学习与强化学习相结合的有效性，将 SDRIV 与其简化版本 DRIV 进行比较。DRIV 为本文提出的算法中仅基于强化学习的推荐策略。具体地说，在 Actor 模型中，令强化学习策略的权重占比 $\epsilon = 1$。这样，模型的学习将不依赖于基于排序的有监督学习。其结果对比显示于表 6 中。从中可以看到，SDRIV 算法由于基于排序的监督学习的融入，其性能无论是在全部测试用例上还是在新主播测试用例上，Recall 和 MRR 均有提升，说明了引入基于排序的有监督学习的有效性。此部分实验在推荐列表长度 $K=1,5,10$ 时具有相同结论。

表 6 基于排序的有监督学习性能对比

模型	全部测试用例		观看新主播测试用例	
	Recall@20	MRR@20	Recall@20	MRR@20
DRIV	0.626	0.248	0.419	0.101
SDRIV	**0.644**	**0.262**	**0.526**	**0.159**

6 结论与展望

本文采用了深度强化学习的方式建模直播推荐问题。强化学习可以有效地建模用户的动态性，权衡用户长短期收益，学习最优推荐策略。本文根据直播推荐场景，在深度确定性策略梯度模型基础上，对模型进行改进并提出 SDRIV 模型。SDRIV 模型融合了基于排序的有监督学习策略，使得模型在探索用户真实偏好过程中保证推荐质量。同时，本文提出了融合用户静态、动态和实时特征的用户状态表示模型，有效建模用户当前状态。实验结果表明，SDRIV 算法相较其他方法在直播推荐任务中取得了更好的推荐效果。

未来，对直播推荐的研究可以尝试对视频特征的提炼。主播、用户和视频存在着三元关系，本文在推荐系统的设计主要基于用户和主播的角度进行建模。提取视频特征相对来说成本较高，不过视频的特征更能有效地反映直播内容的实时状态。如何有效融入视频特征是可以进一步研究的方向。

参 考 文 献

[1] 艾媒咨询. 2020-2021 中国在线直播行业年度研究报告[EB/OL]. https://www.iimedia.cn/c460/77452.html，2021-03-15.

[2] Swaminathan A，Krishnamurthy A，Agarwal A，et al. Off-policy evaluation for slate recommendation[EB/OL]. https://arxiv.org/abs/1605.04812，2017-11-06.

[3] 冷亚军，陆青，梁昌勇. 协同过滤推荐技术综述[J]. 模式识别与人工智能，2014，27（8）：720-734.

[4] 刘建国，周涛，汪秉宏. 个性化推荐系统的研究进展[J]. 自然科学进展，2009，19（1）：1-15.

[5] He R，McAuley J. Fusing similarity models with markov chains for sparse sequential recommendation[C]. 2016 IEEE 16th International Conference on Data Mining. Barcelona，Spain，2016：191-200.

[6] Hidasi B，Karatzoglou A，Baltrunas L，et al. Session-based recommendations with recurrent neural networks[C]. International Conference on Learning Representations. Puerto Rico，2016.

[7] Wu S，Tang Y Y，Zhu Y Q，et al. Session-based recommendation with graph neural networks[EB/OL]. https://arxiv.org/abs/1811.00855，2019-01-24.

[8] Ying H C，Zhuang F Z，Zhang F Z，et al. Sequential recommender system based on hierarchical attention networks[C]. The 27th International Joint Conference on Artificial Intelligence. Stockholm，Sweden，2018：3926-3932.

[9] Silver D，Google DeepMind. Tutorial：deep reinforcement learning[EB/OL]. https://icml.cc/2016/tutorials/deep_rl_tutorial. pdf，2016.

[10] Kober J，Bagnell J A，Peters J. Reinforcement learning in robotics：a survey[J]. The International Journal of Robotics Research，2013，32（11）：1238-1274.

[11] Levine S，Finn C，Darrell T，et al. End-to-end training of deep visuomotor policies[J]. Journal of Machine Learning Research，2015，17（1）：1334-1373.

[12] Zhao X Y，Zhang L，Xia L，et al. Deep reinforcement learning for list-wise recommendations[EB/OL]. https://arxiv. org/abs/1801.00209，2017-12-30.

[13] Zhao X Y，Xia L，Zhang L，et al. Deep reinforcement learning for page-wise recommendations[C]. The 12th ACM Conference on Recommender Systems. Vancouver，Canada，2018：95-103.

[14] Zhao X Y，Zhang L，Ding Z Y，et al. Recommendations with negative feedback via pairwise deep reinforcement learning[C]. The 24th ACM SIGKDD International Conference on Knowledge Discovery & Data Mining. London，United Kingdom，2018：1040-1048.

[15] Volodymyr M，Koray K，David S，et al. Human-level control through deep reinforcement learning[J]. Nature，2015，518（7540）：529-533.

[16] Zheng G J，Zhang F Z，Zheng Z H，et al. DRN：a deep reinforcement learning framework for news recommendation[C]. The 2018 World Wide Web Conference. Lyon，France，2018：167-176.

[17] Wang L，Zhang W，He X F，et al. Supervised reinforcement learning with recurrent neural network for dynamic treatment recommendation[C]. The 24th ACM SIGKDD International Conference on Knowledge Discovery & Data Mining. London，United Kingdom，2018：2447-2456.

[18] Liu F，Tang R M，Li X T，et al. Deep reinforcement learning based recommendation with explicit user-item interactions modeling[EB/OL]. https://arxiv.org/abs/1810.12027，2019-10-29.

[19] Chen S Y，Yu Y，Da Q，et al. Stabilizing reinforcement learning in dynamic environment with application to online recommendation[C]. The 24th ACM SIGKDD International Conference on Knowledge Discovery & Data Mining. London，United Kingdom，2018：1187-1196.

[20] Davidson J，Liebald B，Liu J N，et al. The YouTube video recommendation system[C]. The 4th ACM Conference on Recommender Systems. Barcelona，Spain，2010：293-296.

[21] Covington P，Adams J，Sargin E. Deep neural networks for YouTube recommendations[C]. The 10th ACM Conference on Recommender Systems. Boston，Massachusetts，USA，2016：191-198.

[22] Mei T，Yang B，Hua X S，et al. VideoReach：an online video recommendation system[C]. SIGIR 2007：Proceedings of the 30th Annual International ACM SIGIR Conference on Research & Development in Information Retrieval. Amsterdam，Netherland，2007：767-768.

[23] Deldjoo Y，Elahi M，Cremonesi P，et al. Content-based video recommendation system based on stylistic visual features[J]. Journal on Data Semantics，2016，5（2）：99-113.

[24] Yang T W，Shih W Y，Huang J L，et al. A hybrid preference-aware recommendation algorithm for live streaming channels[C]. Conference on Technologies & Applications of Artificial Intelligence. Taipei，China，2013.

[25] Liu Y W，Lin C Y，Huang J L. Live streaming channel recommendation using HITS algorithm[C]. IEEE International Conference on Consumer Electronics-Taiwan. Taipei，China，2015.

[26] Lillicrap T P, Hunt J J, Pritzel A, et al. Continuous control with deep reinforcement learning[EB/OL]. https://arxiv. org/abs/1509.02971, 2015-09-09.

[27] Silver D, Lever G, Heess N, et al. Deterministic policy gradient algorithms[C]. International Conference on Machine Learning. Beijing, China, 2014.

[28] Rendle S, Freudenthaler C, Gantner Z, et al. BPR: bayesian personalized ranking from implicit feedback[C]. Twenty-Fifth Conference on Uncertainty in Artificial Intelligence. Montreal, Canada, 2009: 452-461.

[29] Wu C Y, Ahmed A, Beutel A, et al. Recurrent recommender networks[C]. Tenth ACM International Conference on Web Search & Data Mining. Cambridge, United Kingdom, 2017: 495-503.

[30] Kumar S, Zhang X K, Leskovec J. Predicting dynamic embedding trajectory in temporal interaction networks[C]. The 25th ACM SIGKDD International Conference on Knowledge Discovery and Data Mining. Anchorage, Alaska, USA, 2019: 1269-1278.

[31] Bahdanau D, Cho K, Bengio Y. Neural machine translation by jointly learning to align and translate[J]. Computer Science, 2014.

[32] Mnih V, Kavukcuoglu K, Silver D, et al. Human-level control through deep reinforcement learning[J]. Nature, 2015, 518(7540): 529-533.

[33] Sarwar B, Karypis G, Konstan J, et al. Item-based collaborative filtering recommendation algorithms[C]. The 10th International World Wide Web Conference. Hong Kong, China, 2001: 285-295.

A Supervised Deep Reinforcement Learning Based Live Streaming Recommendation Method

WANG Xiao, LIU Hongyan, CHE Shangkun

(School of Economics and Management, Tsinghua University, Beijing 100084, China)

Abstract With the rapid rise of live streaming industry, recommending interested live streaming to users is the key to enhance user experience. Live streaming is dynamic, as its content changes dynamically and user's preference changes rapidly. Existing recommendation algorithms fail to model the dynamic nature of live streaming. In this paper, we propose a novel supervised deep reinforcement learning based recommendation model, SDRIV. In this model, we model user's state from three angles to reflect the dynamics. Meanwhile, we introduce a ranking based supervised learning strategy to the deep reinforcement learning model, which can make the model conduct exploration while guaranteeing recommendation accuracy and user experience. The experimental results on real-world dataset demonstrate its advantage over benchmark models.

Keywords recommendation system, deep reinforcement learning, live streaming, supervised learning

作者简介

王潇（1995—），男，获清华大学经济管理学院管理学硕士学位，研究方向为强化学习、推荐系统等，E-mail：wx950724@126.com。

刘红岩（1968—），女，博士，清华大学经济管理学院教授、博士生导师，主要研究方向为机器学习、商务智能、社会计算、个性化推荐系统、计算机视觉、医疗和金融数据分析等。在国际学术期刊和国内外学术会议上发表论文百余篇，包括国际一流学术期刊 ISR、MIS Quarterly、INFORMS JOC、TOIS、TODS、TKDE 以及一流国际学术会议 VLDB、IEEE ICDE、ACM SIGKDD、IEEE ICDM、SDM、CIKM、ICIS 等。获得 11 项国家发明专利授权。主持和参与多项国家自然科学基金面上、重大和重点项目及国家社会科学基金重大项目，E-mail：liuhy@sem.tsinghua.edu.cn。

　　车尚锟（1997—），男，清华大学经济管理学院 2019 级博士研究生，研究方向为个性化推荐系统，E-mail：csk19@mails.tsinghua.edu.cn。

数据驱动的心血管疾病门诊量多步组合预测研究

顾福来[1]，白朝阳[1, 2]，郭林霞[1]，刘晓冰[1, 2]，孙永亮[1]

（1. 大连理工大学经济管理学院，辽宁 大连 116024；

2. 大连理工大学制造管理信息化技术国家地方联合工程实验室，辽宁 大连 116024）

摘　要　精准的心血管门诊量预测是实现医院医生需求计算、医疗设备分配和管理的重要基础。本文基于心血管门诊量时间序列数据，采用迭代策略进行多步长时间序列预测，为降低多步长预测带来的误差累积问题和数据非平稳、非线性的特征，提出改进集合经验模态分解方法，并结合反向传播神经网络（back propagation neural network，BPNN）建立组合预测模型，达到更优的预测结果。最后以某医院心血管疾病月门诊量进行预测对比分析，实验结果表明，该组合预测模型对心血管门诊量多步长预测准确率较高，证实了模型的有效性。

关键词　心血管门诊量，多步预测，改进集合经验模态分解，BPNN

中图分类号　G311

1　引言

心血管疾病的患病率及就诊量持续上升，其已是我国致死人数最多的疾病[1]。提前预测心血管疾病的门诊量是门诊管理的基础，通过统计预测数据制订相应的工作计划，能有效避免主观盲目性，为医院管理决策提供客观依据，且具有较强可操作性[2]。在现有关于医疗患者预测的文献中，组合预测方法主要包含基于权重的组合预测模型和基于数据特征驱动分解集成方法。Luo 等[3]在每日时间序列上建立季节性 ARIMA（SARIMA）模型，然后在周时间序列上建立单指数平滑模型，并对模型进行改进以建立组合模型。该模型预测了成都一家医院两个内科门诊的每日就诊数据，实验结果具有较低的残差方差和较小的残差均值。王玖等[4]对某医院时间序列数据构建优化组合预测模型，并与趋势拟合法和 ARIMA 模型的预测结果进行比较分析，表明组合预测模型比单一预测模型具有更好的预测性能。Garg 等[5]考虑医院门诊量时间序列数据的事件离散化、基于频率密度的划分时间序列和优化方式创建模糊逻辑关系，并设计出基于模糊时间序列的模型，实验表明该模型具有较好的预测性能。Hadavandi 等[6]针对医院门诊量预测问题，通过人工神经网络（artificial neural networks，ANN）模型和遗传算法构建组合预测模型，提高门诊预测精度。Xu 等[7]对急诊部门的病人人次进行预测，提出了一种组合自回归综合移动平均线性回归（ARIMA-LR）预测方法，将 ARIMA 和逻辑回归（logistics regression，LR）顺序结合起来，具有捕获季节性趋势和预测变量影响的能力，实验表明 ARIMA-LR 混合模型在预测准确性方面优于现有模型。张筠莉和杨祯山[8]将针对医院门诊量时间序列构建出 RBF 神经网络和灰色 GM（1，1）的组合预测模型，获得了更好的预测结果。Huang 和 Wu[9]构建出经验模态分解（empirical mode decomposition，EMD）和通过粒子群算法优化的反向传播人工神经网络的组合预测模型，仿真表明，对于预测门诊就诊量所提出的方法具有更好的性能。门诊量时间序列数据通常是复杂的，组合预测模型可以更好地拟合不同的数据特征。朱顺痣等[10]针对医院门诊量时间序列具有的线性和非线性双重特点，构建神经网络和 ARMAX

两者的组合预测模型，分析厦门市医院门诊量时间序列数据的特征，研究发现组合预测模型能够较好地捕获时间序列数据的线性和非线性特征，表明组合预测模型比单一预测模型具有更好的预测性能。Zack 等[11]通过对 11 709 名患者临床参数建立了一个随机森林回归模型（即机器学习）来估计事件发生的时间，以识别经皮冠状动脉介入治疗（percutaneous coronary intervention，PCI）后死亡或因充血性心力衰竭（congestive heart failure，CHF）再次住院风险的患者，结果表明机器学习有潜力识别数据集中的复杂非线性模式，从而提高模型的预测能力。陈渝和任正军[12]针对医院门诊量时间序列，构建出 EMD-LSTM 组合预测模型，实验表明，分解和集成的思想具有更好的预测结果。

上述研究中的组合预测方法基本为单步预测（未来单个时间点的预测值）。在实际应用中，对中长期趋势的多步预测（未来连续多个时间点的预测）具有重大意义，可为医院的疾病长期预防管理工作提供重要基础。但随着步长的增加，建模难度急剧增加，易出现误差累积等问题[13]。同时，心血管疾病是一种影响因素较为复杂的疾病种类，门诊外地病人多、诊疗项目多、住院病人多，同时还受人口、行为及个体原因（高血压、吸烟、糖尿病等）等因素共同影响。由于影响因素的复杂性和多样性，以及缺乏关于这些疾病的概率性发作的知识和外源性因素，医院患者人次的时间序列数据呈现出非平稳、非线性的特征，因此，基于以往的时间序列预测模型预测心血管病门诊量的准确度还有待提高。

针对上述问题，本文利用集合经验模态分解（ensemble empirical mode decomposition，EEMD）方法在处理非平稳、非线性的复杂时间序列上的优势[14]，通过对复杂的数据进行平稳化预处理，进而将复杂的数据分解成一组性能较好、特征尺度差异较大的本征模态函数（intrinsic mode function，IMF）。在分解成若干个平稳化序列后，可以保留其主要数据特征，降低数据的预测难度，进而通过 BPNN 学习每个平稳化序列并预测，同时结合迭代策略多步预测心血管疾病的门诊量。经实验验证，该组合预测方法可以降低多步预测带来的误差累积问题的影响，达到更优的预测效果。

2　组合预测模型

2.1　EEMD

EEMD 方法[15]建立在 EMD 技术的基础上，通过将某一白噪声数据添加到原始数据当中，利用白噪声频谱均匀分布和零均值特性，使得原始数据当中的具有干扰的噪声被抵消甚至完全消除。EEMD可以抑制 EMD 过程中出现的端点效应，能够根据数据的自有特征自动将原始数据更有效地分解成若干个 IMF，且每个 IMF 分量都含有原始数据在不同时间尺度下的局部特征信息。其思想就是将复杂的时间序列数据作为一组信号，对原始信号采用信号分解方法，将其分解成多尺度的若干特征简单信号，然后针对每一组特征简单的信号依据其特征选择合适的预测方法，最终将所有简单特征信号的预测结果集成为最后的预测值。因此，EEMD 方法在处理多尺度、非线性、非平稳数据上具有非常明显的优势，目前广泛应用在石油价格[16]、股指波动[17]、风速[18]、物料需求[19, 20]等方面预测，能很好地将复杂数据分解成多个简单平稳序列。

EEMD 的原理：假设数据包含原始数据和噪声两个部分，为避免模态混叠现象，将在原始数据中加入相关的白噪声序列，通过对多次分解得到的 IMF 值进行总体平均，从而抵消加入的白噪声，使结果更逼近实际值，具体算法如下。

（1）在原始数据 $x(t)$ 中，加入等长度的有限幅值的高斯白噪声 $w_i(t)$，可得

$$x_i(t) = x(t) + w_i(t), \ i = 1, 2, \cdots, N \tag{1}$$

其中，$x_i(t)$ 为第 i 次加入高斯白噪声 $w_i(t)$ 后的数据；N 为加入高斯白噪声的总次数。

（2）确定序列 $x_{max}(t)$ 的所有极值点。采用三次样条插值方法拟合极大值点形成上包络线 $w_i(t)$ 和极小值点形成下包络线 $x_{min}(t)$，则均值为

$$m_{11}(t) = \left[x_{min}(t) + x_{max}(t) \right] / 2 \tag{2}$$

（3）令 $h_{11}(t) = x_i(t) - m_{11}(t)$，如果 $h_{11}(t)$ 满足 IMF 定义条件，则 $c_{11}(t) = h_{11}(t)$，如果不满足，则将 $h_{11}(t)$ 作为 $x_i(t)$ 重复以上过程，直到满足，得到第一个 IMF 分量：

$$c_{11}(t) = h_{1k}(t) - m_{1k}(t) \tag{3}$$

对序列 $x_i(t)$ 剩余差值序列 $r_1(t)$ 重复以上过程，直到 $c_{1n}(t)$ 满足终止条件。

（4）最后得到若干个 IMF 分量和一个总体趋势的序列 $r_i(t)$，则多次添加高斯白噪声并经 EMD 分解后，$x_i(t)$ 可写为

$$x_i(t) = \begin{bmatrix} x_1(t) \\ x_2(t) \\ \cdots \\ x_i(t) \end{bmatrix} \xrightarrow{\text{EMD}} \begin{bmatrix} c_{1,1}(t) & c_{1,2}(t) & \cdots & c_{1,j}(t) & r_1(t) \\ c_{2,1}(t) & c_{2,2}(t) & \cdots & c_{2,j}(t) & r_2(t) \\ \cdots & \cdots & \cdots & \cdots \\ c_{i,1}(t) & c_{i,2}(t) & \cdots & c_{i,j}(t) & r_i(t) \end{bmatrix} \tag{4}$$

其中，$c_{i,j}(t)$ 为第 i 次加入白噪声后，分解得到的第 j 阶 IMF 分量，$r_i(t)$ 为第 i 次加入白噪声后，分解得到的余量。

（5）假设叠加白噪声的次数为 N，则多次分解取平均后，得到 EEMD 最终的 IMF 分量为

$$c_j(t) = \frac{1}{N} \sum_{i=1}^{N} c_{i,j}(t) \tag{5}$$

（6）EEMD 分解后，原始数据最终可表示为

$$x(t) = \sum_{j=1}^{M} c_j(t) + r_m(t) \tag{6}$$

其中，M 为 EEMD 方法针对实验的数据的特征利用自动分解得到的 IMF 个数，$r_m(t)$ 为最终剩余分量。

对于采用 EEMD 分解得到的 IMF 或趋势项，N 次加入的白噪声经过求均值后相互抵消了，即由于现实中噪声的随机性和模拟的白噪声的随机性，两者产生叠加效果，就会使噪声对冲，但是结果还是随机的，消除了分解过程中产生的随机误差。

但是在 EEMD 分解时容易产生端点效应，即时间序列数据的端点并不是极值点，使用三次样条插值法使数据形成上、下包络线时，导致端点处的数据出现下包络线超过上包络线，最终导致端点处的波形失真。如果待处理的数据时间尺度大，失真现象还会向中间部分延伸，造成最终的 IMF 准确性受到很大影响，严重时甚至会使最终分解出的 IMF 失去意义。因此，本文采用极值延拓法进行处理，抑制端点效应的产生[21]，优化分解数据的能力，提高预测的效果。

2.2 改进 EEMD

端点延拓的目的是确保上、下包络都与端点相交，以便有与每一个数据点相对应的局部平均值。上、下包络是由极大值和极小值联结而成的，因此只要对极大值和极小值进行延拓，而不必对数据本身进行延拓。极大值和极小值是相间分布的，考虑到样条插值的要求，所以只要在数据左、右两端分别延拓两个极大值和两个极小值即可。

计算过程：

设时间序列为 $x(t)$，t 是时间序列 $x(t)$ 对应的时间信息，Δt 为采样时间长度，$x(t)$ 存在 M 个极大值和 N 个极小值，则时间序列的极值对应的下标为 (I_m,I_n)，对应的时间信息为 (T_m,T_n)，对应的函数值为 (U,V)。

计算时间序列左端第一个特征波包含的数据点数 k_1：

$$k_1 = \begin{cases} I_m(2)-I_m(1), & \text{当} I_m(1) < I_n(1) \\ I_n(2)-I_n(1), & \text{当} I_m(1) > I_n(1) \\ 2\left|I_m(1)-I_n(1)\right|, & \text{当} m=n=1 \end{cases} \tag{7}$$

向外延拓两个极值位置为 (T_m,T_n) 和函数值 (U,V)，

$$x_m(0) = x_m(1) - k_1\Delta x \tag{8}$$

$$U(0) = U(1) \tag{9}$$

$$x_n(0) = x_n(1) - k_1\Delta x \tag{10}$$

$$V(0) = V(1) \tag{11}$$

1. 同理，计算时间序列右端延拓的位置为 (T_m,T_n) 和函数值 (U,V)。

2. 当端点的数值比近端点的第一个极大值大或极小值小时，要进行特殊的处理，认为端点处的值为极值点，以避免数据落到包络线之外，左端公式如下：

$$T_m(0) = t_1,\ U(0) = x_1,\ \text{当} x_1 > U(1) \tag{12}$$

$$T_n(0) = t_1,\ V(0) = x_1,\ \text{当} x_1 < U(1) \tag{13}$$

以端点的一个特征波为依据进行延拓，分别在时间序列数据两端增加两个极大值和两个极小值，从而使原始数据被延长的包络线所限制，有效地抑制了端点效应，使得 EEMD 分解得到合理的各个 IMF 模态。

以本文实验选取的心血管疾病门诊量数据为例，对该数据进行分解，表 1 是部分时间序列通过 EEMD 和极值延拓法改进的 EEMD 分解对端点效应的影响对比。

表 1 EEMD 和改进 EEMD 对比

原始数据	EEMD	改进 EEMD
7 088	40.94	0.64
9 701	25.07	15.24
10 681	20.89	3.32
9 199	13.26	17.18
10 645	30.96	1.70
9 681	10.53	2.15
10 287	2.49	8.31
10 632	14.29	19.10
…	…	…
12 141	5.26	16.18

续表

原始数据	EEMD	改进 EEMD
11 542	21.68	17.37
10 689	10.22	5.17

从表 1 中可以看出两者的分解都会产生一定的误差，形成一定的前后变化趋势，改进的 EEMD 方法并不是每一个数据点的结果都优于未改进，如第 4、8 个点等，原因可能是极值延拓法仅是在序列两端增加极值，并未改变原始序列的特征，此外，这些时间节点由于受季节性影响，波动频繁，加入白噪声序列后，部分分解结果误差可能会大于直接分解结果误差，因此不能明显地看出极值延拓法改进的 EEMD 要优于 EEMD 分解的结果，基于此计算两者的平均变化趋势，计算公式如下：

$$\theta = \sum_{j=1}^{N} \frac{\left| \sum_{i=1}^{m} \mathrm{IMF}_i + \mathrm{RES} - x(t_j) \right|}{x(t_j)} \tag{14}$$

分别计算两者趋势变化的平均值，可以发现 $\theta \geqslant 0$。如果 $\theta = 0$，则表明 EEMD 不会产生任何端点效应。θ 越大，端点效应的影响越大。通过计算，EEMD 的值为 0.099 6，而改进 EEMD 的值为 0.083 6，可以看出，基于极值延拓法的集合模态分解的 θ 值结果最小，对端点效应的抑制结果较好，证明了所提方法的有效性。

2.3 BPNN

BPNN 是由 Rumelhart 于 1986 年提出的一种利用误差反向传播训练算法的多层网络模型。1989 年，Hecht-Nielsen 证明了具有输入层、隐含层和输出层的三层 BP 网络（图 1）可以完成任意 N 维到 M 维的映射，对于非线性复杂时间序列具有良好的拟合能力，且具有计算简单和无须先验假设数据的属性[22]。

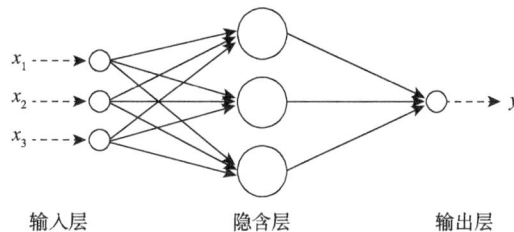

图 1 三层神经网络结构图

2.4 组合预测模型的建立

时间序列数据的分析与预测，其基本思想都是收集历史数据进行统计分析，通过模型表征历史数据之间的规律泛化到未来的时间段内。本文的心血管疾病门诊量调研数据是非线性、非平稳的时间序列数据，如果直接对该数据进行预测，结果会产生较大偏差。基于此，提出组合预测模型[23]，首先为避免分解时间序列数据存在端点效应，采用极值延拓法对时间序列向外延拓极值点，能够抑制 EEMD 分解过程中的端点效应问题，得到新的时间序列数据并进行分解，得到包含各个时间尺度特征的 IMF 和一个趋势项（RES），这样将原本复杂的时间序列分解成多个简单的平稳性序列，各个分量之间的频率不同，也就是说各个分量包含的特征信息是不一样的。之后将每个分量输入

BPNN 中进行组合预测，提高预测精度，该组合预测模型的结构图如图 2 所示。

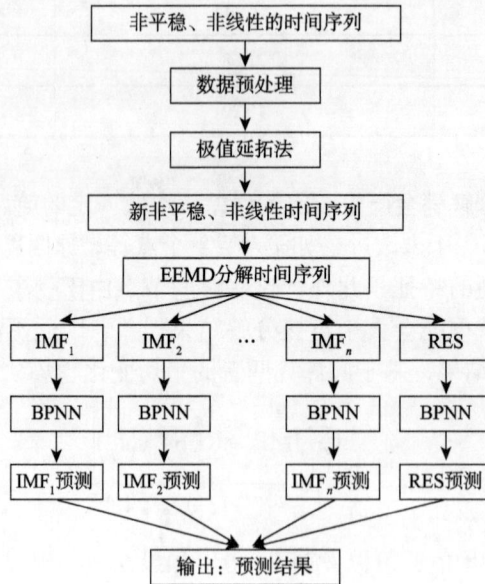

```
┌─────────────────────────┐
│  非平稳、非线性的时间序列  │
└─────────────────────────┘
            ↓
    ┌──────────────┐
    │  数据预处理   │
    └──────────────┘
            ↓
    ┌──────────────┐
    │  极值延拓法   │
    └──────────────┘
            ↓
┌─────────────────────────┐
│  新非平稳、非线性时间序列  │
└─────────────────────────┘
            ↓
┌─────────────────────────┐
│   EEMD分解时间序列        │
└─────────────────────────┘
```

IMF$_1$	IMF$_2$	...	IMF$_n$	RES
BPNN	BPNN		BPNN	BPNN
IMF$_1$预测	IMF$_2$预测		IMF$_n$预测	RES预测

```
        ┌──────────────────┐
        │  输出：预测结果   │
        └──────────────────┘
```

图 2　组合预测模型结构图

3　数值检验

3.1　实验数据

　　本文以某大型三甲医院心血管月门诊量数据为研究对象，从该院 Oracle 数据库 HIS 挂号系统中获取了从 2012 年 1 月至 2017 年 12 月共 72 个月的门诊量数据，并且该数据库中不存在数据缺失的现象。经初步处理后，通过传统的统计方法得到了数据的基本特征（表 2），以及心血管门诊量折线图（图 3）。通过图表可以发现，心血管疾病门诊量序列的样本近似于正态分布，极差和标准差都相对较大，可推断出数据的波动性很大，说明每月的门诊量可能因各种因素影响存在较大的波动，符合非平稳、非线性的复杂时间序列特征。

表 2　心血管门诊量描述性统计

最大值	最小值	平均值	中位数	偏度	峰度	标准差
13 408	7 088	10 696	10 683	−0.330	0.822	1 239.74

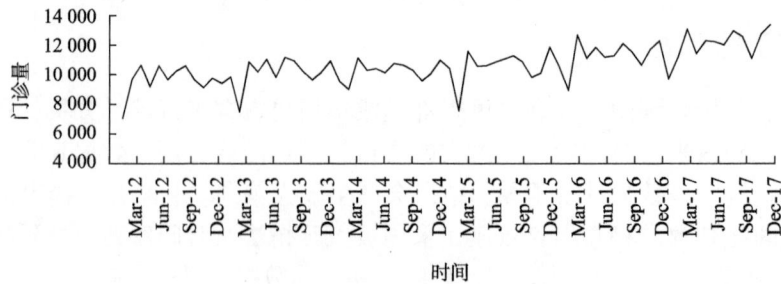

图 3　2012~2017 年心血管门诊量

3.2 多步预测方法

本文采用迭代策略对时间序列进行多步预测，迭代策略通过预测模型进行最小化单步预测并计算误差，然后迭代地运用该模型进行多步预测，在这个过程中，前期的预测值作为输入参与后期的预测，如图4所示，时间序列长度为 $N=72$，设置长度为 w 的时间窗口，每一次预测后，都将时间窗口向后滑动一个，将预测值加入其中并保证时间窗口长度不变，选取第二次预测的训练样本，反复操作，完成多步预测。

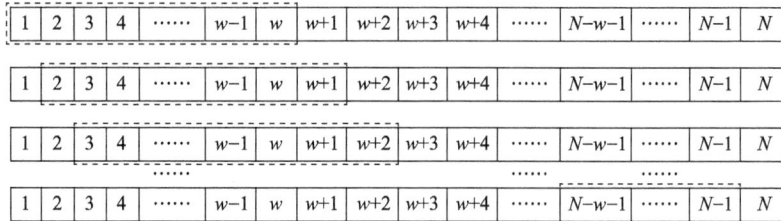

图 4　迭代策略解释图

由于预测值作为输入参与接下来的预测过程，迭代策略易产生误差累积的问题，即随着预测步长的增加，积累的预测误差会越来越大，从而明显地降低模型的多步预测能力，因此，采用 EEMD 分解-组合的预测原理，先使复杂数据简单化，弥补上述问题。

3.3 实验流程与评价指标

实验流程（图 5）显示：首先输入心血管门诊时间序列，确定预测步长，并将数据划分为训练集和测试集，将训练集进行分解与模型训练，预测下一个值，最后采用迭代策略进行多步预测，并进行评价指标计算。

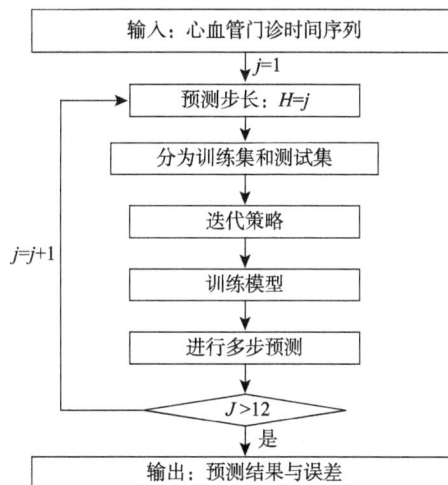

图 5　预测流程图

为检验最终预测结果，本文引入均方根误差（root-mean-square error，RMSE）、平均绝对百分比误差（mean absolute percentage error，MAPE）、平均绝对误差（mean absolute error，MAE）对预测效果进行评价，计算公式为

$$RMSE = \sqrt{\sum_{i=1}^{n}(y - y_i)^2 / n} \qquad (15)$$

$$MAPE = 1/n\sqrt{\sum_{i=1}^{n}(|y - y_i|)/y} \qquad (16)$$

$$MAE = 1/n\sum_{i=1}^{n}|y - y_i| \qquad (17)$$

3.4　实验结果与对比分析

由于该医院通常以五年为其医疗管理规划的时间节点，因此本文依据上述的实验步骤，以 2012~2016 年共计 60 个月的心血管疾病的月门诊量作为初始学习集。时间窗口长度过小会影响预测精确度，因此将 $w=60$ 作为初始的滑动窗口，将此作为基础进行改进的 EEMD 分解，以减小后续的误差累积。如图 6 所示，初始的学习集，经极值点延拓后，共计 64 个数据点，从上到下依次为：原始数据、IMF_1、IMF_2、IMF_3、IMF_4、IMF_5 和 RES，可以看出 IMF 分量在零点上下波动，具有明显的周期性变化且波动趋势各不相同。随着时间的变化，每个 IMF 分量表现出强弱不一的非均匀性变化，在年际（一年内）尺度上，存在大概 3 个月（IMF_1）、6 个月（IMF_2）和 12 个月（IMF_3）的周期变化，在年代（多年内）尺度上，存在大概 30 个月（IMF_4）和 42 个月（IMF_5）的周期性变化，表明这些 IMF 分量的不同时间尺度的周期性波动含有心血管疾病门诊量的外在影响因素周期性变化，而且也包含一些影响因素的非线性的反馈作用；也可以看出 RES 分量呈现递增的趋势，分解的效果良好，而且也验证了心脏病的门诊量呈现增加趋势。

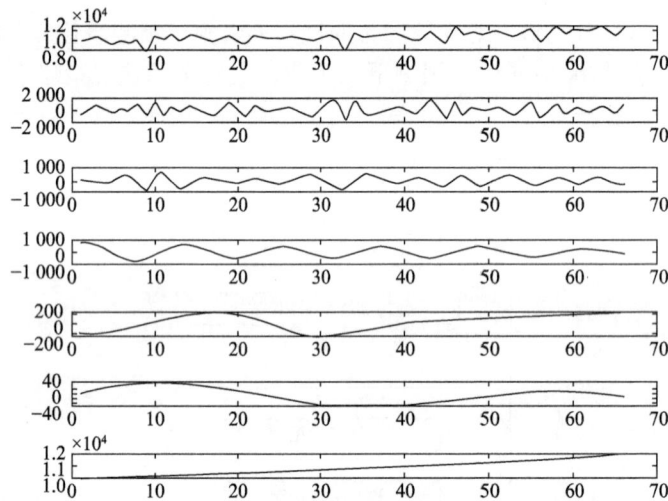

图 6　改进 EEMD 分解图

为抑制 EEMD 分解过程中的端点效应，采用极值点延拓法后将会分解得到 64×16 的矩阵，而实际数据并没有两端的四个极值点，因此后续步骤的预测，去掉因四个极值点而产生的矩阵，即使用 60×6 的矩阵进行预测。本文统计了初始窗口的统计指标进行说明，如表 3 所示。

表 3　改进 **EEMD** 分解结果描述统计

分量	最大值	最小值	峰度	偏度	均值
IMF_1	1 522.45	−1 633.42	−0.33	0.07	−7.60

分量	最大值	最小值	峰度	偏度	均值
IMF_2	716.80	−728.28	−0.06	−0.25	10.27
IMF_3	851.85	−713.96	−1.08	0.08	47.65
IMF_4	353.08	−313.75	−0.76	0.36	−32.86
IMF_5	307.45	−238.29	−1.59	−0.16	52.00
RES	11 928.9	9 234.07	−1.08	0.37	10 347.51

从表 3 中还可以看出 IMF_1 波动频率较高；IMF_2 和 IMF_3 波动频率居中，数据的离散程度也较为接近且与原时间序列数据的相关性较强；IMF_4 和 IMF_5 波动频率较低，数据的离散程度也较为接近；从 EEMD 分解可以得到，IMF_1、IMF_2、IMF_3、IMF_4、IMF_5 及残差项对于原始时间序列均有隐含的统计学解释，能够说明其波动原因随某一特征而变化，最后从表和图都可以看到残差项（RES）的趋势是长期上升，也反映出实际情况，长期来看心脏病门诊量每年都在增加。

最后，将各分量输入 BPNN 预测模型中得到对应预测值，对各子序列的预测结果进行线性累加集成，以获得初始时间序列数据的预测值。通过迭代策略，预测未来一年（预测步长 H=12）的门诊量，结果如表 4 所示。

从表 4 和图 7 可以看出，随着时间的增加，预测误差也在变大，但在中间阶段预测误差在变小，主要原因可能是 2017 年 6 月国家提出医疗改革政策等，因此造成了门诊量发生了变化，而模型不能有效地识别这一政策，造成这段时间预测误差变化较大，但总体来说，预测误差随着预测步长的增加而累积，各项指标呈现先上升后下降之后再上升的趋势，而从表 5 的统计指标来看，并没有因这一现象而造成各种指标出现明显大的改变。

表 4　预测实验结果表

时间/月份	真实值/人次	预测值/人次	误差
1	9 733	10 143.57	−410.13
2	11 214	11 839.46	−625.03
3	13 127	12 398.69	728.69
4	11 465	10 683.92	781.40
5	12 329	11 505.72	823.32
6	12 270	12 148.47	121.38
7	12 057	11 974.62	81.93
8	13 013	12 158.91	853.70
9	12 588	12 158.91	428.66
10	11 141	12 240.04	−1 099.38
11	12 760	12 524.7	235.43
12	13 408	12 300.79	1 106.86

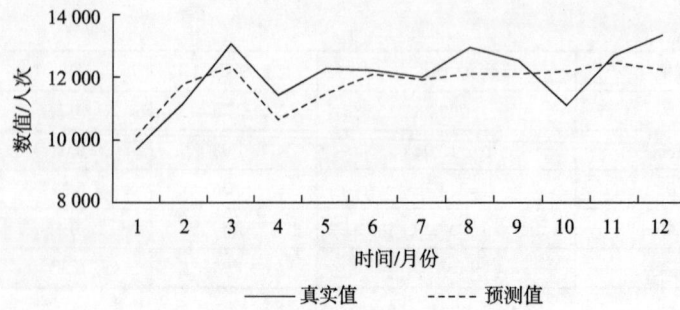

图 7　预测实验结果比较图

表 5　预测实验结果评价表

步长	MAE	MAPE	RMSE
1	410.57	4.22%	410.57
2	518.01	4.90%	529.04
3	588.11	5.11%	602.83
4	636.35	5.54%	651.97
5	673.74	5.77%	689.65
6	581.70	4.97%	631.51
7	510.37	4.36%	585.49
8	553.34	4.63%	625.41
9	539.53	4.50%	606.74
10	595.48	5.03%	672.39
11	562.74	4.74%	645.01
12	608.11	5.04%	695.36

　　本文将 ARIMA、BPNN、EEMD-BPNN 和改进 EEMD-BPNN 四个模型，以步长为 3、6、10 分别进行对比，其结果如表 6 所示。从整体来看，采用迭代策略进行预测，各步长的结果相对比较稳定；在步长为 6 时，因政策等各种不稳定因素的变化，各种模型在该处拟合结果较好，各项指标数据在下降，同时影响到对未来步长的预测；最后可以看出，相较于其他几种预测模型，本文提出的改进 EEMD-BPNN 模型的各项评价指标更优，对降低迭代策略对未来多步长的预测结果产生的误差累积问题效果更优，具有较好的预测性能。

表 6　不同模型对比评价表

方法	指标	Step=3	Step=6	Step=10
ARIMA	MAE	1 464.69	1 058.37	780.82
	MAPE	13.8%	9.9%	7.1%
	RMSE	1 640.04	1 328.51	1 054.31
BPNN	MAE	1 419.63	1 335.26	1 400.28
	MAPE	12.9%	11.5%	11.7%
	RMSE	1 661.35	1 565.34	1 626.46

续表

方法	指标	Step=3	Step=6	Step=10
EEMD-BPNN	MAE	780.23	800.12	813.67
	MAPE	7.41%	6.97%	7.87%
	RMSE	897.45	845.23	906.23
改进 EEMD-BPNN	MAE	588.11	581.70	595.48
	MAPE	5.11%	4.97%	5.03%
	RMSE	602.83	631.51	672.39

4 总结

本文采用迭代策略对心血管门诊量多步长时间序列预测问题进行研究，为降低数据非平稳性对多步长预测结果的影响，利用极值延拓法抑制 EEMD 的端点效应，将原始序列分解为若干 IMF 分量和趋势项，更好地表征数据信息，并基于 BPNN 对时间序列分量数据进行预测，得到最终的预测结果。本文以某医院心血管门诊量为研究对象，并与 ARIMA、BPNN 预测模型进行效果对比，验证了改进 EEMD-BPNN 组合预测的有效性，能为医院对门诊量预测提供参考模型；同时也对医疗资源管理和分配、医护人员的安排、就诊路径研究提供支撑；为医院诊疗工作实现智能化、细致化和高效化提供重要的理论基础。

参 考 文 献

[1] 胡盛寿，高润霖，刘力生，等.《中国心血管病报告 2018》概要[J]. 中国循环杂志，2019，34（3）：209-220.

[2] 白贺伊. 基于数据挖掘理论的心血管疾病预警方法建模[J]. 信息技术，2020，44（2）：53-57.

[3] Luo L，Luo L，Zhang X L，et al. Hospital daily outpatient visits forecasting using a combinatorial model based on ARIMA and SES models[J]. BMC Health Services Research，2017，17（1）：469.

[4] 王玖，韩春蕾，栾奕昭. 组合预测在医院门诊量预测中的应用[J]. 中国卫生统计，2012，29（6）：881-883，886.

[5] Garg B，Beg M M S，Ansari A Q. A new computational fuzzy time series model to forecast number of outpatient visits[C]. IEEE，2012.

[6] Hadavandi E，Shavandi H，Ghanbari A，et al. Developing a hybrid artificial intelligence model for outpatient visits forecasting in hospitals[J]. Applied Soft Computing，2012，12（2）：700-711.

[7] Xu Q N，Tsui K L，Jiang W，et al. A hybrid approach for forecasting patient visits in emergency department[J]. Quality and Reliability Engineering International，2016，32（8）：2751-2759.

[8] 张筠莉，杨祯山. 现代医院门诊量的灰色 RBF 神经网络预测[J]. 计算机工程与应用，2010，46（29）：225-228.

[9] Huang D Z，Wu Z H. Forecasting outpatient visits using empirical mode decomposition coupled with back-propagation artificial neural networks optimized by particle swarm optimization[J]. PLoS ONE，2017，12（2）：1-17.

[10] 朱顺痣，王大寒，何亚男，等. 基于时间序列模型的医院门诊量分析与预测[J]. 中国科学技术大学学报，2015，45（10）：795-803.

[11] Zack C J，Senecal C，Kinar Y，et al. Leveraging machine learning techniques to forecast patient prognosis after percutaneous coronary intervention[J]. JACC-Cardiovascular Interventions，2019，12（14）：1304-1311.

[12] 陈渝，任正军. 融合 EMD 与 LSTM 神经网络的门诊量预测模型研究[J]. 软件导刊，2019，18（3）：133-138.

[13] Franses P H, Legerstee R. A unifying view on multi-step forecasting using an autoregression[J]. Journal of Economic Surveys，2010，24（3）：389-401.

[14] Wang Y M, Gu J Z, Zhou Z L, et al. Diarrhoea outpatient visits prediction based on time series decomposition and multi-local predictor fusion[J]. Knowledge-Based Systems，2015，88：12-23.

[15] Wu Z H, Huang E. A study of the characteristics of white noise using the empirical mode decomposition method[J]. Proceedings of the Royal Society A：Mathematical，Physical and Engineering Sciences，2004，460（2046）：1597-1611.

[16] Zhu B Z, Shi X T, Chevallier J, et al. An adaptive multiscale ensemble learning paradigm for nonstationary and nonlinear energy price time series forecasting[J]. Journal of Forecasting，2016，35（7）：633-651.

[17] 李合龙，冯春娥. 基于 EEMD 的投资者情绪与股指波动的关系研究[J]. 系统工程理论与实践，2014，34（10）：2495-2503.

[18] Wang S X, Zhang N, Wu L, et al. Wind speed forecasting based on the hybrid ensemble empirical mode decomposition and GA-BP neural network method[J]. Renewable Energy，2016，94：629-636.

[19] 白朝阳，宋林杰，李晓琳. 基于 EMD-PSO-LSSVR 的物料需求组合预测模型[J]. 统计与决策，2018，34（18）：185-188.

[20] 白朝阳，胡子涵，刘晓莹. 面向装备制造业的非平稳时间序列需求组合预测方法[J]. 信息与控制，2017，46（4）：495-502.

[21] 马小刚，王永平，杜历. 一种求解信号包络曲线端点值的新方法[J]. 噪声与振动控制，2018，38（4）：159-164.

[22] 史忠植. 神经网络[M]. 2 版. 北京：高等教育出版社，2009.

[23] 凌立文，张大斌. 组合预测模型构建方法及其应用研究综述[J]. 统计与决策，2019，35（1）：18-23.

Research on Data-driven Multi-step Combined Forecast of Cardiovascular Disease Outpatient Volume

GU Fulai[1], BAI Zhaoyang[1, 2], GUO Linxia[1], LIU Xiaobing[1, 2], SUN Yongliang[1]

（1. School of Economics and Management, Dalian University of Technology, Dalian 116024, China；

2. National and Local Joint Engineering Laboratory for Manufacturing Management Information Technology, Dalian 116024, China）

Abstract　Precise cardiovascular outpatient volume forecasting is an important basis for realizing outpatient management such as doctor demand calculations and medical equipment management and allocation. In this paper, based on the time series data of cardiovascular outpatient volume, multi-step time series prediction is carried out by iterative strategy. In order to reduce the error accumulation caused by multi-step prediction and the non-stationary and non-linear characteristics of data, an improved ensemble empirical mode decomposition method is proposed, and a combined prediction model is established with back propagation neural network （BPNN）to achieve better prediction results. Finally, the monthly outpatient volume of cardiovascular diseases is used for prediction and comparative analysis. The experimental results show that the combined prediction model has high accuracy in predicting the cardiovascular outpatient volume with multiple steps, which proves the effectiveness of the model.

Keywords cardiovascular disease outpatient volume, multi-step prediction, ensemble empirical mode decomposition, BPNN

作者简介

顾福来（1981—），男，大连理工大学博士研究生，主要研究方向为医疗大数据、机器学习，E-mail：GFL128@126.com。

白朝阳（1978—），男，大连理工大学经济管理学院副教授、硕士生导师，主要研究方向为精益医疗、医疗大数据，E-mail：baizhaoyang@dlut.edu.cn。

郭林霞（1996—），女，大连理工大学硕士研究生，主要研究方向为医疗大数据、机器学习，E-mail：3029085728@qq.com。

刘晓冰（1956—），男，大连理工大学经济管理学院教授、博士生导师，主要研究方向为精益医疗、医疗大数据，E-mail：xbliu@dlut.edu.cn。

孙永亮（1995—），男，大连理工大学硕士研究生，主要研究方向为医疗大数据、机器学习，E-mail：2239314954@qq.com。

移动学习情境下口碑生成的影响因素研究
——基于八个论坛的真实评论数据*

罗霄[1]，蒋玉石[1, 2]，王烨娣[1]，苗苗[3]

（1. 西南交通大学经济管理学院，四川 成都 610031；

2. 服务科学与创新四川省重点实验室，四川 成都 610031；

3. 阳光学院商学院，福建 福州 350015）

摘 要 运用扎根理论，分析了8个常见移动学习论坛中的5 568条真实评论数据，构建了"移动学习情境下口碑生成的影响因素模型"。研究结果表明：移动学习情境、平台/资源属性（驱动的客观因素）将对用户心理反应（情绪、体验和满意度）产生正向影响；感知风险（驱动的主观因素）会对用户心理反应产生负向影响；用户心理反应会促进生成口碑行为（主观评价、使用意愿、提出建议、推荐使用）；用户的个体特征在其口碑行为过程中具有调节的作用。

关键词 口碑生成，扎根理论，移动学习

中图分类号 C931.6

1 引言

党的十九届四中全会指出，要"发挥网络教育和人工智能优势，创新教育和学习方式"。移动学习通过智能手机、Pad 等数字移动设备，能够在任何地点和时间获得信息、资源或服务[1]，是"移动互联网+教育"的典型应用。根据中国互联网络信息中心发布的《第 45 次中国互联网络发展状况统计报告》，截至 2020 年 3 月，我国手机在线教育的用户规模为 4.2 亿人，较 2018 年末增长 2.26 亿人，占移动互联网用户的 46.9%[2]。进入 2020 年，全球遭遇新冠肺炎疫情，各级各类学校推迟开学，2.65 亿在校生转为线上学习，移动学习呈现出爆发式增长的态势，已经发展成长为一种新的学习教育业态，在现代教育中展现出强大的生命力和广阔的发展前景。

移动学习有利于促进学员与学员、学员与老师、老师与老师等之间的互动交流。在移动学习的过程中，用户会在学习论坛中发表评论信息，内容涉及使用时遇到的问题、获得的感受以及提出的意见和建议等，反映了移动学习平台及其配套支持服务的某些特征。从本质上看，这些在学习论坛中的评论信息属于网络口碑营销（electronic word of mouth，eWoM）的一种展现形式。现有研究发现，口碑对于降低消费者感知风险，提高其满意度和品牌忠诚度，进而促进产品销售方面发挥着相当重要的作用。同理，用户针对移动学习发布评论信息，对于改进移动学习平台功能和教学管理措施，提升移动学习服务供应商的品牌形象，扩大移动学习的应用范围，确保移动学习健康和可持续发展也都具有积极意义。从更深的层面看，移动学习的口碑研究对改善教育资源分布不平衡，促进教育公平等重大社

---

* 基金项目：国家自然科学基金（72172129）、教育部人文社会科学项目（19YJC630060、19YJC860033、21YJA63003）、四川省农村发展研究中心（CR1914）、四川省电子商务与现代物流研究中心（DSWL19-1）、西南交通大学教改项目（DSZ2019-ZLTS-28）。

通信作者：苗苗，阳光学院商学院教授，E-mail：miaomiao@swjtu.cn。

会问题也会产生潜在影响。因此，开展对移动学习中网络口碑现象的研究，不仅具有必要性和重要性，而且还具有很强的现实性和紧迫性。

目前，学术界针对移动学习领域的口碑研究尚处于起步阶段，现有的研究成果不多，广度和深度都显不足。其中，对移动学习情境下口碑生成的影响因素的研究更显薄弱，许多深层问题尚无人涉及。例如，哪些因素会促使学生发表评论信息；这些因素之间具有怎样的作用机制；评论信息具有哪些表现形式；其效价如何；等等。这些问题对于了解用户发布评论的动机，以及如何因势利导推动评论内容向积极健康的方向发展至关重要。研究缺口将导致对移动学习的口碑研究缺少来自虚拟社区用户之间信息传递的视角，进而影响整个移动学习口碑研究的完整性和科学性。

为促进研究的深入，本文将以影响用户在移动学习过程中发布评论信息的动机作为切入点，对移动学习情境下口碑生成的影响因素及其作用机制进行深入的分析，以补充现有理论研究的不足，促进移动学习持续健康发展。

2　文献回顾

现有关于移动学习与口碑的研究可分为两类。

第一类为移动学习与口碑行为直接相关的研究。目前，此类研究尚未引起学者们的关注，研究成果不多。在 Web of Science 核心合集中使用"Mobile-Learning""M-Learning""E-Learning""Word-of-Mouth"及"WOM"等为关键词进行组合检索，仅获得 5 篇文献；而在中国知网（CNKI）中以"移动学习""口碑""在线评论"等为关键字，没有检索到相应的文献。由此可见，关于移动学习口碑行为的研究总体匮乏。现有文献认为有两个方面的原因会促进用户对移动学习平台的口碑行为：一是移动学习平台自身的特性，如课程内容的趣味性和有用性等[3, 4]；二是移动学习虚拟社区中存在的互惠关系等社会动机，如社会影响、利他主义和外在奖励等[5]。

第二类为移动学习与口碑行为前因的研究。de Matos 和 Rossi 将口碑的影响因子归为满意度、质量、信任和用户忠诚[6]。结合至移动学习的应用情境，则可具体为用户对移动学习平台的满意度、使用体验和持续使用意愿。第一，移动学习与满意度的研究。当用户对移动学习平台感到满意时，会出于推荐、赞赏等动机产生正面口碑；而当用户感到失望时，则会出于报复、泄愤、警告他人等目的产生负面口碑。信息系统持续使用模型（ECM-ISC）指出，感知有用性和期望确认共同决定了用户对信息系统的满意度。作为移动互联网时代下的新兴信息系统，用户对移动学习平台的感知有用性和期望确认显著影响其满意度[7]，当用户认可移动学习平台能够提高其学习绩效时，就会收获较高的满意度。进一步的研究表明，移动学习平台的感知易用性[8]、感知交互性[9]和感知趣味性[10]等也会对用户满意度产生影响。第二，移动学习与体验的研究。移动学习是否能够给用户带来情感、智力乃至精神等方面的个性体验，是用户做出推荐行为的关键影响因素。现有关于移动学习体验的研究主要集中于平台和资源的特征方面，包括学习资源的显示效果[11]和可获得性[12]，移动学习 APP 的愉悦性、可靠性和交互性等[12]。第三，移动学习与持续使用意愿的研究。用户接受移动学习并充分使用，是产生口碑行为的基础。影响用户持续使用移动学习的因素可归纳为三个方面：一是采用移动学习后期望确认，如绩效期望、努力期望、服务期望等[13]；二是风险感知，用户对移动学习功能风险、社会风险、身体风险、隐私风险和财务风险等方面的感知会影响其持续使用意愿；三是个人特征，用户的创新能力[13]、受教育程度，甚至性别和年龄等个体特征会影响其对移动学习的采纳和持续使用意愿[14]。

文献回顾表明，现有研究对移动学习与口碑行为的关系进行了相应探索，并提供了可供借鉴的理论基础，但也存在着一定局限：一是研究范围存在局限。现有研究尚未能形成相对综合的概念框架，没有构建出理论体系，不利于从整体上把握移动学习与口碑行为的研究。二是研究内容存在局限。学者们对影响口碑行为因素的关注点大多集中于移动学习平台自身的特性，较少涉及应用情境及用户个体特征等其他方面，而市场营销领域的口碑研究已发现，情境因素和消费者特质也是导致口碑传播的因素[15]。三是研究方法存在局限。现有研究大多采用定量研究的方法，只考察少数变量对口碑生成的影响，以至于对影响因素内涵和外延的讨论有失全面。

针对现有研究的不足，本文拟引入基于扎根理论（grounded theory）的质性研究方法，以用户在移动学习论坛中的真实评论数据作为研究对象，深入挖掘用户使用移动学习平台后产生口碑传播意愿的影响因素，构建相应模型并分析其关系，更加全面深入地推进移动学习中的口碑问题研究。

3　研究设计

3.1　研究方法

扎根理论是一种定性研究方法，它的特点是基于经验资料而建立理论，即在研究之初不提出任何理论假设，通过分析资料和数据逐渐进行概括和抽象，从而提炼出反映研究领域现象的概念，进而发展出范畴及彼此之间的关联，最终提升为理论[16]。扎根理论最初应用于社会学，后被延伸拓展到医学、传播学、心理学、教育学、市场营销学、管理学等领域。随着网络时代的到来，基于扎根理论的质性分析方法在网络论坛和虚拟社区领域的研究得到了广泛应用，通过分析用户留言的第一手资料，可以提取出事物或现象的维度和范畴，进而建构理论并揭示事物或现象的本质与规律[17]。例如，李良成和李莲玉基于扎根理论，以电子政务论坛中专家的发言材料为研究素材，探讨了电子政务治理体系、治理能力和治理绩效之间的关系[18]；李研等通过对知名网络论坛评论的扎根研究，探讨了影响商家实施危害食品安全行为的内外部因素等[19]。

本文采用基于扎根理论的质性研究方法，主要基于三个方面的原因：一是目前国内外对用户采用移动学习后产生口碑行为的研究尚处于起步阶段，许多问题尚待进一步分析，需要通过质性研究方法进行探索性研究，以自下而上的方式进行归纳并抽象，构建并完善相应理论体系。二是现有关于移动学习口碑研究的参考文献较少，通过文献提取出的影响因素有限，而通过分析用户的真实评论数据能够提取其维度和内容，从而发现以往未曾关注到的因素。三是定量研究只能够考察少数变量的影响关系，而学习论坛中用户发表评论信息的影响因素较为复杂，扎根研究可以更全面地考察各类影响因素及关系。

因此，本文拟以用户在移动学习论坛中提交的真实评论数据作为经验资料，通过开放编码、主轴编码和选择性编码三个阶段，在持续观察的过程中归纳概括经验，直至构建出理论模型。

3.2　对象选定与数据收集

运用扎根理论的关键是研究对象和资料的选择，要求既有一定的代表性，又要具备相应的数量，以求能够真实、准确地反映研究问题的内在逻辑联系，从而构建正确的理论框架。本文主要研究用户使用移动学习平台后导致其产生口碑行为的影响因素，因此准备选择具有移动学习平台使用经验的用户作为研究对象，采用其在学习讨论区中的评论数据作为研究资料。

本文提取了 8 个移动学习平台讨论区中的真实评论数据。数据收集的时间范围为 2019 年 10 月 1 日至 2020 年 5 月 31 日，初始获得评论数据 5 874 条，剔除过于简单、无实质内容或重复的评论数据后，最终保留有效评论数据 5 568 条，共计 86 432 字（包含标点）。

4 数据编码

从评论数据的样本集中随机抽取 80%的数据，即 4 455 条评论数据，供构建模型时使用；剩余 20% 的数据，即 1 113 条评论数据，用于检验模型的理论饱和度。为提高编码效率，本文借助 NVivo.12 作为辅助分析工具。

4.1 开放编码

开放编码的作用是将数据资料逐步概念化和范畴化，即根据一定原则将评论数据文本中相应内容的单词、短语或短句加以缩编，以提取出初始概念。借助词频统计的结果查找对应的原文描述，从评论数据的特征、用户的认知、表现出的情绪以及口碑呈现形式等方面加以分析，以"F+序号"的形式为相应语句贴上标签，对编码后的信息加以抽象并提出概念并以"A+序号"表示。经整理共获得初始概念 42 个，各概念及对应原始留言内容如表 1 所示，为节省篇幅，每个概念仅列举少量原始语句。

表 1 评论信息开放编码的概念化（部分）

对应初始概念	原始评论信息中的语句
A01 教师形象	F0001 老师讲得特别棒，我受益匪浅，听了这么多机构的课，还是这里的老师最专业
A02 答疑解惑	F0008 我个人希望能在移动和 PC 端学习的同时，参加面授课程 F12057 课堂上老师会耐心解答学员的每一个问题
A03 标准支持	F0061 为了达到教学的质量以及提高学生的综合成绩，需要每个学生完成相应的课件阅读，奖励政策：学分、网上活动成绩
A04 情感支持	F0149 班主任负责度不高，不负责，对我们都不关心
A05 技能支持	F12055 好多功能找不到哦，能不能普及一下？
A06 条件支持	F12026 能不能在圈子里放一些练习听力的视频材料？
A07 学习氛围	F0010 求助各位老师和同学，圈中的两个式子各是什么意思
A08 同学或同事影响	F0080 我的同学们都推荐使用学习通，说里面的老师都是 985、211 的毕业生，师资力量强，教研团队强
A09 软硬件存在缺陷	F0006 指标太低，电池寿命短、设备大小工具大小也是个问题，更新设备花费太贵
A10 身体损伤风险	F0011 经常盯着屏幕对眼睛不好 F0451 低头族危害很大
A11 隐私泄露风险	F0146 网上信息及软件很多，会被其他的信息软件所吸引
A12 额外经济支出	F0038 一个平板要 3 000 元这样子，那就是我爸妈省吃俭用将近一年才可以支付这笔额外费用 F10260 大家别花那 3 580 元，否则你就是花钱打水漂
A13 数码产品使用经验	F0039 喜欢索尼的数码产品
A14 接受新事物的意愿	F0156 现在是高速发展的信息化时代，我们要不断创新，与时俱进
A15 人格特质偏内倾	F0065 希望移动学习能够帮助有学习和心理障碍的人克服困难，拥有和常人一样的机会
A16 认知负荷	F1005 老师讲得很好，很实用，就是那个乘法口诀的公式有点复杂，不太好学，再听一遍看能否学会
A17 自我激励	F9085 希望通过学习可以让自己的技能有所提升

续表

对应初始概念	原始评论信息中的语句
A18 学习者自我效能	F0515 MOOC 使各个大学课程开放，更多想要学习的人有了便捷的途径，有心人必定不会随意浪费这种重要资源共享的机会
A19 主观评价	F0200 移动学习是很好的学习方式，但传统学习方式某些方面是无法替代的
A20 消极使用意愿	F0157 采用移动学习的话可能是在工作中对书本知识有一定的需求，需要学习了马上用到学习过程中去。目前来说我觉得通过计算机浏览课件、做作业的形式能满足我的需要
A21 积极使用意愿	F0084 我认为移动学习非常有助于自己的学习，没有地域和时间的影响，在那里随时随地都可以投入学习的海洋中，移动学习的方式大大增加了我们学习的兴趣和便捷性，会让我们有更好的学习能力和学习兴趣 F20034 期待更多好的案例课
A22 提出建议	F0126 希望能够准确把握学习内容的容量、时长。过少的内容，时间过短学习难以调动起学习热情就结束了，如果过长，学习者很容易受到外界的干扰而中断学习，从而影响学习的有效性
A23 推荐使用的态度	F0131 移动学习能够有效缓解工学矛盾，特别适合我们这样一边工作一边学习的学生；建议其他同学也能够采用 F20021 推荐，课程非常棒
A24 对平台功能的满意	F1202 确定选择题的具体选项不精确，比如必须点到 ABC 等具体选项的字母时才能确定选中。可怜我考到最后一科才发现左右滑屏已选中的选项都会变，真的好坑有木有？
A25 对学习资源的满意	F0155 讲得太专业了，声音超级好听，最喜欢听疫情通报内容
A26 对整体的满意	F0144 采用移动学习非常有效，可以随时随地学习知识、查阅资料等
A27 平台的便利性	F0006 可以随时利用零碎时间学习，自主安排学习时间，真的很棒！
A28 资源的稀缺性	F0071 网络上专业知识毕竟有限，很多知识网上是找不到的 F0101 课件还是比较丰富的，基本可以满足
A29 资源的扩展性	F0195 如果提供课件链接或是将课件添加在课程中就更好了 F20022 很多优质教育资源都能在线上获取，很爽
A30 平台的独特（新颖）性	F0062 学习者能在任何地点、任何时间，以任何方式学习任何内容，这种独特优势是其他学习方式所望尘莫及的，极大地满足了"总在线"的学习需求
A31 平台的趣味性	F0219 老师讲得很好，加入一些神话故事的介绍，让枯燥的内容变得生动有趣
A32 资源的易用性	F20039 内容实用但零碎，不好掌握 F0066 移动客户端的资源知识点过多，不能汲取重点知识部分
A33 平台的易用性	F0099 刚刚接触移动学习，的确会有界面或功能不是很熟悉，慢慢地通过自己摸索还是可以掌握的
A34 平台的健壮性	F12030 过几个小时会自动退出，重新登录后所保存的离线内容全部自动删除了
A35 资源内容有用性	F0127 传统的书本，很难达到与时俱进和深入表达，多媒体的方式，图片和视频都能让我更直观更深入地去了解这件事
A36 平台的有用性	F0083 移动学习的交互性可以实现信息及时的双向流通，有利于培养学习者的交流沟通能力，激发学习者的学习热情，发展学习者的个性，有利于提高学习者的学习成绩和信心
A37 专业适用性	F0111 我觉得音乐专业、美术专业和舞蹈专业可以通过移动学习的形式展开，然而我报的是工程管理，不能只学习知识，学校应该对学生定期进行面对面培训和指导
A38 高唤起积极情绪	F0001 备课的精心和设计的新颖给了我很大的震撼。在听课中时常看到老师们独特的教学设计，精美的课件制作让我心动！ F30021 本以为遗憾地错过了直播，不想居然有免费课程，大赞！
A39 高唤起消极情绪	F12017 就是个坑啊，题目基本上每题有错字，勉强凑合看就不谈了，我熬了一晚加起个大早做的 2016 年的真题，居然说网络问题提交不了，再一看我做的答案全部清掉了。太坑人了，这点都做不好，还能相信你们有押题，真的是见鬼了，就是出来骗钱的
A40 对平台功能的体验	F2802 虽然课程资源多，但是用户体验却不是很好

续表

对应初始概念	原始评论信息中的语句
A41 对学习资源的体验	F0133 移动学习生动形象。因为传统的我会看一会想睡觉，多媒体的，我不会，还可以反复、前后地调整学习
A42 对管理服务的体验	F3342 我的教学计划和考试计划都有学前教育学和心理学，但课件没有，是代表不用考试直接满分吗？谢谢，请回复我一下，快考试了，急！

对反映相同问题的概念进行合并归纳，最终形成 20 个范畴，以"B+序号"的形式标注。例如，"B01 教学及辅导"是对"教师形象、答疑解惑、学习氛围"的概括。开放编码范畴化的结果如表 2 所示。

表 2　开放编码的范畴化

范畴	对应初始概念	对概念的说明
B01 教学及辅导	A01 教师形象	移动学习过程中教师的授课形象及展示效果
	A02 答疑解惑	移动学习过程中是否能够获得有效的学习辅导
	A07 学习氛围	移动学习过程中形成的影响用户获得知识或技能的氛围
B02 支持服务	A03 标准支持	移动学习过程中的教学教务的标准化目标要求
	A04 情感支持	移动学习所提供心理层面的鼓励和帮助，激励用户克服困难，达成目标
	A05 技能支持	移动学习情境中提供的技术咨询、操作指南等服务
	A06 条件支持	移动学习过程中为用户提供的各项软硬条件支持
B03 主观规范	A08 同学或同事影响	用户身边亲近的人对其行为意识的影响
B04 技术适配	A37 专业适用性	移动学习平台对特定专业的适用程度
B05 功能风险	A09 软硬件存在缺陷	移动学习平台的硬件限制，以及软件功能设计不足而带来的影响
B06 身体风险	A10 身体损伤风险	长时间使用移动学习平台给身体带来的伤害
B07 隐私风险	A11 隐私泄露风险	采用移动学习而泄露个人信息并遭受相应影响
B08 财务风险	A12 额外经济支出	为使用移动学习而在软硬件添置、流量使用等方面增加的支出
B09 移动学习适应性	A13 数码产品使用经验	用户的信息素养以及对数字化产品、移动互联网相关软件的使用经验等
	A14 接受新事物的意愿	用户对发展和改造事务的接受程度
B10 人格特质	A15 人格特质偏内倾	用户具有内向型的性格特征，对现实环境中的人际交往感到存在困难
B11 自学能力	A16 认知负荷	用户对学习中所需要承担的信息加工与自身能力的适应程度
	A17 自我激励	用户设立目标并为之付出努力，从而激发学习动力并促进绩效提高
	A18 学习者自我效能	用户对自身使用移动学习平台水平的判断以及自我把握程度
B12 口碑呈现方式	A19 主观评价	用户对移动学习及配套服务提出看法，但没有体现出明显的推荐意愿
	A20 消极使用意愿	用户表达出不希望使用移动学习，或是认为其他的学习形式更好
	A21 积极使用意愿	用户表达出希望采纳或持续使用移动学习平台的意愿
	A22 提出建议	用户就移动学习平台的某项功能、特性或整体解决方案提出改进建议
	A23 推荐使用的态度	用户明确表达出推荐（或不推荐）采用移动学习平台的意愿

续表

范畴	对应初始概念	对概念的说明
B13 对单一属性的满意度	A24 对平台功能的满意	用户对移动学习平台某项功能、界面、特征或相应服务的满意程度
	A25 对学习资源的满意	用户对移动学习平台所搭载学习资源使用体验的满意程度
B14 对整体的认可及满意	A26 对整体的满意	用户从整体上对移动学习平台及配套服务的满意程度
B15 相对优势	A30 平台的独特（新颖）性	移动学习平台相较于其他学习形式所独有的特点及优势
B16 趣味性	A31 平台的趣味性	用户对移动学习平台趣味性的感知
B17 易用性	A27 平台的便利性	用户对移动学习平台使用便捷程度的感知
	A32 资源的易用性	用户对移动学习资源操作复杂性的感知
	A33 平台的易用性	用户对移动学习平台功能操作复杂性的感知
	A34 平台的健壮性	移动学习平台的稳定性，无线传输的可靠性及速率
B18 有用性	A35 资源内容有用性	移动学习资源对提高学习绩效的有效程度
	A36 平台的有用性	移动学习平台功能对提高学习绩效的有效程度
	A28 资源的稀缺性	移动学习资源的丰富程度以及获取的难易程度
	A29 资源的扩展性	移动学习资源的可扩展性
B19 高唤起情绪	A38 高唤起积极情绪	用户在使用移动学习时因感到超出预期或有意外收获时而产生的兴奋、激动的积极情绪，具有较高的情绪唤起水平
	A39 高唤起消极情绪	用户在使用移动学习时因感到低于预期或功能、服务失败时而产生的愤怒、焦急等消极情绪，具有较高的情绪唤起水平
B20 体验	A40 对平台功能的体验	用户对移动学习功能、外观，以及流畅度、健壮性等方面的体验感知
	A41 对学习资源的体验	用户对移动学习资源整体性以及内容、结构、画面、互动等方面的体验感知
	A42 对管理服务的体验	用户在使用移动学习的过程中，对配套管理服务及时性、专业性、有效性、情感性等方面的体验感知

4.2　主轴编码

主轴编码的任务就是在开放编码的基础上，对提取出的范畴进行分析和联结，以发现和建立范畴之间潜在逻辑联系，形成与研究目标有关的主范畴。通过分析发现，开放编码阶段得到的各个范畴在概念层次上确有内在的联结。根据范畴之间的内在逻辑联系进行重新归类，共得到 8 个主范畴。各主范畴以"G+序号"的形式标注，对应的开放编码范畴如表 3 所示。

表 3　主轴编码归纳的主范畴

主范畴	范畴	范畴的内涵
G01 移动学习情境	B01 教学及辅导	移动学习情境下的教学、辅导及虚拟社区中的互动氛围
	B02 支持服务	围绕移动学习所开展的各类支持服务
	B03 主观规范	用户身边亲近的人对移动学习的观点
	B04 技术适配	移动学习的技术特性与学习内容的适配程度
G02 感知风险	B05 功能风险	移动学习功能缺陷或不足而影响学习绩效
	B06 身体风险	长时间使用移动学习而对身体造成的伤害
	B07 隐私风险	使用移动学习平台而造成个人隐私的泄露

续表

主范畴	范畴	范畴的内涵
G02 感知风险	B08 财务风险	采用移动学习方式而导致学习成本增加
G03 个体特征	B09 移动学习适应性	用户对移动学习方式的接受程度
	B10 人格特质	用户个体的性格特征
	B11 自学能力	用户自我独立完成学习目标的能力
G04 口碑行为	B12 口碑呈现方式	用户在学习论坛中发表评论信息的类型
G05 满意度	B13 对单一属性的满意度	用户对移动学习某一方面的满意程度及其评价
	B14 对整体的认可及满意	用户对移动学习整体的满意程度及其评价
G06 平台/资源属性	B15 相对优势	移动学习相对于其他学习方式所具有的特点和优势
	B16 趣味性	移动学习的展现形式和互动效果等给用户带来生动有趣的体验
	B17 易用性	移动学习平台及其配套学习资源的易用程度
	B18 有用性	移动学习对学习绩效的提升程度
G07 情绪	B19 高唤起情绪	用户在使用移动学习的过程中产生的积极或消极情绪
G08 体验	B20 体验	用户使用移动学习过程中对平台功能、学习资源及管理服务的感受

4.3 选择性编码

本文以"影响用户对移动学习产生口碑行为的因素"作为核心范畴，围绕此核心范畴，将主轴编码形成的 8 个主范畴进行联结，并最终整合形成理论。根据前文的分析，移动学习情境、平台/资源属性、感知风险、体验、满意度、情绪以及个体特征对口碑行为有显著影响。其中移动学习情境、平台/资源属性是实现移动学习的支撑条件，为客观因素；感知风险是用户个体的主观感受，为主观因素；主客观因素共同构成了促进移动学习口碑行为的外部驱动因素；满意度、情绪和用户体验为用户的机体反应，是促进移动学习口碑行为的内部驱动因素；口碑行为是用户的行为表现；用户的个体特征会在机体反应和口碑行为之间起到调节作用。因此，围绕核心范畴故事线的实现路径为：外部驱动因素通过对用户的刺激，导致其产生相应反应而形成内部驱动因素，内部驱动因素最终导致了口碑行为结果。根据上述分析，本文构建和发展出移动学习口碑行为影响因素的理论框架，为"驱动因素—心理反应—行为表现整合模型"，如图 1 所示。

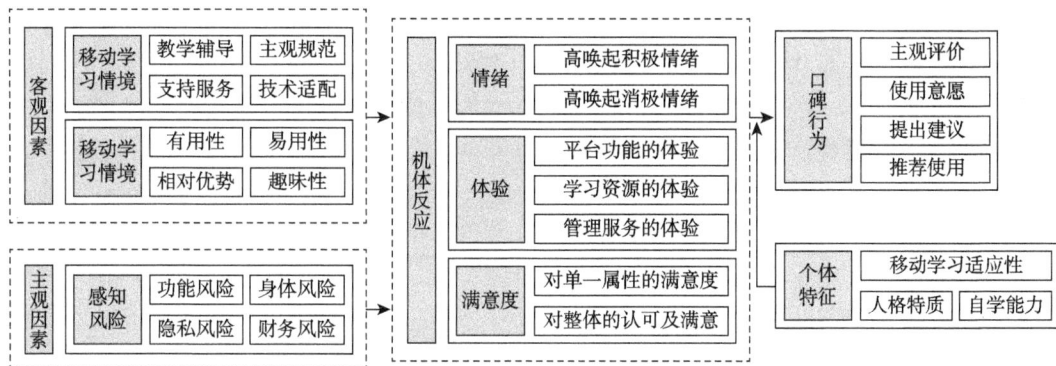

图 1　移动学习口碑行为影响因素模型

根据上述分析结果及图 1，构建出主范畴之间的关系及内涵，如表 4 所示。

表4　主范畴的典型关系结构

关系	关系结构	关系结构的内涵
平台/资源属性→满意度、体验、情绪	因果关系	移动学习平台及其承载学习资源的有用性、易用性、便利性和健壮性等属性会直接影响用户对移动学习的满意度、体验和情绪
移动学习情境→满意度、体验、情绪	因果关系	移动学习配套的管理和支持服务以及交流氛围会直接影响用户的满意度和情绪
感知风险→满意度、体验、情绪	因果关系	用户对移动学习平台的感知风险会影响其满意度、体验和情绪
体验→情绪、满意度	因果关系	用户对移动学习平台的体验感知会直接影响情绪和满意度
满意度、体验、情绪→口碑行为	因果关系	用户对移动学习的反应会直接影响其产生口碑行为
个体特征*满意度、体验、情绪→口碑行为	调节关系	用户的移动学习适应性、性格等特征会调节口碑行为的强度

注："→"表示因果关系，"*"表示调节关系

4.4　理论饱和度检验

为检验已获得的编码结果是否达到理论饱和，将剩余 20%的数据按同样的方法和步骤进行分析和编码。结果表明，剩余的评论数据未能发展出新的范畴，也未能建立起新的关系。因此可以认为图1所构建的模型是饱和的。

5　模型影响因素阐述

通过前文的分析，移动学习情境下的口碑行为可以用"驱动因素—心理反应—口碑行为"模型来解释。由使用情境组成的客观因素和来自用户感受的主观因素共同构成了驱动因素；驱动因素并不直接导致口碑行为，而是通过情绪、满意度和体验等心理反应对口碑行为产生影响。各部分影响因素阐述如下。

5.1　移动学习情境

情境是在消费者和产品之间客观存在的刺激物，它们会引起消费者认知和解释的心理变化，并最终影响消费者的行为。Verhagen 和 van Dolen 的研究结果表明，应用情境会对用户产生刺激，并促使其产生网络口碑行为[20]。移动学习是"教"与"学"的再整合[21]，如果缺乏必要条件支持，用户仅通过与固定程序之间的交互难以获得良好学习绩效，社交因素会影响用户对移动学习的持续使用意愿[22]。对评论信息的统计表明，在 5 688 条记录中，有 1 203 条属于提问类，占比为 21.15%，体现了过程支持的必要性和重要性。用户对移动学习情境的感知可归纳为教学辅导、支持服务、主观规范和技术适配等四个维度。教学辅导反映了用户在学习过程中对学术内容的辅导需求；支持服务体现了非学术的标准支持、情感支持、技能支持，以及其他方面的条件支持；主观规范体现了用户的从众心理，即身边人对移动学习的态度会影响其使用感受；技术适配反映了移动学习平台及资源与用户学习需求的适应程度。当用户使用移动学习时可以得到组织者的有效帮助，能够获得他人认可时，会正向增强其沉浸感；反之，当用户在移动学习的过程中感受不到来自组织者、教师及同学之间的交流时，则较易产生焦虑、彷徨、失望等负面学业情绪。由此可知，移动学习情境是用户感知移动学习价值的重要方面，是诱发用户口碑行为的重要前置因素。

5.2 平台/资源属性

移动学习由系统平台和学习资源两部分构成，分别体现了系统质量和信息质量。现有研究已证实学习平台和课程资源在移动学习中的重要作用[23, 24]，是移动学习的核心价值。在开放编码的过程中发现，用户对移动学习平台及其承载的学习资源所发表的评论，可综合归纳为有用性、易用性、相对优势和趣味性等四个维度。有用性是指移动学习能够改善工作绩效的程度，是用户采纳移动学习并持续使用的必要条件；易用性是指移动学习是否易于使用的程度；相对优势是指采用移动学习后能够比传统学习方式取得更好学习绩效的程度；趣味性是指移动学习能够带来轻松、愉快或令其感兴趣的体验。当用户在使用移动学习的过程中感知到界面清晰合理、操作舒适流畅、课件生动有趣、系统健壮稳定，特别是能够有效提升学习绩效时，会促使其获得良好使用感受。因此，平台和资源的属性是促使用户采用移动学习的外部因素[25, 26]，能够对用户情感等心理活动产生直接影响。

5.3 用户的感知风险

感知风险的概念来源于心理学。消费者在做出购买决定时，有可能无法确知是否能够获得预期结果，而某些结果将使消费者感到不愉快，这种隐含在消费者购买决策中对结果的不确定性，即风险。移动学习既是一种电子化的产品，又因包含着教学过程而带有服务型商品的特征。通过开放编码可发现，用户是以"利得与利失"观点，即移动学习的优越性与可能产生的潜在伤害之间的比较，来衡量移动学习的风险。综合评论信息的内容，用户对移动学习的感知风险包括功能风险、身体风险、隐私风险和财务风险。功能风险是指移动学习是否能够满足学习需要的不确定；身体风险是指采用移动学习可能对身体健康产生危害的不确定；隐私风险是指采用移动学习后可能会导致泄露其个人隐私，从而对日常生活产生影响的不确定；财务风险是指移动学习会产生额外的成本，从而导致其蒙受经济损失的不确定。S-O-R 范式（stimuli-organism-response）认为，刺激既可以来自身体外部，也可以来自身体内部[27]。感知风险属于来自身体内部的刺激，能够对用户反应产生影响。

5.4 用户的情绪

情绪是人对事物的关系或主观态度的体验，是一种具有动机和知觉的积极力量，对行为起组织、维持和指导作用。现有研究表明情绪与口碑行为具有紧密的联系，人们在情绪的影响下较易产生口碑行为[28]。在移动互联网时代，用户可以借助手机等移动设备随时发表评论信息，从而导致移动网络口碑更倾向于是一种无计划甚至冲动的行为，而情绪是导致网络冲动行为的主要因素之一[29]。本文构建的模型中，情绪包括高唤起积极情绪和高唤起消极情绪。高唤起积极情绪包括欣喜、兴奋等，如用户在评论中提到"备课的精心和设计的新颖给了我很大的震撼""精美的课件制作让我心动！"等；而高唤起消极情绪包括失望、愤怒等，如用户发表的"真的是见鬼了！""就是出来骗钱的"等评论。这表明在使用移动学习时，用户会受功能、服务、环境等因素的刺激而引发相应情绪并产生口碑行为。由此可见，情绪是用户受内部和外部驱动因素刺激的反应，是引发移动学习口碑行为的重要诱因。

5.5 用户的满意度

满意度是消费者对产品或服务的事前期望与实际感受相对关系的评价。现有研究普遍认为，满意度是口碑行为的重要前置变量，既能够独立触发口碑行为，也能够在情绪等反应中起到中介作用[28, 30, 31]。通过评论信息的分析发现，用户较常出现表现满意度的评价，概括起来包括对系统整体的满意度和对单一功能的满意度两个方面。对系统整体的满意体现为用户对移动学习效用提高程度的整体评价，如

"采用移动学习非常有效！"等；对单一功能的满意体现为用户对移动学习平台功能或课件资源中某一部分使用感受和效果的评价，如"资源的信息量好大！"等。用户对移动学习平台的满意度是内外部驱动因素刺激的结果，当用户通过比较移动学习利得与利失，感受到移动学习的价值时，其满意度会得到显著提高；反之，就会感到比不上传统的学习方式，产生消极或不认可的态度。满意度还能够在情绪和口碑行为之间发挥中介作用，用户的满意度会受到情绪的影响，通过对评论数据的分析发现，负面情绪对满意度的影响更为常见，并由此导致更多的口碑行为。

5.6   用户的体验

体验是消费者的一种心理感知状态，包含了体验效果、体验维度和体验设计等多个层次的概念。体验能够让消费者充分感知价值，并通过对产品与服务价值的有效比较而形成口碑[32]。体验是用户刺激因素和反应行为的重要标志性因素，也是影响用户决策的重要前置因素。移动学习的体验包括三个方面：一是对移动学习平台的体验，包含系统功能、外观界面、使用流畅度及系统健壮性等方面的使用感知；二是对课程资源的体验，包含对学习资源整体性以及内容、结构、画面、互动性等方面的使用感知；三是服务的体验，包含对移动学习组织者管理措施和支持服务的感知。当用户获得预期体验后，会出于分享经验或帮助他人的动机而产生口碑行为；反之，则会从提出修改意见或批评的角度发布评论信息。分析还发现，除直接影响口碑行为外，体验还会对情绪和满意度产生显著影响从而引发口碑行为。

5.7   用户的个体特征

现有研究表明，消费者的个体特征会对其口碑行为产生影响。利他主义人格[33]、外倾型人格[34]、自我提升意识[35]、专业程度[36]、意见领袖[37]等特征都会不同程度地对口碑行为产生影响。并且，在不同的情境下，个体特征对口碑行为的影响存在很大差异[38]。在移动学习情境下，个体特征主要体现为移动学习适应性，即用户调整自身行为与学习环境保持一致，并努力取得良好学习效果的心理倾向。在开放编码时发现，部分用户乐于接受新事物，敢于创新，更容易接受移动学习这种新型学习方式，对操作难度不敏感，对系统的不完善也能够保持更高的容忍度。此外，个体特征还包括人格特质和自学能力两方面。人格特质是指个体行为方式的倾向。有的学习者人格偏内向，在现实生活中较少发生交际行为，但在虚拟社区用户之间处于弱连接的情境下，却能够较好表达自我态度。例如，评论信息中提到"移动学习能够弥补传统课堂和面对面学习中遇到的一些尴尬的场面，驱除交流的胆怯心理"。自学能力则涉及学习者信息素养、学习动机和态度等方面，如用户的自我激励等。本文认为，在面对相似服务水平和平台质量时，个体特征的差异会导致用户反应的差异，从而对口碑行为起到调节作用。

5.8   用户的口碑行为

口碑的表现形式包括直接推荐、仅仅提到、积极消费行为和未来消费计划等[15]。通过对评论信息的分析发现，口碑行为的呈现方式包括主观评价、使用意愿、提出建议和推荐使用等。主观评价体现为用户对移动学习的使用效果做出评价，根据评价内容的情感极性，又可分为正面、负面及中性三类；使用意愿体现为用户在评论中表达出自身对移动学习平台的接受程度，从情感极性上，又可分为积极使用意愿和消极使用意愿两个不同的方向；提出建议体现为用户对移动学习的平台功能、学习资源以及其他配套措施提出改进建议；推荐使用体现为用户推荐他人使用移动学习，是典型的正面口碑行为，能够对其他用户产生参照效应。

6　结论与展望

6.1　研究结论

本文采用基于扎根理论的质性研究方法，对来源于移动学习论坛的真实评论数据进行了全面系统的分析。通过三级编码，构建了移动学习情境下用户口碑行为的影响因素模型。研究发现：①移动学习情境下，用户产生口碑行为的机制是"驱动因素—心理反应—口碑行为"，即用户受驱动因素的刺激而产生相应心理反应，由不同类别的心理反应最终导致了口碑行为。②驱动因素由客观因素和主观因素两方面构成，其中客观因素为移动学习情境和平台/资源属性；主观因素为感知风险。③用户的心理反应包括体验、情绪和满意度等 3 个类别。④用户个体特征会在心理反应和口碑行为中起调节作用。

6.2　理论贡献

第一，采用基于扎根理论的质性研究方法，发掘了用户使用移动学习后产生口碑行为的潜在影响因素，建立了移动学习口碑行为影响因素的理论框架，丰富了口碑行为的研究情境。第二，证实了应用情境对口碑行为具有显著影响作用，揭示了移动学习情境对促进口碑行为有显著影响，弥补了过往研究中较多关注移动学习产品特征的局限。第三，提出移动学习的产品属性应包括平台和资源两部分，补充了过往移动学习研究中重平台功能而忽视课件资源的不足。第四，探讨了体验、情绪和满意度等心理反应对口碑行为的独立作用和交叉叠加作用。

6.3　实践启示

第一，移动学习情境会影响用户的体验、情绪和满意度，进而产生口碑行为。实施移动学习应采取综合举措，营造出有利于开展移动教学的氛围。针对移动学习不受时空限制的特点，移动学习组织者应适度扩展服务时间，扩大服务范围，安排专人及时、专业、热情地解答用户各种学术性、技术性和管理性问题。这对于让用户接受移动学习并通过正面口碑扩大移动学习的影响尤为重要。第二，移动学习的载体包括平台和资源两方面，是影响用户行为态度的关键因素。平台应该功能完整、简单易用、方便快捷、平稳健壮、生动有趣；而资源应该具备较高的学术水平、良好的展现形式、清晰的组织架构。因此，学校和教育技术企业应该注重移动学习平台和学习资源建设，打造更加优秀的平台系统和学习资源。第三，部分用户对移动学习存在较高的风险感知，涉及身体、经济、隐私、效用等多个方面。风险感知对用户的口碑行为有显著的直接和间接影响，必须设法予以降低。移动学习组织者应该加强移动学习平台的设计，不断增强其功能，提高便利性，尤其是加强人机交互方面的设计，将对身体方面的影响降至最低，同时应加强宣传和引导，向用户充分说明移动学习的优越性，打消其顾虑。第四，用户的个体特征在移动学习的多个维度中均会产生影响。具有移动学习适应性的用户，会更倾向于发布有利于移动学习的正面口碑。因此，移动学习组织者应主动发现并管理这些有较强使用意愿的用户，发挥他们的引领和示范作用。第五，用户对移动学习的口碑有评论、提出建议、表达使用意愿、推荐使用等不同形态。移动学习组织者应积极整理、归纳有代表性的口碑信息。对于口碑中提出的意见和建议，应及时反馈并改进，形成有效且闭环的"反馈-改进"机制，不断提高用户的使用体验。

6.4　研究的不足

首先，虽然提出了影响用户对移动学习产生口碑行为的因素，但各变量之间关系的强度、对最终行为结果的影响是否显著，还有待进一步考察。其次，由于质性研究方法的固有缺陷，以及受制于研究者知识层面和实际经验的不足，编码结果的准确性和客观性还有待进一步加强。最后，研究数据来源于少量移动学习平台，用户对象以高等教育和职业教育为主，较少涉及更广泛的群体，导致对学习情境和平台属性影响方面的考察仍然可能不够全面，普适性还有待进一步提高。

后续可在本次研究的基础上引入定量研究方法，采用问卷调查和结构方程等方式进行实证研究，以充分考察各变量之间的关联强度，进一步完善影响用户对移动学习产生口碑行为的因素模型。

参 考 文 献

[1] 汤跃明，付晓丽，卜彩丽. 近十年移动学习研究现状评述[J]. 中国远程教育，2016，（7）：36-43，80.

[2] 中国互联网络信息中心. 第45次中国互联网络发展状况统计报告[EB/OL]. http://www.cac.gov.cn/2020-04/27/c_1589535 470378587.htm，2020-04-28.

[3] Díez Echavarría L，Valencia A，Cadavid L. Mobile learning on higher educational institutions：how to encourage it? Simulation approach[J]. Dyna，2018，85（204）：325-333.

[4] Zhou H C，Zheng D J，Li Y M，et al. User-opinion mining for mobile library apps in China：exploring user improvement needs [J]. Library Hi Tech，2019，37（3）：325-337.

[5] Hernandez B，Montaner T，Sese F J，et al. The role of social motivations in e-learning：how do they affect usage and success of ICT interactive tools? [J]. Computers in Human Behavior，2011，27（6）：2224-2232.

[6] de Matos C A，Rossi C A V. Word-of-mouth communications in marketing：a meta-analytic review of the antecedents and moderators[J]. Journal of the Academy of Marketing Science，2008，36（4）：578-596.

[7] 陈美玲，白兴瑞，林艳. 移动学习用户持续使用行为影响因素实证研究[J]. 中国远程教育，2014，（12）：41-47，96.

[8] Joo Y J，Kim N，Kim N H. Factors predicting online university students' use of a mobile learning management system（m-LMS）[J]. Educational Technology Research and Development，2016，64（4）：611-630.

[9] Tseng H W，Tang Y Q，Morris B. Evaluation of itunes university courses through instructional design strategies and m-learning framework[J]. Educational Technology & Society，2016，19（1）：199-210.

[10] Nikou S A，Economides A A. The impact of paper-based，computer-based and mobile-based self-assessment on students' science motivation and achievement[J]. Computers in Human Behavior，2016，55（2）：1241-1248.

[11] 王志军，冯小燕. 基于学习投入视角的移动学习资源画面设计研究[J]. 电化教育研究，2019，40（6）：91-97.

[12] 张熠，朱琪，李孟. 用户体验视角下国内移动学习 APP 评价指标体系构建——基于 D-S 证据理论[J]. 情报杂志，2019，38（2）：187-194.

[13] Abu-Al-Aish A，Love S. Factors influencing students' acceptance of m-learning：an investigation in higher education[J]. International Review of Research in Open and Distance Learning，2013，14（5）：82-107.

[14] Al-Emran M，Elsherif H M，Shaalan K. Investigating attitudes towards the use of mobile learning in higher education[J]. Computers in Human Behavior，2016，56（3）：93-102.

[15] 李研，金慧贞，李东进. 社交网络情境下消费者口碑生成的影响因素模型：基于真实口碑文本的扎根研究[J]. 南开管理评论，2018，21（6）：83-94.

[16] 张敬伟，马东俊. 扎根理论研究法与管理学研究[J]. 现代管理科学，2009，（2）：115-117.

[17] 凌欢，郑向敏. 旅游社区文化吸引营造研究——基于鼓浪屿网络游记的扎根分析[J]. 西安建筑科技大学学报（社会科学版），2018，37（4）：34-39.

[18] 李良成，李莲玉. 电子政务治理体系、治理能力与治理绩效——基于扎根理论的探索性研究[J]. 华南理工大学学报（社会科学版），2019，21（4）：92-99.

[19] 李研，王凯，李东进. 商家危害食品安全行为的影响因素模型——基于网络论坛评论的扎根研究[J]. 经济与管理研究，2018，39（8）：95-107.

[20] Verhagen T，van Dolen W. The influence of online store beliefs on consumer online impulse buying：a model and empirical application[J]. Information & Management，2011，48（8）：320-327.

[21] Keegan D. Foundations of distance education（routledge studies in distance education）[J]. British Journal of Educational Studies，1996，38（4）：224.

[22] 赵婉颖. 社交因素对用户移动阅读持续使用的影响研究[J]. 图书馆学研究，2016，（20）：87-95.

[23] 陈美玲，白兴瑞，林艳. 移动学习用户持续使用行为影响因素实证研究[J]. 中国远程教育，2014，（12）：41-47，96.

[24] 黄耕. 基于 UTAUT 模型的开放教育资源个体采纳研究[D]. 河北工业大学博士学位论文，2015.

[25] 杨金龙，胡广伟. 移动学习采纳转化为持续的动因及其组态效应研究[J]. 情报科学，2019，37（7）：125-132.

[26] 文书锋，赵丽红，孙道金. 基于 UTAUT 模型的移动学习 APP 使用意愿研究[J]. 成人教育，2019，39（10）：19-23.

[27] Moore G C，Benbasat I. Development of an instrument to measure the perceptions of adopting an information technology innovation[J]. Information Systems Research，1991，2（3）：192-222.

[28] Westbrook R A. Product consumption-based affective responses and post purchase process[J]. Journal of Marketing Research，1989，24（3）：258-270.

[29] Wang C，Zhou Z Y，Jin X L，et al. The influence of affective cues on positive emotion in predicting instant information sharing on microblogs：gender as a moderator[J]. Information Processing & Management，2017，53（3）：721-734.

[30] Anderson E W. Customer satisfaction and word of mouth[J]. Journal of Service Research，1998，1（1）：5-17.

[31] Kim Y，Krishnan R. On product level uncertainty and online purchase behavior：an empirical analysis[J]. Management Science，2015，61（10）：2449-2467.

[32] 郭红丽. 客户体验维度识别的实证研究——以电信行业为例[J]. 管理科学，2006，19（1）：59-65.

[33] Price L L，Feick L F，Guskey A. Everyday market helping behavior[J]. Journal of Public Policy & Marketing，1995，14（2）：255-266.

[34] Mazzarol T，Sweeney J C，Soutar G N. Conceptualizing word-of-mouth activity，triggers and conditions：an exploratory study[J]. European Journal of Marketing，2007，41（11/12）：1475-1494.

[35] de Angelis M，Bonezzi A，Peluso A M，et al. On braggarts and gossips：a self-enhancement account of word-of-mouth generation and transmission[J]. Journal of Marketing Research，2012，49（4）：551-563.

[36] Cheung C M K，Xiao B，Liu I L B. The impact of observational learning and electronic word of mouth on consumer purchase decisions：the moderating role of consumer expertise and consumer involvement[C]. 2012 45th Hawaii International Conference on System Sciences. Maui，USA，2012：3228-3237.

[37] Richins M L，Root-Shaffer T. The role of involvement and opinion leadership in consumer word-of-mouth：an implicit model made explicit[J]. Advances in Consumer Research，1988，15（1）：32-36.

[38] 金晓彤，徐尉，姚凤. 个体需求影响消费者正面口碑传播吗?[J]. 经济管理，2019，41（11）：141-156.

Research on the Influencing Factors of Word-of-Mouth Generation in Mobile Learning Context—Based on Real Comments Data from Eight Forums

LUO Xiao[1], JIANG Yushi[1,2], WANG Yedi[1], MIAO Miao[3]

（1. School of Economics and Management, Southwest Jiaotong University, Chengdu 610031, China;

2. Service Science and Innovation Key Laboratory of Sichuan Province, Chengdu 610031, China;

3. Business School, Yanggo University, Fuzhou 350015, China）

Abstract Based on the grounded theory, the research analyzed 5 568 real comment data collected from eight common mobile learning forums, and constructs the "influencing factor model of word-of-mouth generation in mobile learning situation". The results show that mobile learning context and platform/resource attributes (driven objective factors) have a positive impact on users' psychological responses (emotion, experience and satisfaction). Perceived risk (driven by subjective factors) has a negative impact on users' psychological response. The psychological responses of users promote the generation of word-of-mouth behaviors (subjective evaluation, use intention, recommendation). The individual characteristics of users play a moderating role in the process of word-of-mouth behavior.

Keywords word-of-mouth, grounded theory, mobile learning

作者简介

罗霄（1978—），男，西南交通大学经济管理学院博士研究生，广西柳州人，研究方向为企业管理、市场营销、电子商务等，E-mail：luoxiao@xnjd.cn。

蒋玉石（1979—），男，西南交通大学经济管理学院教授、博士生导师，湖南衡阳人，研究方向为神经营销、网络广告、人力资源管理等，E-mail：jys_a@sina.com。

王烨娣（1996—），女，西南交通大学经济管理学院博士研究生，四川成都人，研究方向为网络广告、个性化营销等，E-mail：wangyd9379054@163.com。

苗苗（1980—），女，阳光学院商学院教授，内蒙古呼和浩特人，研究方向为企业管理，E-mail：miaomiao@swjtu.cn。

在线用户创新社区创意采纳机理研究
——基于整合理论视角[*]

秦敏，许安琪

（江西师范大学软件学院，江西 南昌 330022）

摘　要　在线用户创新社区创意采纳研究，部分文献未达共识。本文界定两类在线用户创新社区：专业社区和混合/非专业社区，整合创新扩散理论、技术接受与利用整合模型、吸收能力理论等经典理论，构建在线用户创新社区创意采纳机理，结果表明：两类在线用户创新社区创意复杂性与创意可试性均显著影响创意采纳，社区吸收能力起显著调节作用；创意社会影响显著影响创意采纳，用户创意经验起显著调节作用；专业在线用户创新社区创意可观察性显著影响创意采纳，社区吸收能力起显著调节作用。本文从整合理论视角解释了众多创意被单个社区采纳的路径机理，拓展了在线用户创新社区创意采纳的理论研究。

关键词　在线用户创新社区，创意采纳，创新扩散理论，技术接受与利用整合模型，吸收能力理论

中图分类号　C931.6

1　引言

随着通信技术的快速发展和知识网络的形成，国内外企业纷纷构建在线用户创新社区，鼓励用户参与内部产品/服务的创新[1]。利用在线用户创新社区，企业期待能快速准确获取产品反馈和创意想法，最终创造商业价值[2]。在线用户创新社区会有丰富的用户生成信息，既有产品使用经验、改进建议、新创意等有价值信息，也包含众多无实质性内容的信息。对于企业/社区管理者而言，面对大量良莠不齐的内容信息，如何从大量用户信息中选取最有价值的创意，并且引导用户提出更易被企业采纳实施的创意，进而促进企业建立的用户创新社区持久成功，是值得深思的现实问题。

在线用户创新社区研究文献显示，国内外学者在用户创意采纳概念内涵、创意采纳影响因素等方面取得了一定研究成果，目前部分研究结论不尽相同。例如，Rogers 提出创新扩散理论（innovation diffusion theory，IDT）证实了影响创新采纳的五个自变量[3]，同时 di Gangi 和 Wasko 研究发现创意相对优势和创意兼容性对用户创意采纳没有显著影响[4]。在线用户创新社区社会影响、用户创意经验能否显著影响用户创意被企业采纳，部分国内外研究文献结论还存在相悖[5~7]。由于在线用户创新社区的类型不同、社区文化情境的差异及国内研究成果还不够全面等，我们认为现有理论研究存在研究空间，有待更加完善。

本文界定两种类型在线用户创新社区，以戴尔中国社区、海尔社区、小米社区和华为花粉社区为研究背景，借鉴创新扩散理论、技术接受与利用整合模型（unified theory of acceptance and use of

---

* 基金项目：国家自然科学基金项目（71762018）、江西省高校人文社会科学研究项目（GL20132）、江西省研究生教育改革研究项目重点项目（JXYJG-2020-041）。

通信作者：秦敏，江西师范大学教授、博士生导师、管理学博士后，E-mail：minqin@jxnu.edu.cn。

technology，UTAUT）、吸收能力理论（absorptive capacity theory，ACT）等信息系统领域的经典理论，构建两类在线用户创新社区的用户创意采纳机理理论框架，探讨国内社区文化情境下在线用户创新社区创意采纳的理论解释。

2　文献综述与理论基础

2.1　在线用户创新社区概念与类型

用户创新理论创始人 von Hippel 教授提出用户创新社区概念，即个人或公司通过信息传递而相互连接形成的网络[1]。Pisano 和 Verganti 认为用户创新社区即用户都能提出问题、提供解决方案和决定方案并被采用的网络[8]。Fichter 将用户创新社区视为非正式网络，即不同组织的成员基于共同兴趣聚集起来作为创新促进者，共同合作完成特定创新项目或创意设计[9]。Hau 和 Kim 界定认为用户创新社区是用户秉承自愿与企业共同合作，分享创新知识的在线网络[10]。这些概念有两个共同点：益于创新知识分享和一个基于用户互动的网络社区，网络社区可以是在线社区或线下社区。近年研究文献更加关注在线用户创新社区，即由对特定产品或创新有兴趣的成员组成，利用计算机和通信网络支持产品问题处理或解决方案的虚拟社区[11]。在线用户创新社区由品牌公司构建并运营管理，产品消费者或潜在用户在社区表达意见、想法或创意时，公司就能直接观测并将有价值的创意整合到后续产品或服务活动中。本文中的在线用户创新社区特定企业建立且运营的在线用户创新社区，社区成员围绕企业产品提出创意设计，同时社区根据企业实际需求筛选采纳创意。现阶段较成熟的企业在线用户创新社区有：星巴克 MyStarbucksIdea 社区、Salesforce 公司 IdeaExchange 社区、戴尔公司 IdeaStorm 社区、海尔社区、华为花粉社区和小米社区等。

根据社区管理者特征和创意内容，本文将在线用户创新社区分为专业社区和混合/非专业社区两种类型。一是以社区管理员特征即全职或兼职来区分。专业在线用户创新社区管理员通常是企业全职正式员工，他们具备专业知识，负责社区运营管理，熟悉本企业所有产品、内部资源和业务流程等[5]；混合/非专业在线用户创新社区管理员，除了有企业全职人员外，会定期发展活跃用户（产品忠实粉丝）来协助共同管理社区，这些兼职人员具有产品使用经验，熟悉产品性能优缺点，但不够了解企业内部战略、资源及业务流程等。二是以创意内容关联性区分，专业社区用户创意内容主要围绕企业产品展开，内容描述清晰且产品专业性强，用户交流主题与企业产品关联度高[5]。混合/非专业社区用户创意内容主题较为分散，用户创意描述缺乏专业性，发帖/回复内容既包括产品关联性高的话题，还包括与产品关联度低的其他信息内容。

2.2　在线用户创新社区用户创意采纳研究述评

创意采纳过程是创意潜在使用者从获取识别创意到决定是否采纳创新，最后验证实施创新决策的整个过程[3]。创意采纳过程包括采纳前、采纳中和建立采纳三个阶段，每阶段主要内容分别是搜寻大量创意信息、筛选创意、决定创意采纳决策[12]。因为创意采纳决策之前的创意信息搜集与筛选创意至关重要，现有创意采纳研究文献主要针对创意采纳过程的前两个阶段，重点探讨创意采纳的影响因素。

国内外研究文献成果主要集中在创意者特征和创意内容特征两个方面。国外学者 Li 等研究显示，在线用户创新社区创意提交者的创意经验、创意采纳比率会显著影响其创意被采纳，同时创意受欢迎程度、创意长度、创意论据显著影响该创意被采纳[5]。Schemmann 等研究发现更加关注其他创意的用户所提交的创意更易被采纳，具有潜在创新性的创意、受社区欢迎的创意更易被采纳[13]。di Gangi 和

Wasko研究证实创意相对优势、创意兼容性对创意采纳无显著影响，同时发现社区吸收能力会影响创意采纳[4]。国内学者李义刚和李海刚研究分析发现社区成员参与强度能够显著提升其组织采纳数量[14]。刘晴晴实证分析发现用户以前的创意数对创意被采纳无显著影响，但创意评论数对创意采纳有正向影响[6]。王婷婷研究发现创意标题、文本长度、创意标题情感与创意评分等对创意采纳都具有显著影响作用[15]。祁运丽基于信息认知理论发现，用户社交关联度、参与强度对其创意采纳有显著正向影响，用户参与深度、创意长度对创意采纳有显著负向影响[16]。郭爱芳等分析提出创新社区用户参与度、以往贡献和创意受欢迎度对其创意采纳具有显著正向影响[17]。高贝伦基于认知过载理论研究发现，创意标题适中、标题吸引力、标题热点、标题客观性和标题数据化能显著影响创意采纳实施[18]。

区别于现有研究的理论视角与研究背景，本文主要补充两点：第一，基于整合经典理论视角：即创新扩散理论、技术接受与利用整合理论和吸收能力理论，诠释企业在线用户创新社区用户创意采纳机理。第二，以在线用户创新社区管理员为研究调研样本，采用调查问卷的方法，分别实证检验两种在线用户创新社区用户创意采纳机理路径异同，并引入调节变量以期更好地解释部分研究结论不一致的问题。

2.3 理论基础

2.3.1 创新扩散理论

创新扩散理论最初源于社会学领域，创新是指被个体认为是新颖的观点，扩散是指创新传播的过程[1]。在信息系统研究领域，学者将创新扩散理论主要应用于解释研究个体与组织层面技术采纳与使用。创新扩散理论认为在做采纳创新决策时，会受到创新特性、沟通渠道、时间和社会体系的影响，其中创新特性是个体对某项创新特点的主观感受，包括相对优势、兼容性、复杂性、可试性和可观察性[3]。对于创新采纳行为而言，这五个创新特性是最重要的影响因素，但由于创新属性不同，如技术创新或想法创新（即创意），影响采纳的创新特征需要结合具体情况而定。基于创新扩散理论的技术创新采纳和创意采纳，影响因素不尽相同且部分研究结论相悖。技术创新采纳往往是指一项技术创新被众多个体与组织所接受采纳及使用的过程，本文情境下社区创意采纳是用户提交的大量创意想法被某单个企业/社区筛选采纳的过程。学者研究认为不同于技术创新，想法创新（即创意）的采纳，创意相对优势和兼容性对创意采纳的影响并不显著[4]。从理论逻辑分析来看，某一项技术创新的采纳与大量创意的筛选采纳，两者存在不同机理。

为实证检验已有文献的研究结论，我们借鉴创新扩散理论，结合文献研究成果[3~5]和前期在线用户创新社区的访谈资料分析，本文最初设定的原始模型先将5个研究变量均作为自变量，收集数据分析检验后，发现相对优势和兼容性的影响并不显著，后续数据结论证实了di Gangi等研究结论。修正后的研究模型选取创意复杂性、创意可试性和创意可观察性三个研究变量。

2.3.2 技术接受与利用整合模型

技术接受与利用整合模型是 Venkatesh 等学者在技术任务匹配模型、理性行为理论、创新扩散论、计划行为理论等模型的基础上提出的，解释用户对科技接受与使用行为[19]。国外大量研究文献证实了技术接受与利用整合模型的解释能力，该模型证实期望效用、期望努力、社会影响和便利条件是决定个体层面用户接受和使用行为的四个核心影响因素[19]。因为具体研究情境的不同，后续学者所构建的用户采纳接受与行为理论模型往往仅包含部分核心变量，而且研究变量的解释力度存在差异，影响作用也不同[19]，同时基于国内研究文献的成果[20]、结合前期与调研对象即社区管理员的沟通访谈资料整理分析，我们发现社区管理者在筛选大量用户创意时，最直观且习惯考虑的是该创意在社区的社会影响，即该创意获得的点赞数和评论数会比较直接地影响社区管理员的判断与决定，而对期望绩效、努力期望和便利条件等变量的分析显示，管理员无法从创意内容上进行精准判断。因此，本文选取社会影响变量。

2.3.3   吸收能力理论

吸收能力概念首先由 Cohen 和 Levinthal 提出，吸收能力理论考察企业如何识别新知识的价值，吸收并将其应用于组织目标实现这一过程[21]，该理论认为能够吸收并应用新知识的企业将更有竞争优势。在线用户创新社区情境下，di Gangi 等提出吸收能力是一种能理解紧凑型用户创新，充分解决用户问题并满足用户期望的能力[22]。梳理研究文献发现很多创意采纳理论模型假定用户提交的所有创意都能被企业/社区评审员（即社区管理者）评估，而忽略了社区有限的人力和评审员有限的能力。尤其是在线用户创新社区每日面临大量的创意提交时，社区吸收能力可以使企业提高对外部知识的获取与消化，并更好地利用外部知识加强创新[4, 21]。研究文献通常将吸收能力作为中介变量或调节变量，如张振刚等探究开放式创新、吸收能力与创新绩效之间的关系，分析了潜在吸收能力和实际吸收能力在开放式创新与创新绩效间的调节与中介作用[23]。庞博等剖析了联盟组合管理能力对企业创新绩效的影响机理，研究结论表明吸收能力部分中介联盟组合管理能力与企业创新绩效的关系[24]。

2.3.4   用户创意经验

用户创意经验指用户过去提交创意的经历[5]，包括先前参与率和先前执行率，前者指用户评论其他成员创意的比率；后者指用户先前创意被采纳的成功比率。用户作为创意初始提出者，其创意经验是否会显著影响其创意最终被采纳，现有部分研究结论不太一致。例如，Li 等实证研究显示创意提交者参与经验、创意采纳比率均正向影响其创意采纳[5]；郭爱芳等得到类似结论，在线创新社区用户参与度（经验）对其创意采纳具有显著正向影响[17]；同时，刘晴晴实证分析发现用户以前提出的创意数量（先前执行率）不能显著提高创意被采纳[6]。因此，需要进一步探讨用户创意经验的影响路径及作用机理。当创意社会影响、用户创意经验同时作为影响因素共同考虑时，创意社会影响对创意采纳的影响关系会受到用户创意经验的影响（解释见 3.4），故本文将用户创意经验作为调节变量。

3   研究假设与研究模型

3.1   创新扩散理论与创意采纳

创意复杂性是指组织感知理解和使用创新相对困难的程度[3]。在线用户创新社区创意复杂性主要来源于两方面：一方面是创意提交者表达创意方案的复杂性，另一方面是企业社区评审者理解且企业实施创意的复杂性。国内外研究文献认为，通常情况下创意复杂性并不利于该创意被用户采纳实施。例如，Mata 等研究 MRP 采纳时发现企业理解实施创意的复杂性与 MRP 系统采纳负相关[25]。王曰芬等研究显示，若无其他因素存在时复杂性会负向影响软件技术被采纳，当其他因素存在时复杂性对技术采纳负向影响作用会减弱[26]。可见虽然某些创意具有优势，但是仍需要企业利用现有资源转化并能够实施，创意使用的难易程度决定了该创意实施时间长短，创意的提交者和创意的采纳者更希望开放共享平台的操作流程具有简便性。同时，社区管理者即创意采纳方筛选创意时，创意本身的复杂度会影响社区管理者的理解，如果创意实施过程复杂度越高，创意实施成本和难度也会随之增高，进而会降低企业采纳该创意的可能性。因此提出假设：

H₁：在线用户创新社区创意复杂性负向影响该创意采纳。

创意可试性是指可以在使用前小范围内实施和试验创新的程度[3]。当创意可以被试验和小范围小批量使用时，企业采用创新的不确定性会降低。由于创意是在线用户创新社区用户贡献的，不是依靠企业内部资产来实现创新决策过程，因此企业无法确定创意实施的预估效果，通常会检验创意可试性后才能正式采纳。企业正式采纳创意之前在创新社区进行小范围的实施，可以通过实施情况来观察创意实施效果，根据实施效果来观察是否满足组织需求。孙丹基于 TOE-RBV 理论研究的结论表明新技术可试性正向影响组织采纳[27]。如果创意可试性强，企业采纳创意的不确定性会降低，企业采纳该创意的可能性会提升。因此提出假设：

H₂：在线用户创新社区创意可试性正向影响该创意采纳。

创意可观察性是指使用创意后产生的结果可被观察和向其他人传播的程度，即使用创意能通过口头、图像或视听方式传播的程度[3]。由于创新结果容易被观察和传播，可以刺激用户讨论创新，产生采用者需要的评估信息。Rogers 认为一项创新的可观察性与它的采纳率成正比[3]。研究文献结论表明技术创意的可观察性正向显著影响组织对该技术的采纳程度[27]。对于在线用户创新社区用户提出的创意，若能够被社区管理者观察到变化或在社区产生传播，企业对该创意采纳的可能性会提升。因此提出假设：

H₃：在线用户创新社区创意可观察性正向影响该创意采纳。

3.2 技术接受与利用整合模型与创意采纳

社会影响是指用户认为那些他们所在意的人多大程度上会赞同或支持他们接受该技术或创意[19]。技术采纳研究领域社会影响正向促进创新/创意采纳，如王婷婷开放式创新平台创意总得分数对创意采纳具有显著正向影响[15]。Li 等研究表明用户创新社区创意流行度（即投票数）正向影响该创意的采纳实施[5]。本文研究情境下的创意社会影响表现为该创意在社区内得到其他用户的评论数和点赞数。创意的评论数和点赞数值越高，说明该创意在社区内的社会影响越大。创意点赞数与评论数代表着该创意在社区潜在用户市场中的接受程度和受欢迎程度，在某种程度上说明用户对产品或服务创新的需求。为满足和响应潜在用户，企业/社区管理员会更倾向于采纳社区社会影响大的创意，这符合技术接受与利用整合模型中社会影响对创意采纳的逻辑。因此提出假设：

H₄：在线用户创新社区创意社会影响正向影响该创意采纳。

3.3 社区吸收能力的调节作用

具有吸收能力的企业能使用户提交的有价值信息及知识从在线用户创新社区转移到企业内部。Zahra 和 George 认为企业利用知识的前提是能够获取并消化外部知识的潜在吸收能力，转化并利用外部知识的实现吸收能力则能加强现存知识与其他资源的开发利用，从而促发创新[28]。王辉将吸收能力细分为四个维度，发现知识获取能力、知识转化能力和知识利用能力都对产品创意扩散具有积极影响[29]。王伏虎认为企业吸收能力在知识获取和创新绩效之间起到显著正向调节作用[30]。简兆权等实证表明在外部组织整合与新服务开发绩效之间的吸收能力起调节中介作用[31]。显然，若企业吸收能力不足，即使能获取大量外部知识，也很难有效地将其整合运用到内部创新过程中。学者研究认为在线用户创新社区吸收能力调节创意特性对创意采纳的影响程度[32]，主要表现在企业社区对用户创意的理解转化能力方面。因此提出假设：

H₅：在线用户创新社区吸收能力负向调节创意复杂性对创意采纳的影响。

H₆：在线用户创新社区吸收能力正向调节创意可试性对创意采纳的影响。

H₇：在线用户创新社区吸收能力正向调节创意可观察性对创意采纳的影响。

3.4 用户创意经验的调节作用

用户创意经验指用户过去提交创意的经历,现有研究文献关于用户创意经验影响其创意采纳的影响路径及作用机理不尽相同。通过文献分析,结合用户创新社区(小米社区和华为花粉社区)部分管理人员的前期调研访谈,研究发现在某些情况下,如创意点赞数或评论数很高,即社会影响高时,一些创意并未受到社区管理者的重视和采纳,究其原因,虽然部分创意描述会引起不少普通用户的兴趣,但由于该用户的创意经验相对低,该用户很少参与社区评论或之前从未提交过创意,在社区专业人员看来创意操作层面上缺乏可行性。另外,有些用户的创意在社区关注度一般,点赞数和评论数排名未占优势,而其实创意提交用户的创意经验丰富,创意描述相对专业,容易引起社区管理者对该创意的关注,且创意内容从专业角度来看符合企业要求,所以这些创意也容易被社区采纳(图 1)。为此提出假设:

H$_8$:在线用户创新社区用户创意经验正向调节创意社会影响对创意采纳的影响。

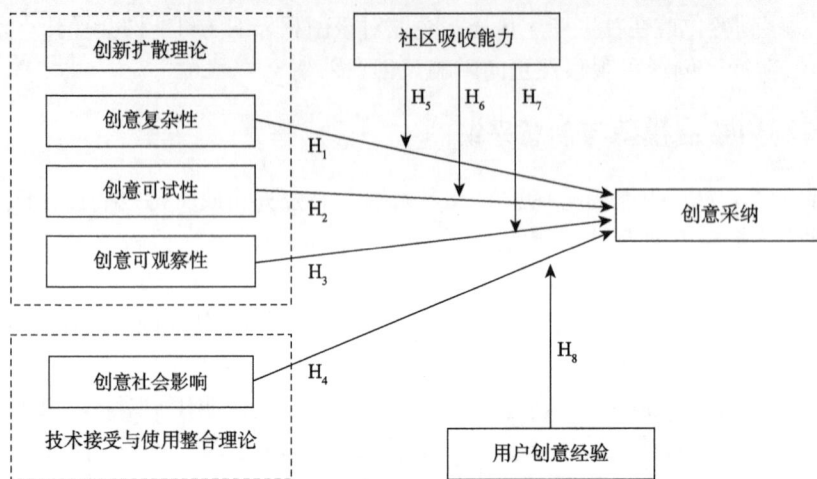

图 1 在线用户创新社区创意采纳机理模型

4 研究设计与数据分析

4.1 研究样本与数据收集

本文选择中国文化情境下的两类企业在线用户创新社区为研究背景,以企业社区管理员为问卷调研样本。专业在线用户创新社区选取戴尔中国社区和海尔社区;混合/非专业在线用户创新社区选取小米社区和华为花粉社区。调研问卷收集结合以下几种方式:首先,课题组成员注册社区会员,定期跟踪收集社区数据,同时积极参与发帖、评论与回复,获得社区论坛管理者层面的支持,通过与社区管理员一对一沟通并发送问卷;其次,通过与企业内部 IT/市场/研发部门的管理层联系,取得企业社区管理者支持填写问卷;最后,通过问卷星专业平台收集调查问卷。因企业在线用户创新社区管理员岗位数通常设置有限,远不如在线社区用户数多,在线用户社区管理者通常面对大量用户信息处理工作,2019 年 8 月至 10 月历时三个月,剔除重复及无效问卷,最终回收有效问卷 350 份,其中混合/非专业社区 205 份(小米社区 129 份、华为花粉社区 76 份),专业社区 145 份(戴尔中国社区 75 份、海尔社区 70 份)。男性社区管理者占 57.1%,女性社区管理者占 42.9%;社区管理者中年龄在 20~30 岁的占 49.1%,31~40 岁的占 44.3%,41~50 岁的占 5.5%,51 岁及以上占 1.1%;社区管理者中博士研究生及以上学历占 3.4%,硕士研究生学历占 16.6%,本科学历占 74.9%,大专及以下学历占 5.1%。可见在线用户创新社区管理员主要是具备高等学历的年轻群体。

4.2 研究变量量表信度与效度

本文研究变量采用国内外研究文献的成熟量表,同时结合本文研究情境对部分题项进行修改,采用 Likert 五级量表进行测量,量表描述见表 1。研究模型分别用混合社区和专业社区的问卷数据进行分析检验。

表 1 各研究变量测量题项

潜变量	题项	参考文献
复杂性	创意的描述足够清晰 能够准确理解用户提出的创意 实施用户创意是一个复杂过程 宣传用户创意较容易 实施创意需要的资源调配较容易	Huang[33] Ramamurthy 等[34] Lin 和 Chen[35]
可试性	用户创意可以通过投票方式知晓支持度 我们可通过试验方式来推测创意效果 我们可对用户创意进行小范围实施	Ramamurthy 等[34]
可观察性	我们能够预测创意实施后的效益 我们能够预测创意实施后工作流程的变化 我们能够预测创意实施后消费者的反应	Ramamurthy 等[34]
社会影响	我们倾向于点赞数高的创意 我们倾向于评论数高的创意	Li 等[5] 王婷婷[15]
创意经验 吸收能力 创意采纳	我们倾向于活跃用户提出的创意 我们倾向于已采纳过创意的用户再次提出的创意 搜寻各种公司产品相关的信息是日常工作 公司鼓励从外部获得信息 我们经常沟通讨论用户创意 公司有快速信息传递通道 公司会提供充足资源支持用户创意采纳 公司愿意宣传用户创意的实施效果 公司会通过前期调研试验进而实施用户创意	Li 等[5] Jansen 等[36] Liao 等[37] Kim 等[38]

使用 SPSS22.0 通过 Cronbach's α 系数衡量变量量表内部可靠性,通常 Cronbach's α 系数大于 0.6 说明观测变量的信度水平是可接受的,该值越大信度越高。混合社区和专业社区的研究变量 Cronbach's α 系数值分别如表 2、表 3 所示,复杂性、可试性、可观察性和社会影响的 Cronbach's α 系数均高于可接受水平,说明研究量表具有较高的内部一致性。

表 2 混合社区变量信度与效度检验

潜变量	观测指标	标准化因子载荷	R^2	Cronbach's α	CR	AVE
复杂性	COMTY$_1$	0.851	0.724	0.877	0.877	0.591
	COMTY$_2$	0.658	0.433			
	COMTY$_3$	0.829	0.687			
	COMTY$_4$	0.798	0.637			
	COMTY$_5$	0.687	0.472			
可试性	TES$_1$	0.773	0.598	0.840	0.841	0.638
	TES$_2$	0.818	0.669			
	TES$_3$	0.804	0.646			
可观察性	OBS$_1$	0.721	0.520	0.762	0.762	0.516

续表

潜变量	观测指标	标准化因子载荷	R^2	Cronbach's α	CR	AVE
可观察性	OBS_2	0.718	0.516	0.762	0.762	0.516
	OBS_3	0.715	0.511			
社会影响	SI_1	0.825	—	0.663	0.680	0.521
	SI_2	0.601	—			
创意采纳	CA_1	0.879	0.773	0.923	0.924	0.752
	CA_2	0.905	0.819			
	CA_3	0.860	0.740			
	CA_4	0.822	0.676			

表 3　专业社区变量信度与效度检验

潜变量	观测指标	标准化因子载荷	R^2	Cronbach's α	CR	AVE
复杂性	$COMTY_1$	0.857	0.734	0.876	0.879	0.595
	$COMTY_2$	0.665	0.442			
	$COMTY_3$	0.782	0.612			
	$COMTY_4$	0.770	0.593			
	$COMTY_5$	0.770	0.593			
可试性	TES_1	0.732	0.536	0.835	0.815	0.595
	TES_2	0.845	0.714			
	TES_3	0.732	0.536			
可观察性	OBS_1	0.746	0.557	0.777	0.779	0.540
	OBS_2	0.745	0.555			
	OBS_3	0.713	0.508			
社会影响	SI_1	0.728	—	0.770	0.874	0.775
	SI_2	0.868	—			
创意采纳	CA_1	0.893	0.797	0.920	0.928	0.763
	CA_2	0.893	0.797			
	CA_3	0.897	0.805			
	CA_4	0.809	0.654			

　　使用 AMOS24.0 进行验证性因子分析，采用三个标准进行检验。在混合社区检验结果（表 2）显示：混合社区观测指标标准化因子载荷都高于 0.7，组合信度（composite reliability，CR）除社会影响接近 0.70，可观察性为 0.762，其他都高于 0.8，表明各因子具有良好信度；平均方差提取值（average variance extracted，AVE）均高于 0.5，可观察性最低为 0.516，各因子具有较好的收敛效度。每个因子 AVE 算术平方根都高于该因子与其他因子之间的相关系数（表 4），说明各因子之间有良好的判别效度。专业社区检验结果（表 3）显示：专业社区观测指标标准化因子载荷高于 0.7，组合信度（CR）除可观察性外，其他高于 0.8，说明各因子具有良好的信度；AVE 均高于 0.5，说明各因子具有较好的收敛效度。每个因子 AVE 算术平方根都高于该因子与其他因子之间的相关系数（表 5），说明各因子之间具有良好的判别效度。

表4　混合社区变量区别效度检验

潜变量	复杂性	可试性	可观察性	社会影响	创意采纳
复杂性	0.769				
可试性	−0.004	0.799			
可观察性	0.025	0.060	0.718		
社会影响	0.011	−0.043	0.001	0.722	
创意采纳	0.460	0.299	0.078	0.102	0.867

表5　专业社区变量区别效度检验

潜变量	复杂性	可试性	可观察性	社会影响	创意采纳
复杂性	0.771				
可试性	−0.034	0.771			
可观察性	0.007	−0.112	0.735		
社会影响	−0.170	−0.117	0.062	0.881	
创意采纳	0.537	0.443	0.098	0.133	0.873

4.3　整体模型拟合度检验

两类社区数据分别用 AMOS24.0 软件进行结构模型分析，通过绝对适配度和增值适配度的拟合指标进行验证。混合社区整体模型拟合度检验如表6所示：卡方自由度比（χ^2/df）值为1.053，远低于3；渐进残差均方和平方根（RMSEA）为 0.016，低于 0.08；平均残差平方根（SRMR）为 0.039，低于0.05；规准适配指标（NFI）、相对适配指标（RFI）、增值适配指标（IFI）、比较适配指标（CFI）、良性适配度指标（GFI）、调整良性适配指标（AGFI）均满足推荐标准大于 0.9。专业社区模型拟合度检验如表 7 所示：卡方自由度比（χ^2/df）值为 1.033，低于 3；渐进残差均方和平方根（RMSEA）为 0.015，低于0.08；平均残差平方根（SRMR）为0.046，低于0.05；规准适配指标（NFI）、增值适配指标（IFI）、比较适配指标（CFI）、良性适配度指标（GFI）均大于推荐标准0.9，整体模型拟合度的指标中，相对适配指标（RFI）为0.897，调整良性适配指标（AGFI）为0.889，均接近0.90，满足以往文献学者提出的 0.80 的临界值[39]。因此，本文假设模型与两类社区的数据之间具有良好的拟合度。

表6　混合社区整体模型拟合度检验

拟合指标	绝对适配度					增值适配度			
	χ^2/df	RMSEA	GFI	AGFI	SRMR	NFI	RFI	IFI	CFI
推荐标准	1~3	<0.08	>0.9	>0.9	<0.05	>0.9	>0.9	>0.9	>0.9
检验结果	1.053	0.016	0.949	0.928	0.039	0.953	0.943	0.998	0.998

表7　专业社区整体模型拟合度检验

拟合指标	绝对适配度					增值适配度			
	χ^2/df	RMSEA	GFI	AGFI	SRMR	NFI	RFI	IFI	CFI
推荐标准	1~3	<0.08	>0.9	>0.9	<0.05	>0.9	>0.9	>0.9	>0.9
检验结果	1.033	0.015	0.917	0.889	0.046	0.913	0.897	0.997	0.997

利用模型结果进行研究假设关系验证，两类社区路径系数结果如表8、表9所示，创意复杂性与创意采纳的路径系数在混合社区为 0.68（T =10.794，p <0.001），在专业社区为 0.56（T =7.089，p <0.001），研究假设 H_1 在两类社区均获得支持；创意可试性与创意采纳的路径系数在混合社区为 0.46

（T =7.486，p <0.001），在专业社区为 0.48（T =6.230，p <0.001），研究假设 H$_2$ 在两类社区均获得支持；创意可观察性与创意采纳的路径系数在混合社区为 0.07（T =1.226，p =0.220> 0.1），在专业社区为 0.13（T =1.780，p =0.071<0.1），选取 90%的置信水平，研究假设 H$_3$ 仅在专业社区得到支持；创意社会影响与创意采纳的路径系数在混合社区为 0.16（T =2.033，p =0.042<0.05），在专业社区为 0.25（T =2.908，p <0.001），研究假设 H$_4$ 在两类社区均获得支持。

表 8　混合社区模型路径系数与假设验证

模型路径	标准化路径系数	非标准化的 T 值	p 值	检验结果
H$_1$ 复杂性-创意采纳	0.68	10.794	***	支持
H$_2$ 可试性-创意采纳	0.46	7.486	***	支持
H$_3$ 可观察性-创意采纳	0.07	1.226	0.220	不支持
H$_4$ 社会影响-创意采纳	0.16	2.033	*	支持

***表示 p <0.001；*表示 p <0.05

表 9　专业社区模型路径系数与假设验证

模型路径	标准化路径系数	非标准化的 T 值	p 值	检验结果
H$_1$ 复杂性-创意采纳	0.56	7.089	***	支持
H$_2$ 可试性-创意采纳	0.48	6.230	***	支持
H$_3$ 可观察性-创意采纳	0.13	1.780	0.071	支持
H$_4$ 社会影响-创意采纳	0.25	2.908	***	支持

***表示 p <0.001

4.4　社区吸收能力与用户创意经验的调节效应检验

用分层回归方法对两类社区数据分别进行社区吸收能力与用户创意经验的调节效应，第一阶层放入自变量，第二层放入调节变量，第三层放入自变量与调节变量的乘积项。混合社区调节效应检验如表 10 所示：①吸收能力在复杂性对创意采纳的影响过程中调节系数显著（回归系数 0.421），吸收能力负向调节复杂性对在线用户创新社区用户创意采纳的影响，假设 H$_5$ 得到验证；②吸收能力在可试性对创意采纳影响过程中调节系数显著（回归系数 0.146），吸收能力正向调节可试性对在线用户创新社区用户创意采纳的影响，假设 H$_6$ 得到验证；③用户创意经验在社会影响对创意采纳的影响过程中调节系数显著（回归系数 0.403），用户创意经验正向调节社会影响对在线用户创新社区用户创意采纳的影响，假设 H$_8$ 得到验证。

表 10　混合社区吸收能力与用户创意经验调节作用检验

变量	创意采纳		
	模型 1	模型 2	模型 3
复杂性	0.446***	0.447***	**0.421*****
	t = 7.050	t = 7.048	t = 7.254
可试性	0.179**	0.172**	**0.146*****
	t = 2.469	t = 2.341	t = 2.593
可观察性	−0.081	−0.078	−0.066
	t = −1.244	t = −1.189	t = −1.090
社会影响	0.391***	0.399***	0.403***
	t = 5.656	t = 5.699	t = 6.307

续表

变量	创意采纳		
	模型 1	模型 2	模型 3
R^2	0.301	0.305	0.426
调整后的 R^2	0.28	0.276	0.396
F 值	14.238*** （df=6；19）	10.727*** （df=8；196）	14.371*** （df=10；194）

***表示 $p < 0.001$；**表示 $p < 0.01$

专业社区调节效应检验如表 11 所示：①吸收能力在复杂性对创意采纳的影响过程中调节系数显著（回归系数是 0.393），吸收能力负向调节复杂性对在线用户创新社区用户创意采纳的影响，假设 H_5 得到验证；②吸收能力在可试性对创意采纳的影响过程的调节系数显著（回归系数是 0.273），吸收能力正向调节可试性对在线用户创新社区用户创意采纳的影响，假设 H_6 得到验证；③吸收能力在可观察性对创意采纳的影响过程中调节系数显著（回归系数是 0.191），吸收能力正向调节可观察性对在线用户创新社区用户创意采纳的影响，假设 H_7 得到验证；④用户创意经验在社会影响对创意采纳的影响过程中调节系数显著（回归系数是 0.236），用户创意经验正向调节社会影响对在线用户创新社区用户创意采纳的影响，假设 H_8 得到验证。

表 11　专业社区吸收能力与用户创意经验调节作用检验

变量	创意采纳		
	模型 1	模型 2	模型 3
复杂性	0.420***	0.413***	**0.393*****
	$t = 6.082$	$t = 5.965$	$t = 7.809$
可试性	0.258***	0.263***	**0.273*****
	$t = 3.431$	$t = 3.458$	$t = 4.971$
可观察性	0.222***	0.210***	**0.191*****
	$t = 3.219$	$t = 3.005$	$t = 3.777$
社会影响	0.244***	0.245***	**0.236*****
	$t = 3.369$	$t = 3.385$	$t = 4.515$
R^2	0.371	0.379	0.681
调整后的 R^2	0.344	0.342	0.658
F 值	13.578*** （df=6；138）	10.364*** （df=8；136）	28.659*** （df=10；134）

***表示 $p < 0.001$

5　研究结论与理论贡献

5.1　研究结论

本文整合创新扩散理论、技术接受与利用整合模型和吸收能力理论，构建在线用户创新社区创意采纳机理模型，验证了模型在两类在线用户创新社区的解释能力。主要结论如下。

第一，两类在线用户创新社区，创意复杂性对创意采纳都有显著负向影响，同时吸收能力显著负向调节复杂性对用户创意采纳的影响。在线用户创新社区，创意来源于用户贡献，筛选创意首先需要理解吸收创意内容；其次，需要站在企业/社区视角判断是否采纳该创意，若创意表述不够清晰，则会导致筛选人员难以理解创意内容从而影响该创意采纳；最后，如果创意的实施对企业来说非常复杂，那么筛选人员的采纳意愿会降低。同时，比较两类社区路径系数发现，混合社区创意复杂性对创意采纳的影响更高，原因在于：专业社区管理员均是企业全职人员，混合社区管理员不仅包括企业全职人员，还有大量产品忠实粉丝作为兼职人员。就企业业务整合素质与能力而言，混合社区管理员不如专业社区管理员，因此在筛选创意时，混合社区更容易受到创意复杂性影响。吸收能力包括知识获取能力和消化能力，筛选创意时首先要理解用户提交创意内容，社区吸收能力越高，创意复杂性对创意采纳的负向影响越小。

第二，两类在线用户创新社区，创意可试性对创意采纳有显著正向影响，同时社区吸收能力显著正向调节创意可试性对创意采纳的影响。两类在线用户创新社区用户提交的创意可试性越强，越会降低企业/社区采纳创意的不确定性，进而会增加采纳该创意的可能性。两类在线用户创新社区吸收能力越高，管理员理解创意信息和传递信息能力越高，筛选创意时他们可以及时传递创意具体信息，理解创意小范围试验所需要的资源，更精确地评估创意可试性，提升创意可试性对创意采纳的影响作用。

第三，专业在线用户创新社区，创意可观察性对创意采纳有显著正向影响，同时社区吸收能力显著正向调节创意可观察性对创意采纳的影响。专业社区管理员更清楚企业战略、内部资源与业务流程，筛选创意时会以企业视角考虑创意实施可能带来的效益和流程变化，若创意可观察性提高，则创意实施风险的不确定性会降低，采纳该创意可能性会增大。专业社区吸收能力强，对用户提交创意理解、传递、消化能力反应快速，能够提升对创意可观察性的认知与把握。混合社区创意可观察性并未显著影响创意采纳，原因在于部分管理员来自产品用户，不够了解企业内部战略与资源，以消费者思维视角筛选创意，相对较难评估创意采纳所需资源与实施后效果。

第四，两类在线用户创新社区，创意社会影响显著影响该创意采纳，同时用户创意经验在两者之间起显著正向调节作用。创意点赞数和评论数代表用户对产品/服务创新的需求，创意社会影响越大，筛选创意时社区管理员往往更关注这些创意。同时，若创意提供者曾经有创意被采纳过，意味着这些用户对企业价值观以及市场定位需求认知更清楚，他们提供的创意也更加符合企业现实要求，管理员通常更倾向于采纳这些用户提交的创意。

5.2　理论贡献

本文丰富了在线用户创新社区创意采纳的理论研究，理论贡献表现在：第一，现有文献中创新扩散理论主要用于组织层面采纳研究（单个技术创新被多个组织采纳），技术接受与利用整合模型主要用于解释个人层面技术采纳研究（单个技术被众多个体采纳），本文将信息系统领域经典理论整合用于在线用户创新社区，解释众多个体创意被单个组织筛选采纳的决策。在线用户创新社区情境下，社区管理员既代表企业，需要基于企业视角筛选采纳创意，同时个体面对众多创意时会包含个人层面的主观判断，本文研究结论与 di Gangi 等研究结论相同，证实了在线用户创新社区情境下经典理论的适用边界。第二，将吸收能力理论和用户创意经验作为调节变量引入机理模型，验证了吸收能力在创新扩散理论与创意采纳间的显著调节作用，用户创意经验在创意社会影响与创意采纳间的显著调节作用，研究工作合理诠释了创意社区影响、用户创意经验与创意采纳之间的作用机理。第三，区分专业社区和混合社区两种在线用户创新社区，验证机理模型在两种类型社区的异同与解释力度。

5.3　社区管理建议

如何有效引导在线用户提交切实可行的创意是维持在线用户创新社区健康发展的关键。社区管理者的建议如下：一方面，管理者应该给出创意采纳的基本标准，引导用户从企业角度提出想法创意，提升用户创意的采纳程度。具体而言，社区需要引导用户准确详细地描述创意内容，告知用户提交创意需要考虑该创意是否复杂、能否可试以及实施效果。企业构建运营在线用户创新社区希望利用外部资源促进创新，用户提出创意的目的在于能够被企业采纳，这样他们不仅能获得不同程度奖励，更重要的是能极大满足成就感。

另一方面，提升社区吸收能力。部分在线用户创新社区，用户提交创意数量多且质量良莠不齐，提升社区管理者搜集和消化知识的能力，可以更快更精准地筛选用户创意，剔除无用信息，同时能够将优质创意更快传递到企业内部，帮助企业很好地利用外部资源加大创新力度。提升社区吸收能力的措施包括：针对社区不同论坛版块管理员进行产品专业知识培训，增强业务知识能力；建立创意采纳质量评估指标进行定期考核，促进社区管理员业务能力提升。

5.4 研究局限与展望

本文存在以下局限性：首先，问卷数据主观性。本文收集社区管理员自我报告的横截面数据进行分析，不可避免数据会有一定主观性。后续研究将结合社区创意采纳客观纵向数据进行追踪实证检验，结果会更具有价值。其次，研究模型普适性。本文数据来自电子类产品社区，研究结论是否适用其他非电子产品在线用户创新社区还需待后续验证。最后，研究方法单一性。后续研究将尝试混合研究方法，如质性与量化研究方法相结合。在线用户创新社区创意采纳研究领域还有较大的研究空间值得深究。

参 考 文 献

[1] von Hippel E. Horizontal innovation networks—by and for users[J]. Industrial & Corporate Change, 2007, 16 (2): 293-315.

[2] Dahlander L, Wallin M W. A man on the inside: unlocking communities as complementary assets[J]. Research Policy, 2006, 35 (8): 1243-1259.

[3] Rogers E M. Diffusion of Innovations[M]. New Work: Free Press, 1995.

[4] di Gangi P M, Wasko M. Steal my idea! Organizational adoption of user innovations from a user innovation community: a case study of dell idea storm[J]. Decision Support Systems, 2009, 48 (1): 303-312.

[5] Li M G, Kankanhalli A, Kim S H. Which ideas are more likely to be implemented in online user innovation communities? An empirical analysis[J]. Decision Support Systems, 2016, 84: 28-40.

[6] 刘晴晴. 开放式创新社区创意采纳的影响因素实证研究[D]. 山东大学硕士学位论文, 2017.

[7] Füller J, Jawecki G, Mühlbacher H. Innovation creation by online basketball communities[J]. Journal of Business Research, 2007, 60 (1): 60-71.

[8] Pisano G P, Verganti R. Which kind of collaboration is right for you? [J]. Harvard Business Review, 2008, 86 (12): 78-86.

[9] Fichter K. Innovation communities: the role of networks of promotors in open innovation[J]. R&D Management, 2009, 39 (4): 357-371.

[10] Hau Y S, Kim Y G. Why would online gamers share their innovation-conducive knowledge in the online game user community? Integrating individual motivations and social capital perspectives[J]. Computers in Human Behavior, 2011, 27 (2): 956-970.

[11] Muhdi L, Boutellier R. Motivational factors affecting participation and contribution of members in two different Swiss innovation communities[J]. International Journal of Innovation Management, 2011, 15 (3): 543-562.

[12] Greenhalgh T，Robert G，Macfarlane F，et al. Diffusion of innovations in service organizations：systematic review and recommendations[J]. The Milbank Quarterly，2004，82（4）：581-629.

[13] Schemmann B，Herrmann A M，Chappin M M H，et al. Crowdsourcing ideas：involving ordinary users in the ideation phase of new product development[J]. Research Policy，2016，45（6）：1145-1154.

[14] 李义刚，李海刚. 创新社区成员参与行为与组织采纳的关系研究[J]. 科研管理，2016，37（S1）：309-317.

[15] 王婷婷. 创新价值链视角下企业开放式创新平台创意管理研究[D]. 山东大学博士学位论文，2018.

[16] 祁运丽. 在线用户创新社区中创意采纳的影响因素研究[D]. 北京工商大学硕士学位论文，2018.

[17] 郭爱芳，陈佳凤，郭静，等. 虚拟创新社区用户相关特征对其创意采纳的影响——以戴尔"头脑风暴"社区为例[J]. 中国科技论坛，2018，（8）：140-146.

[18] 高贝伦. 开放式创新社区创意采纳的标题影响因素研究[D]. 广西大学硕士学位论文，2019.

[19] Venkatesh V，Morris M G，Davis G B，et al. User acceptance of information technology：toward a unified view[J]. MIS Quarterly，2003，27（3）：425-478.

[20] 韩啸. 整合技术接受模型的荟萃分析：基于国内 10 年研究文献[J]. 情报杂志，2017，36（8）：150-155，174.

[21] Cohen W M，Levinthal D A. Absorptive capacity：a new perspective on learning and innovation[J]. Administrative Science Quarterly，1990，35（1）：128-152.

[22] di Gangi P M，Wasko M，Hooker R E. Getting customers' ideas to work for you：learning from dell how to succeed with online user innovation communities[J]. MIS Quarterly Executive，2010，9（4）：213-228.

[23] 张振刚，陈志明，李云健. 开放式创新、吸收能力与创新绩效关系研究[J]. 科研管理，2015，36（3）：49-56.

[24] 庞博，邵云飞，王思梦. 联盟组合管理能力与企业创新绩效：吸收能力的中介效应[J]. 管理工程学报，2019，33（2）：28-35.

[25] Mata F J，Fuerst W L，Barney J B. Information technology and sustained competitive advantage：a resource-based analysis[J]. MIS Quarterly，1995，19（4）：487-505.

[26] 王曰芬，邬尚君，刘卫江. 信息资源开发技术采纳的影响因素研究：以专利软件为例[J]. 情报学报，2012，31（5）：533-547.

[27] 孙丹. 基于 TOE-RBV 理论的大数据采纳影响因素的实证研究[D]. 中国海洋大学硕士学位论文，2015.

[28] Zahra S A，George G. Absorptive capacity：a review，reconceptualization，and extension[J]. Academy of Management Review，2002，27（2）：185-203.

[29] 王辉. 企业网络能力与吸收能力互动及对产品创新价值链的影响研究[D]. 天津大学博士学位论文，2012.

[30] 王伏虎. 知识获取、吸收能力对高新技术企业创新能力影响研究[D]. 江苏大学博士学位论文，2016.

[31] 简兆权，曾经莲，柳仪. 基于吸收能力调节中介作用的外部组织整合与新服务开发绩效研究[J]. 管理学报，2018，15（9）：1327-1336.

[32] 王楠，陈详详，祁运丽，等. 基于详尽可能性模型的用户创新社区创意采纳影响因素研究[J]. 中国管理科学，2020，28（3）：213-222.

[33] Huang Z Y. Toward a deeper understanding of the adoption decision for interorganizational information systems（IOS）：an investigation of internet EDI（I-EDI）[D]. PhD. Dissertation of the University of Memphis，2003.

[34] Ramamurthy K，Premkumar G，Crum M R. Organizational and interorganizational determinants of EDI diffusion and organizational performance：a causal model[J]. Journal of Organizational Computing & Electronic Commerce，1999，9（4）：253-285.

[35] Lin A，Chen N C. Cloud computing as an innovation：perception，attitude，and adoption[J]. International Journal of Information Management，2012，32（6）：533-540.

[36] Jansen J J P, van den Bosch F A J, Volberda H W. Managing potential and realized absorptive capacity: how do organizational antecedents matter?[J]. Academy of Management Journal, 2005, 48（6）: 999-1015.

[37] Liao S H, Fei W C, Chen C C. Knowledge sharing, absorptive capacity, and innovation capability: an empirical study of Taiwan's knowledge-intensive industries[J]. Journal of Information Science, 2007, 33（3）: 340-359.

[38] Kim H W, Chan H C, Gupta S. Value-based adoption of mobile internet: an empirical investigation[J]. Decision Support Systems, 2007, 43（1）: 111-126.

[39] 陈晓萍, 徐淑英, 樊景立. 组织与管理研究的实证方法[M]. 2 版. 北京: 北京大学出版社, 2012.

Research on the Ideas Adoption Mechanism of Online User Innovation Community: Based on Integration Theory

QIN Min, XU Anqi

（College of Software, Jiangxi Normal University, Nanchang 330022, China）

Abstract Users' ideas adoption in online user innovation community has attracted more and more attention, and some research conclusions have not reached a consensus. This paper defines professional & hybrid online user innovation community, and integrates some classic theories, including innovation diffusion theory（IDT）, unified theory of acceptance and use of technology（UTAUT）, absorptive capacity theory（ACT）, to analyze the ideas adoption mechanism from two types of online user innovation communities. In two types of online user innovation communities, both idea complexity and idea testability significantly affect the ideas adoption, and community absorptive capacity plays a significant moderating role; The social impact of idea has a significant impact on ideas adoption, and user idea experience has a significant moderating effect. The idea observability in professional online user innovative community significantly affects the ideas adoption, and community absorptive capacity plays a significant moderating role. This paper explains the path mechanism of many ideas being adopted by a single community from the perspective of integration theory, and it enriches the theoretical research on the ideas adoption in online user innovation community.

Keywords online user innovation community, ideas adoption, innovation diffusion theory, UTAUT, absorptive capacity theory

作者简介

秦敏（1970—），女，江西师范大学软件学院教授、博士生导师、管理学博士后，上海人，研究方向为企业信息管理、IT/IS 用户行为、在线社区等，E-mail：minqin@jxnu.edu.cn。

许安琪（1995—），女，江西师范大学软件学院硕士研究生，研究方向为企业信息管理，E-mail：1248948552@qq.com。

个性化社交媒体广告对消费者广告回避的影响机制研究

罗江，范婷睿，苗苗

（西南交通大学经济管理学院，四川 成都 610031）

摘　要　基于数据处理的人工智能使得个性化社交媒体广告更加符合消费者偏好，但这依然没有消除消费者的感知侵扰性和广告回避等问题。引入心理抗拒（愤怒情绪和负面认知）作为中介变量，并以感知个性化作为调节变量，构建感知侵扰性影响广告回避的结构方程模型，运用 AMOS23.0 和 SPSS23.0 插件 Process3.4 进行模型检验。研究结果表明：感知侵扰性正向影响广告回避；愤怒情绪在感知侵扰性与广告回避之间发挥中介作用；负面认知在感知侵扰性与广告回避之间发挥中介作用；愤怒情绪和负面认知在感知侵扰性与广告回避之间发挥链式中介作用；感知个性化负向调节感知侵扰性对广告回避的影响，负向调节负面认知和愤怒情绪在感知侵扰性与广告回避之间的链式中介作用。

关键词　感知侵扰性，感知个性化，心理抗拒，广告回避

1　引言

个性化广告已经成为网络广告领域的一个新趋势[1]。个性化广告能够符合消费者的偏好，这有助于提高广告主投放广告的效率，将产品或是服务广告投向与之匹配的消费者[2]，也有助于降低消费者检索产品的时间成本[3]。根据中国互联网络信息中心发布的第 45 次报告：在网络零售业高速发展背景下，网络广告市场规模达 4 341 亿元，同比增长 16.8%。随着电商平台与短视频和社交等领域的融合，个性化场景的精准推荐与多样化的广告形式显著提升了广告触达率，带动电商广告市场持续增长[4]。电子商务规模的增长，需要与之匹配的广告数量，并且市场和消费者都需要更加个性化、高质量和精准定位的广告，而新技术（如人工智能技术）能够应用在广告领域来解决这些问题[5]。社交媒体能为个性化广告的生成提供用户标签，即用户偏好的信息[6]，并且社交媒体拥有庞大的用户生成和用户浏览行为数据，基于用户标签和行为数据借助人工智能技术，能够构建消费者数字化生活方式测评体系，了解消费者真正的偏好和需求[5]，这有助于制定个性化广告[7]。但是，在消费者无法确认其个人信息是否被合法使用时，由大量个人数据生成的广告会增加消费者的感知侵扰性，从而引发消费者的抗拒，甚至回避个性化社交媒体广告[8]。事实上，任何广告形式都难以影响那些回避广告的消费者，这在无形中浪费了广告的投放成本和制作成本。

然而推荐代理无法理解消费者为何回避个性化社交媒体广告，消费者面对个性化广告与社交媒体的融合，或是望而却步，又或是进退两难。在社交媒体情境下，当消费者认为社交媒体属于私人空间时[9]，个性化广告被认为比非个性化广告更具有感知侵扰性[10]；在个性化被消费者视为一种侵入性的行为时，社交媒体的亲密性可能会让他们更加抗拒个性化[11]。个性化不等于感知个性化，广告的感知

通信作者：苗苗，西南交通大学经济管理学院，教授、博士、硕士生导师，E-mail：miaomiao@swjtu.edu.com。

个性化能够缓解消费者的负面态度，在消费者无法形成感知个性化时，消费者会依据所能想到的任何心理表征评价个性化信息。当然个性化广告的内在生成机制允许社交媒体用户向推荐系统发出请求，社交媒体用户能够通过设置主动个性化的机会来补充推荐系统内置的自动个性化，从而主动地为自己策划信息，如设置感兴趣的个性化推荐而不是退出讨厌的个性化推荐，这符合选择性暴露的假设[12]，人们总是倾向于选择性地接近他们喜欢的内容，但不一定选择避免他们讨厌的内容。无论消费者处于何种境地，望而却步抑或是进退两难，消费者的行为回避都难以被追踪与被评估。在现实上，用户难以选择退出个性化广告，在社交媒体平台的"被遗忘权"极其有限，如微信的《微信隐私保护指引》包含"关于广告"的管理选项，用户被告知可以选择关闭个性化推荐广告，但仅维持六个月并且仍然会看到个性化广告，只是个性化程度降低了而已；同样，在新浪微博关闭个性化广告推荐后，用户被告知"您看到的广告数量不会减少，但广告相关度会相对降低，有效期为 3 个月，到期后仍然可选择在此关闭"。另外，诸多社交媒体平台提供的《隐私政策》表明，用户设置关闭个性化相关的程序（如 Cookie 追踪）之后，消费者可能无法享受社交媒体的部分服务或功能。在理论上，根据 Cho 和 Cheon[13]于 2004 年提出的网络广告回避的构成要素，在个性化社交媒体广告出现时，消费者可能表现出：认知回避（如有意忽视任何形式的广告）、情感回避（讨厌任何形式的广告）、行为回避（如尽一切可能关闭广告）。但上述研究并没有实地测量行为回避，而且混合了心理成分和行为成分来测量广告回避，并且情感回避不包括一系列特定的行为，而是一种对网络广告的负面情绪导向，这种情绪导向会放大或强化认知回避和行为回避的影响。可见，广告回避在实践操作与理论研究之间存在差异，现有研究通常认为广告回避是一种主动回避（有意识的），消费者正好已经意识到广告的存在，同时必须以某种方式强迫自己不去看或听它。反观被动回避（无意识的），消费者不一定需要这种行动。或许，消费者的个性化广告回避更多时候只是一种认知评价和情感表达。最终，消费者可能从情绪和认知层面采取中立策略，如以心理抗拒表达广告回避的动机，而不是直接回避广告。

为此，本文重点研究个性化社交媒体广告的感知侵扰性对消费者广告回避的影响机制，解释心理抗拒的中介效应和感知个性化的调节效应。基于心理抗拒理论，将愤怒情绪、负面认知、感知个性化、感知侵扰性和广告回避置于一个研究框架中，构建一个有调节的链式中介研究模型，揭示愤怒情绪和负面认知在感知侵扰性与广告回避之间的独立中介作用和链式中介作用，探明感知个性化究竟通过影响哪条中介路径改变消费者的广告回避。

2 文献综述

2.1 个性化社交媒体广告

Shanahan 等采用个性化广告的一般定义研究个性化社交媒体广告，认为个性化广告是根据消费者偏好提供的个性化信息[11]。在技术背景和媒体平台存在差异的情况下，"根据消费者偏好提供的个性化信息"被定义为不同的概念。在线上零售研究领域，上述定义可以被概念化为个性化推荐[14]。现有研究更多地关注购物网站个性化推荐的积极效果。例如，商家利用推荐代理能够从大量网络信息中探出消费者偏好的或感兴趣的产品[15]，并向消费者推荐个性化产品或个性化内容，以此增加广告收入和销售收入[16]。但是，当用户在移动社交网络遇到销售信息时，更有可能感到不舒服并做出消极的反应，因为用户参与移动社交网络主要是为了获取社交信息，而不是销售信息[17]。可见，在社交媒体情境下个性化推荐更有可能被视为一种具有干扰性的广告，而不只是产品信息。目前，社交媒体已经成为个性化推荐的重要展示平台。社交平台广告更加具有社交化、视频化、智能化的特点，能基于用户的社交关系、兴趣和行为锁定目标受众，并进行精准营销，这大幅提升了广告投放的触达率和转化率[18]。

进入人工智能时代，社交媒体能够基于个人特征标签和行为数据，借助人工智能技术理解复杂的消费者行为和偏好，并生成个性化的广告内容[6]，同时让个性化广告变得更加具有交互性并且能够更加自动地生成[19]，实时高效地实现千人千面的广告生成机制[20]。社交媒体大数据正在成为推荐系统的关键输入[21]。社交媒体平台能够借助推荐系统基于站内信息生成个性化广告，也能与第三方平台共享用户的个人信息并向第三方平台（如购物网站）提供个性化推荐的展示窗口。但这种跨平台展示个性化推荐的方式，更容易令消费者怀疑个人信息被共享，会增强消费者对个人隐私的感知敏感性和隐私担忧，以至于引发消费者的抗拒或广告回避[22]。社交商务平台作为电子商务和社交媒体的融合平台，已经成功地将电子商务从面向产品的环境转变为"以客户为中心"的环境。社交商务平台能够模糊消费者对社交媒体属于私人空间的界定，消费者在社交商务平台既能参与社交活动，也能参与商品交易活动。但社交商务平台充斥着大量雷同的推荐信息，影响用户体验，这更可能导致用户不满甚至烦恼和愤怒[23]。

2.2 广告回避

Li 等认为侵扰性是人们对广告打断个人目标的一种认知评价，广告的侵扰性应当由信息呈现与个人目标两者的相反程度来定义，并且消费者对广告侵扰性的感知有所不同，而广告回避是感知侵扰性的一种潜在行为结果[24]。现有学者更多地关注传统广告和网络广告的回避现象，例如，Speck 和 Elliott 通过研究杂志、报纸、广播和电视的广告回避现象（如身体回避、机械回避和认知回避），认为广告回避是用户为减少广告内容曝光所采取的任何行动[25]；Cho 和 Cheon 在传统媒体广告回避研究基础上，以横幅广告和弹出式广告两种网络广告形式，对广告回避测量项进行了情境化设置，将认知回避、情感回避和行为回避作为网络广告回避的三个构成成分[13]。但这些研究并未真正测量广告回避行为，也没有区分心理和行为上的区别，甚至混合心理和行为成分来测量广告回避[26]。同时，情感回避不包括一系列特定行为，而是一种对网络广告的负面情绪导向，这种情绪导向会放大或强化认知回避和行为回避的影响[7]。事实上，以往研究更多是从消费者的认知评价的视角研究广告回避，如 Schreiner 等从消费者的认知角度研究个性化推荐如何影响消费者的广告回避[27]。

另外，学者们更关注个性化产品推荐的特定设计所产生的广告效果，如陈梅梅等学者认为，推荐规模越大，用户感知选择难度明显提升，感兴趣商品的回忆效果显著下降[28]。个性化推荐被投放在第三方传播渠道的广告效果则很少被关注。在购物网站，个性化广告包含经常浏览或购买的产品信息，高度个性化信息展示产品和品类，中度个性化信息展示产品或品类[29]，Siddarth 和 Chattopadhyay 认为消费者不太可能选择回避自己常购产品的广告[30]。但在社交网络情境下，Li 等认为用户参与社交网络主要是为了获取社交信息，而不是销售信息，如果用户遇到销售信息，更有可能感到不舒服，并作出消极的反应[17]。加之，网络广告通常以横幅广告或赞助商链接的形式发布，是一种比较容易被识别的营销信息，而社交媒体广告与社交媒体内容经常难以被区分[31]。因此，在社交媒体环境下，消费者的个性化广告回避反应可能区别于其他媒体。

2.3 心理抗拒理论

心理抗拒理论认为：当原发性自由受到了非常明确的或是肯定的威胁时，为了恢复感知自主性，以表达消极情绪和负面认知抗拒说服性信息[32]。Dillard 和 Shen 为了使心理抗拒能够被概念化并且能够被测量，将消极情绪和负面认知狭窄化，将"愤怒情绪"作为消极情绪，以"表达与信息不一致的想法"作为负面认知，愤怒情绪和负面认知共同构成心理抗拒的概念[33]。Rains 和 Turner 在此基础上提出解释心理抗拒的一种线性处理模式"愤怒情绪—负面认知",明确两者先后发生于同一个过程当中,并且在抗拒说服性信息的前因变量和结果变量之间存在中介作用[34]。刘建新和李东进认为心理抗拒是一种动机状态,经常以中介变量的形式存在[35]。上述研究探讨了心理抗拒在前因变量和结果变量之间的中介作用,但是没有考虑前因变量对结果变量的直接影响。实际上,情绪和认知能够单独出现,同时出现或先后出现,或三种情况存在于同一个过程[36]。消费者以愤怒情绪和负面认知表达自己对说服性信息的心理抗拒,是一个复杂的过程。因此,有必要将愤怒情绪和负面认知的多种组合模式置于一个研究框架中。例如,Quick 和 Stephenson 以愤怒情绪和负面认知的交织模式参与构建结构方程,用于解释消费者抗拒广告说服性信息的前因后果[37]。交织模式能够反映心理抗拒是由愤怒情绪和负面认知两者混合,但无法反映两者如何影响说服性信息,以及无法体现各自的独立作用和解释力度;而 Youn 和 Kim 研究愤怒情绪和负面认知的双重处理模式在感知侵扰性与广告回避之间的中介作用,结果显示:感知侵扰性正向影响愤怒情绪和负面认知,负面认知正向影响行为回避,但是愤怒情绪对认知回避没有显著影响[38]。由此可知,愤怒情绪和负面认知可以解释心理抗拒,当两者被用于研究消费者抗拒广告信息的前因后果时,其影响机制需要更进一步的探索。

综上所述,心理抗拒的现有研究常以愤怒情绪和负面认知两个变量构建几种竞争模型,并以模型拟合度确定心理的最佳模式,而忽视了两者可能共同发挥作用。因此,有必要结合特定的广告形式和不同的情境开展研究。传统网络个性化广告被普遍认为具有积极效应,但仍然无法消除广告普遍存在的消极效应(感知侵扰性、心理抗拒和广告回避),而消极效应的路径关系的研究结论并未达成共识。社交媒体可以作为研究个性化广告影响消费者反应的高度相关情境,但个性化社交媒体广告的研究极为有限,尤其鲜见个性化社交媒体广告回避的研究[39]。同时,一些研究未考虑导致个性化广告失效的关键问题,个性化信息不等同于感知个性化。感知个性化能够激发消费者产生更多的积极想法而不是消极想法,并且消极想法对消极态度的影响程度强于积极想法对积极态度的影响程度[40]。因此,个性化广告会使消费者产生更为复杂的认知反应。

本文认为个性化社交媒体广告的心理抗拒或许是一种结果、一种过程或一种动机,并且心理抗拒可以被视为一种比广告回避更为缓和的消极反应。本文试图构建一个情感反应和认知评价两者相结合的概念模型,来表达消费者在感知侵扰性与广告回避之间可能存在一种中立策略,而不是直接回避广告,其中:感知个性化发挥调节作用,而心理抗拒发挥中介作用。以此解释消费者的个性化社交媒体广告回避反应。

3 研究模型和假设

3.1 个性化社交媒体广告的感知侵扰性对消费者广告回避的影响

Li 等认为弹出式广告打断了消费者的认知过程,当消费者认为个人目标被干扰时,消费者产生感知侵扰性,同时感知侵扰性会引起广告回避[24]。侵扰性既会产生消极效果,也会产生积极效果,许多线上广告故意制造侵扰性,试图吸引消费者的注意力[41]。尽管个性化广告具备智能广告的特征,并不会随机出现在用户的屏幕上,也能够大大降低感知侵扰性[19];但具有高度个性化的线上广告会增加感知侵扰性[42]。个性化内容无法消除感知侵扰性[43],只是在社交媒体环境下变得更加隐蔽[44]。个性化社交媒体广告通常不会以强曝光的方式分散消费者的注意力,当个性化社交媒体广告让消费者感觉自己在社交媒体的浏览行为被追踪,此时消费者会认为自己的社交空间被侵入,从而会产生感知侵扰性[45]。这会导致消费者有意忽视广告,甚至对广告视而不见,这种状态被称为广告回避[46]。因此,本文提出假设 H₁:

H₁:感知侵扰性正向影响广告回避。

3.2 心理抗拒的中介作用

心理抗拒理论认为：当原发性自由受到了非常明确的或是肯定的威胁时，为了恢复感知自主性，以表达消极情绪和负面认知抗拒说服性信息，个性化信息可能会影响消费者的情绪反应以及说服过程，而说服性信息会令消费者产生消极情绪（如愤怒），并导致信息被拒绝[47]。社交媒体用户的浏览动机以娱乐为主，寻求自由的程度将直接影响广告受众对广告的侵扰性，威胁自由的感知，广告的感知侵扰性可能会导致一种刺激感觉，并最终在可能的情况下避免使用该广告[48]。感知侵扰性引发的广告刺激能够为消极情绪提供动力[49]。在网络环境下，在线用户对弹出式广告的感知侵扰性越强，心理抗拒作用越强[50]。与其他网络环境对比，社交媒体平台同样充斥着各种付费广告和其他形式的促销内容，大量广告的曝光难免过度使用侵扰性成分，以致消费者变得失望和产生负面情绪[51]。处于社交媒体情境下的消费者认为社交媒体属于私人空间[9]，以致个性化广告比非个性化广告更具有感知侵扰性[10]。在个性化被认为是一种侵入性的时候，消费者与社交媒体的亲密性也会让他们更加抗拒个性化[11]。社交媒体的个性化推荐会造成消费者产生强迫性感知，消费者的强迫性感知越大，消费者推荐的接受意愿就越低，如微信的微商推荐[52]。因此，个性化社交媒体广告引发消费者产生心理抗拒状态时，消费者会表达愤怒情绪，甚至回避广告。同时，心理学的研究表明，趋近和回避倾向可以解释情绪表达，情绪表达在不同文化中都具有普遍性和一致性，愤怒情绪经常用于表达回避行为倾向[53]。趋近倾向被定义为消费者为了向网络广告靠拢而采取的行为，而回避倾向是回避网络广告而采取的行为[8]。

情绪效价是刺激事件最重要的属性，情绪的消极刺激可以是回避的线索，情绪上的积极刺激可以是接近的线索，而情绪效价的线索优先于注意力的处理[54]。尤其是广告在视觉与目标任务相近或相似的时候，它们可以被认为是一种分散注意力的刺激物[55]。分散注意力的刺激物更容易贬值，而导致分散注意力的刺激物贬值是选择性注意的结果[56]。如果个性化社交媒体广告以不隐蔽的方式打断用户认知，在用户的搜索目标被广告打断或妨碍时，用户可能会产生消极的行为意图，而消费者的负面态度可能损害品牌认知，以至于消费者回避广告[57]。因此，个性化广告的代理推荐系统试图在社交媒体以一种实时变化的出乎意料的隐蔽方式对抗消费者的选择性注意，如实时竞价（real time bidding）的个性化广告能够追踪网络用户，并且经常出现在那些与广告产品无关的网站上，被用户搜索过的产品的实时竞价广告可能会在最初搜索几天或几周之后出现。另外，个性化推荐也总是在未经过请求的情况下出现，这会造成消费者的心理抗拒，导致消费忽视推荐[58]。但当个性化社交媒体广告以隐蔽的方式打断用户认知时，这种隐蔽的说服知识更容易引发隐私关注，一旦消费者意识到个性化广告是一种隐蔽的并且是别有用心的，这种负面认知会让消费者对广告产生心理抗拒[59]。

综上，个性化广告的侵扰性的驱动因素可能决定社交媒体中消费者对自身消费者行为受到威胁或失去自由的程度以及由此产生的后果[60]，如负面情绪（愤怒）和行为后果（广告回避）。因此，在消费者可能以愤怒情绪和负面认知表达他们对个性化社交媒体广告的心理抗拒时，这符合 Dillard 与 Shen 的观点，两位学者认为心理抗拒以"愤怒"表达消极情绪和以"表达与信息不一致的想法"表达负面认知。因此，本文提出假设 H_2、H_{2a}、H_{2b}：

H_2：心理抗拒在感知侵扰性与广告回避之间发挥中介作用，而心理抗拒维度的两个构成要素在两者之间发挥独立中介作用，分别是：

H_{2a}：感知侵扰性通过愤怒情绪正向影响广告回避。

H_{2b}：感知侵扰性通过负面认知正向影响广告回避。

3.3 愤怒情绪和负面认知的链式中介作用

许多学者研究情绪在说服中的作用，致力于研究分析性认知的中心路径，将情绪作为一个外围因素，他们认为情绪效价会改变认知[61]。情绪效价的线索优先于注意力的处理[54]。情绪效价影响认知处理的范围，愤怒作为一种负面情绪，比中性情绪更容易导致认知范围的缩小[62]。情绪的主要功能之一是激发动机，为行动创造倾向，积极情绪通常激发与接近相关的行为驱动，而消极情绪通常激发与回避相关的行为，接近和回避动机系统的激活涉及专门的神经机制，消极情绪对认知控制过程有不同的影响[63]。愤怒情绪是一种高阶离散的负面情绪，能够促进对抗目标障碍的行为倾向，如调动认知资源清除障碍[64]。由此推断，个性化社交媒体广告的感知侵扰性会通过愤怒情绪影响负面认知。消费者是否接受或抗拒广告的说服性信息取决于消费者在不同情境下的情绪和认识[45]。但是，情绪和认知在概念上和体验上是可以区分的，说服性信息很少引发纯粹的情绪体验或纯粹的认知体验，两者通常同时出现[65]。因此，消费者的感知侵扰性引发的愤怒情绪和负面认知并不总是孤立存在，两者共同作用于广告回避[38]，而回避是应对心理抗拒的主要策略[66]，心理抗拒由愤怒情绪和负面认知共同构成。因此，本文提出假设 H₃：

H₃：愤怒情绪和负面认知在感知侵扰性与广告回避之间发挥链式中介作用。

3.4 感知个性化的调节作用

Cho 与 Cheon 认为在正确的时候提供正确的信息给正确的人，会缓解感知侵扰性。这表明感知个性化或许能够调节感知侵扰性[13]。当消费者感知社交媒体环境与预期一致或者广告并不影响认知活动时，消费者对个性化信息的感知侵扰性会降低；当消费者对说服性意图很敏感时，消费者对个性化信息的感知侵扰性会增强[67]。因此，在不同情境下或者消费者具备不同个性化特征时，感知个性化会导致截然相反的结果，感知个性化能够缓解感知侵扰性。李研等认为消费者的心理抗拒特质会调节一致性感知对后续行为意愿的影响，心理抗拒特质较强，一致性感知对后续行为意愿的影响较低[68]。广告是心理抗拒的外在刺激物，广告的侵扰性刺激消费者产生心理抗拒。高度个性化的广告更容易引发消费者的心理抗拒，进而回避广告[69]。但在个性化社交媒体广告被感知相关时，消费者会减少广告回避[70]；在个性化广告信息被认为是量身定制的时，消费者的感知相关程度越高，并且越不会回避广告[71]。感知个性化与广告回避负相关，当消费者对个性化广告的感知个性化越强，他们认为广告是越有用的，进而减少广告回避[72]。可见，感知个性化程度能够通过改变中介变量减少广告回避[73]。因此，本文提出假设 H₄、H₄ₐ、H₄ᵦ、H₄c：

H₄：感知个性化负向调节愤怒情绪和负面认知在感知侵扰性与广告回避之间发挥的链式中介作用。

H₄ₐ：感知个性化负向调节感知侵扰性对广告回避的影响。

H₄ᵦ：感知个性化负向调节愤怒情绪在感知侵扰性与广告回避之间发挥的中介作用。

H₄c：感知个性化负向调节负面认知在感知侵扰性与广告回避之间发挥的中介作用。

研究模型及各假设，如图 1 所示。

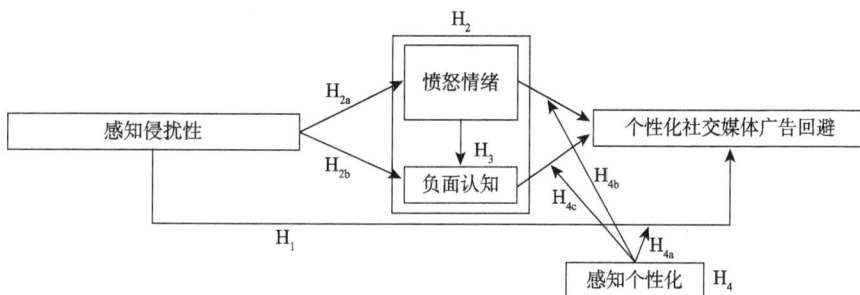

图 1 研究模型

4　研究方法

4.1　测量量表

本文研究量表借鉴国外研究的成熟量表，测量感知侵扰性的量表改编自 Li 等[24]的研究；测量感知个性化的量表改编自 Baek 和 Morimoto[22]的研究；测量心理抗拒（愤怒情绪和负面认知）的量表改编自 Dillard 和 Shen[33]与 Hong 和 Faedda[74]的研究；测量广告回避的量表改编自 Cho 和 Cheon[13]的研究。以上题项均采用 Likert 1~7 点计分方式。对原始量表题项进行了中英文互译，根据个性化社交媒体广告进行了情境化修改和细化，结合几位营销专家和英语专业研究生的意见对量表的中文表述进行了提炼，并进行了预测试（在西南交通大学进行了 50 份样本的预调查和经过二次修订问项的中文表述之后，剔除了感知侵扰性构念下中文表述难以被区分的 1 个题项，剔除了信效度检验中因子载荷过低的 4 个题项）。

4.2　数据收集

采用分层抽样和随机抽样相结合的方法。以线下和线上相结合的方式进行问卷调查。为了降低可能存在的匿名性和社会期望的偏差，研究人员采取了以下措施：向被调查者重申了问卷填写需要按照客观事实填答问卷的重要性，并未透露研究人员期望的结果和任何带有倾向性的选项；问项不涉及被调查身份的可识别信息和其他敏感问题，如姓名、学号等；设置了互相验证问项 T_3（您经常使用如下社交媒体）与 T_5（您使用社交媒体的数量），T_3 为无限制的多选题并包含"其他"选项以便缓解被调查填写问卷的压力感，同时以此激活被调查回忆。线下调查于 2019 年 12 月 1 日至 12 月 15 日完成：以年龄在 15~24 岁的工商管理类在校大学生为调查对象，在课堂集中发放，通过问卷星平台发放电子问卷并当堂回收问卷，研究人员发放回收问卷 414 份，剔除两类无效问卷，第一类无效问卷为互相验证题的回答不合理的问卷 8 份；第二类无效问卷为社交媒体使用时长不超过 1 小时/天的问卷 40 份，最终回收有效问卷 366 份。线上调查：在微信朋友圈及其他类型社交媒体上分享问卷链接，并邀请年龄在 25 岁及以上的调查对象填写，研究人员在一周内回收问卷 268 份，剔除两类无效问卷，第一类无效问卷 4 份，第二类无效问卷 54，最终回收有效问卷 210 份，两个阶段获得有效问卷共计 586 份。

如表 1 所示，有效样本数量满足验证性因子分析和结构方程检验的需要；样本的年龄分布符合中国社交媒体使用群体的年龄特征；60.2% 的样本每天使用社交媒体的数量在 2~4 个，10 个常用社交媒体及 1 个其他选项的选择频次总计 2 881 次，可以推测所有样本每天使用的社交媒体数量的平均值为 2.62 个，由此说明问卷数据基本能够反映使用社交媒体的真实情况。在此基础上，本文为了确保被调查者对社交媒体情境的熟悉程度，设置了 4 个有关社交媒体使用情况的问题，并以此剔除两类无效问卷。第一类无效问卷为 T_3 与 T_5 互相验证不合理，社交媒体使用数量选择大于 2 个/天且经常使用的社交媒体数量少于 2 个的问卷；第二类无效问卷为社交媒体使用时长小于 1 小时/天的问卷。

表 1　样本描述统计

项目		个案数	占比	项目		多重响应		个案占比
						个案数	占比	
性别	男	260	44.4%					
	女	326	55.6%	经常使用的社交媒体	百度贴吧	318	11.0%	54.3%
年龄	15 岁以下	0	0		新浪微博	401	13.9%	68.4%
	15~24 岁	356	60.8%		哔哩哔哩	357	12.4%	60.9%
	25~34 岁	169	28.8%		豆瓣	145	5.0%	24.7%

续表

项目		个案数	占比	项目	多重响应		个案占比
					个案数	占比	
年龄	35~44 岁	37	6.3%	知乎	301	10.4%	51.4%
	44 岁以上	24	4.1%	小红书	232	8.1%	39.6%
社交媒体使用时长	少于 1 小时/天	0	0	抖音	328	11.4%	56.0%
	1~3 小时/天	273	46.6%	大众点评	125	4.3%	21.3%
	4~5 小时/天	178	30.4%	经常使用的社交媒体 网易云音乐	311	10.8%	53.1%
	5 小时以上/天	135	23%				
社交媒体使用数量	不超过 1 个/天	39	6.7%	拼多多	206	7.2%	35.2%
	2~4 个/天	353	60.2%	其他	157	5.4%	26.8%
	5~7 个/天	126	21.5%				
	7 个以上/天	68	11.6%	总计	2 881	100.0%	491.7%
社交媒体浏览模式	目标导向	228	38.9%	注：小计比例之和可能不等于100%，因为部分数据进行了四舍五入修约			
	娱乐导向	358	61.1%				

5 研究结果

5.1 共同方法偏差、信度和效度检验

由于本文研究数据来源于自我调查报告，故要进行共同方法偏差分析。依据 Harman 单因素检验法，当第一个因子的方差贡献率低于 40%，通常认为共同方法偏差不严重。使用 SPSS23.0 对数据进行处理，对 5 个潜变量所对应的 19 个题项进行共同方法偏差和信度检验。本文提取的第一个因子方差贡献率为 32.021%，累计方差贡献率80.642%；同时采用 AMOS23.0 实施不可测量潜在方法因子效应控制法，检验结果如表 2 所示：M_1 单因素模型的各项拟合指数说明变量之间没有非常严格的共同方法偏差问题；在 M_2 模型基础上加入一个共同方法因子变成 M_3 模型后，其 χ^2 / df 降低了 0.778，但 TLI 提高0.016、CFI 提高0.015、RMSEA 缩小 0.014、SRMR 缩小 0.011，均小于 0.02[75]。综上，数据不存在严重共同方法偏差的问题，可以进行后续检验。整体量表的KMO指标为0.854，Bartlett's 检验的显著性为0.000，删除任何项之后，KMO无显著变化。所有题项的因子载荷均大于 0.7，Cronbach's α 均大于 7，详见表 2。这说明量表整体具有较高的信度。

表 2 共同方法偏差检验结果

模型	χ^2/df	NFI	TLI	CFI	RMSEA	SRMR
M_1	40.431	0.305	0.222	0.309	0.26	0.199
M_2	2.762	0.956	0.965	0.971	0.055	0.038
M_3	1.984	0.972	0.981	0.986	0.041	0.029

注：M_1是单因子模型；M_2是所有项目负荷在各自理论上；M_3是不可测潜在因子模型

利用 AMOS23.0 构建一阶斜交模型进行验证性因子分析，模型的拟合指标为：χ^2 / df =2.762，RMSEA = 0.055，NFI=0.956，CFI=0.971，SRMR=0.038，模型拟合度在可接受范围内。收敛效度指标：组合信度（CR）均大于 0.7，平均提取方差（AVE）均大于 0.5；区分效度指标：各维度的 AVE 平

方根大于维度间的相关系数。信度和效度检验结果详见表 3。

表 3　信度与效度检验

构念	题项	因子载荷	M	SD	α	CR	AVE
PI	PI$_1$　个性化社交媒体广告干扰我的使用	0.827	4.767	1.573	0.908	0.908	0.665
	PI$_2$　个性化社交媒体广告令我感觉被强迫	0.804					
	PI$_3$　个性化社交媒体广告妨碍我的使用	0.866					
	PI$_4$　个性化社交媒体广告令我感觉被侵略且无法阻止它的传播	0.833					
	PI$_5$　个性化社交媒体广告以一种不愉快的方式吸引我的注意力	0.829					
PP	PP$_1$　个性化社交媒体广告让我想订购适合自己的产品	0.836	3.800	1.760	0.915	0.916	0.734
	PP$_2$　个性化社交媒体广告是根据我的情况量身定制的	0.921					
	PP$_3$　个性化社交媒体广告令我感觉自己是一名独特的消费者	0.876					
	PP$_4$　个性化社交媒体广告是根据我的需求量身定制的	0.922					
A	A$_1$　个性化社交媒体广告让我很生气	0.884	4.195	1.857	0.940	0.943	0.846
	A$_2$　个性化社交媒体广告让我很恼怒	0.927					
	A$_3$　个性化社交媒体广告让我很激怒	0.902					
NC	NC$_1$　我不同意个性化社交媒体广告的信息	0.858	5.005	1.680	0.927	0.928	0.762
	NC$_2$　我不服从个性化社交媒体广告的倡导	0.894					
	NC$_3$　我不信任个性化社交媒体广告的信息	0.888					
	NC$_4$　我试图抵制个性化社交媒体广告的影响	0.853					
AA	AA$_1$　我会故意不看个性化社交媒体广告	0.898	4.881	1.603	0.882	0.889	0.730
	AA$_2$　我会故意不注意个性化社交媒体广告	0.902					
	AA$_3$　我会故意忽视任何形式的个性化社交媒体广告	0.802					

注：PI=感知侵扰性；PP=感知个性化；A=愤怒情绪；NC=负面认知；AA=广告回避

5.2　模型假设检验

5.2.1　路径系数、直接效应和中介作用检验

路径系数检验。运用 SPSS23.0 插件 Process3.4 的常用中介模型 Model-6，设置 Bootstrap 法，其样本量为 10 000，置信区间为 95%。结构方程模型检验结果如表 4 所示。

表 4　结构方程模型检验结果

路径			非标准系数	Boot SE	p	Bootstrap 95%区间		标准化系数
						下限	上限	
感知侵扰性	→	广告回避	0.148 8	0.042 1	***	0.066 2	0.231 4	0.145 9
感知侵扰性	→	愤怒情绪	0.407 2	0.045 9	***	0.317 1	0.497 3	0.344 8
愤怒情绪	→	广告回避	0.112 6	0.035 2	**	0.043 5	0.181 8	0.130 5
感知侵扰性	→	负面认知	0.285 7	0.043 1	***	0.201	0.370 5	0.267 5
负面认知	→	广告回避	0.277	0.038 9	***	0.200 5	0.353 4	0.290 1
愤怒情绪	→	负面认知	0.200 8	0.036 5	***	0.129	0.272 5	0.222

***表示 $p < 0.001$，**表示 $p < 0.01$

检验感知侵扰性影响个性化社交媒体广告回避的直接效应（假设 H_1）和心理抗拒（愤怒情绪和负面认知）在两者之间发挥的中介效应（假设 H_2、H_{2a}、H_{2b}、H_3）。运用 SPSS23.0 插件 Process3.4 的常用中介模型 Model-6，设置 Bootstrap 法，其样本量为 10 000，置信区间为 95%。当中介效应在 Bootstrap 的 95%置信区间内不包含 0，则中介效应显著[76]。模型假设 H_{2a}、H_{2b}、H_3 分别对应三条中介路径 Int_1、Int_2、Int_3。直接效应和中介效应检验结果如表 5 所示：感知侵扰性显著直接影响个性化社交媒体广告回避；愤怒情绪在感知侵扰性与广告回避之间发挥中介作用；负面认知在感知侵扰性与广告回避之间发挥中介作用；愤怒情绪和负面认知在感知侵扰性与广告回避之间发挥链式中介作用。研究结果显示：中介效应最显著的中介路径 Int_2 与最长的中介路径 Int_3，两者的中介效应的比较效应在 95%的置信区间内不包含 0，比较效应存在显著差异，故链式中介作用的存在是有意义的。假设 H_1、H_2、H_{2a}、H_{2b}、H_3 得到验证。

表 5　心理抗拒对感知侵扰性影响广告回避的链式中介效应检验

假设	路径	效应值	Boot SE	Bootstrap 95%区间		相对中介效应占比
				下限	上限	
	总效应	0.296 4	0.040 4	0.217 1	0.375 7	100%
H_1	直接效应	0.148 8	0.042 1	0.066 2	0.231 4	50.20%
H_2	总间接效应	0.147 6	0.025 4	0.100 3	0.199 5	49.80%
H_{2a}	Int_1：PI→A→AA	0.045 9	0.016 2	0.015	0.078 9	15.49%
H_{2b}	Int_2：PI→NC→AA	0.079 1	0.019	0.044 9	0.119 7	26.69%
H_3	Int_3：PI→A→NC→AA	0.022 6	0.006 6	0.011 5	0.037	7.62%
	中介效应比较 1（Int_1- Int_2）	−0.033 3	0.026 7	−0.086 9	0.018 2	
	中介效应比较 2（Int_1- Int_3）	0.023 2	0.018	−0.012 4	0.058 9	
	中介效应比较 3（Int_2- Int_3）	0.056 5	0.018	0.024 6	0.094 1	

注：PI=感知侵扰性；A=愤怒情绪；NC=负面认知；AA=广告回避

5.2.2　感知个性化的调节作用检验

运用 SPSS23.0 插件 Process3.4 执行带调节的中介模型 Model-89，该模型与本研究模型一致。为了便于被调节中介效应的比较分析，对数据进行了标准化处理，运用 Bootstrap 法，将样本量设置为 10 000，置信区间为 95%，选择 M±1SD 的结果输出。上述操作的结果输出可用于检验感知个性化的调节作用。

（1）检验感知个性化是否调节感知侵扰性对广告回避的直接效应。如表 6 所示：当感知个性化取不同值时，感知侵扰性对广告回避的影响存在差异。为了进一步研究感知个性化的调节作用，通过选点法绘制调节作用图，见图 2。假设 H_{4a} 得到验证。

表 6　感知个性化调节感知侵扰性对广告回避的影响检验

感知个性化	感知侵扰性→广告回避	BootSE	Bootstrap 95%区间	
			下限	上限
−1	0.119 6	0.056 4	0.008 8	0.230 3
0	0.102 4	0.040 7	0.022 4	0.182 3
1	0.085 2	0.057 4	−0.027 5	0.197 9

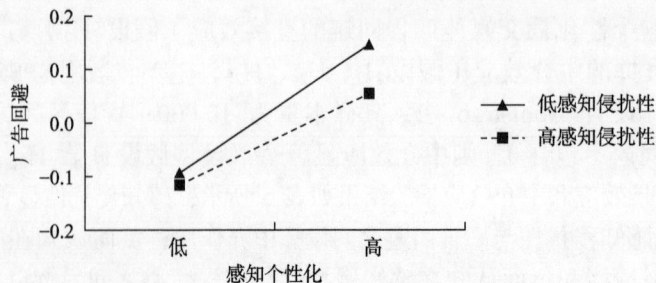

图 2　感知个性化负向调节感知侵扰性对广告回避的影响

（2）检验感知个性化是否调节愤怒情绪在感知侵扰性与广告回避之间的中介效应。根据 Bootstrap 检验输出的结果显示：当感知个性化取为 0、−1、+1 时，对应的中介效应进行两两比较，比较值在 95%置信区间内均包含 0。因此，感知侵扰性经过愤怒情绪影响广告回避的中介效应没有被调节。假设 H_{4b} 未得到验证。

（3）检验感知个性化是否调节负面认知在感知侵扰性与广告回避之间的中介效应。如表 7 所示：当感知个性化取不同值时，中介效应显著性存在差异；当感知个性化取不同值时，对应中介效应的比较值，在 95%置信区间内均不包含 0。综上说明感知个性化能够负向调节负面认知在感知侵扰性与广告回避之间的中介效应。为了更清晰地研究感知个性化的调节作用，研究绘制调节作用图并注明了调节显著性区间，见图 3。假设 H_{4c} 得到验证。

表 7　感知个性化调节负面认知在感知侵扰性与广告回避之间发挥的中介作用的检验

调节变量	中介效应检验				中介效应比较检验					
	中介效应	Boot SE	Bootstrap 95%区间		中介效应 1	中介效应 2	比较值	Boot SE	Bootstrap 95%区间	
			下限	上限					下限	上限
−1	0.135 6	0.028 3	0.082 8	0.192 8	0.079 2	0.135 6	−0.056 4	0.014 1	−0.084 6	−0.029 2
0	0.079 2	0.018 7	0.045	0.117 6	0.022 9	0.135 6	−0.112 7	0.028 3	−0.169 2	−0.058 5
1	0.022 9	0.017 2	−0.007 6	0.060 1	0.022 9	0.079 2	−0.056 4	0.014 1	−0.084 6	−0.029 2

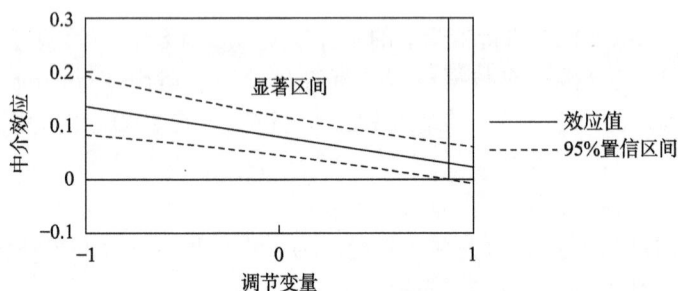

图 3　感知个性化负向调节负面认知在感知侵扰性与广告回避之间的中介效应

检验感知个性化是否调节愤怒情绪和负面认知在感知侵扰性与负面认知之间的链式中介效应。如表 8 所示：在感知个性化取不同值时，中介效应的显著性存在差异；当感知个性化取不同值时，对应中介效应的比较值，在 95%置信区间内均不包含 0。综上说明感知个性化负向调节愤怒情绪和负面认知在感知侵扰性与广告回避之间的链式中介效应。为了清晰研究感知个性化的调节作用，绘制调节作用图并注明了调节显著性区间（图 4）。H_4 得到验证。

表8 感知个性化调节愤怒情绪和负面认知在感知侵扰性与广告回避之间发挥链式中介作用的检验

调节变量	中介效应检验				中介效应比较检验					
	中介效应	Boot SE	Bootstrap 95%区间		中介效应1	中介效应2	比较值	Boot SE	Bootstrap 95%区间	
			下限	上限					下限	上限
−1	0.038 8	0.010 1	0.020 5	0.060 2	0.055 1	0.081 4	−0.026 3	0.009 8	−0.047 2	−0.008 2
0	0.022 7	0.006 3	0.011 5	0.036 3	0.028 8	0.081 4	−0.052 6	0.019 6	−0.094 5	−0.016 4
1	0.006 6	0.005	−0.002 3	0.017 3	0.028 8	0.055 1	−0.026 3	0.009 8	−0.047 2	−0.008 2

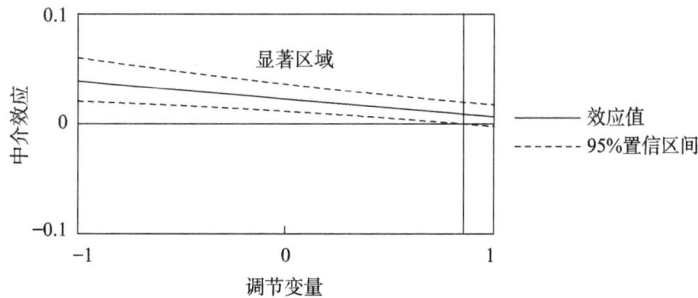

图4 感知个性化负向调节愤怒情绪和负面认知在感知侵扰性与广告回避之间的链式中介效应

综上所述，感知个性化分别负向调节感知侵扰性对广告回避影响的直接效应；负向调节负面认知在感知侵扰性与广告回避之间的中介效应；负向调节愤怒情绪和负面认知在感知侵扰性与广告回避之间的链式中介效应。因此，直接效应、中介效应值相对占比最大的中介效应和链式中介效应均被显著调节。据此推断，感知个性化能够负向调节愤怒情绪和负面认知在感知侵扰性和广告回避之间的链式中介效应。

6 结论与启示

6.1 结论

本文基于心理抗拒理论分析个性化社交媒体广告的感知侵扰性对消费者广告回避的影响，并结合心理抗拒被愤怒情绪和负面认知共同解释的理论基础，构建心理抗拒（愤怒情绪和负面认知）作为中介变量和感知个性化作为调节变量的研究模型。重点探讨愤怒情绪和负面认知在感知侵扰性与广告回避之间是否发挥中介作用，感知个性化通过调节哪条中介路径改变广告回避。研究结果表明：感知侵扰性正向影响广告回避；愤怒情绪及负面认知不仅单独中介了感知侵扰性对广告回避的影响，而且还可以通过链式的远端中介作用发挥影响，起到链式中介作用；感知个性化能够负向调节感知侵扰性对广告回避的影响，以及负向调节负面认知发挥的独立中介作用和链式中介作用。

6.2 理论意义

本文的理论贡献体现在：首先，从消费者的感知、情绪和认知的视角解释个性化社交媒体广告的感知侵扰性与广告回避之间的作用机制，在社交媒体情境下进一步探索个性化广告在消费者的感知侵扰性与广告回避之间存在的中介效应，以及感知个性化如何调节中介效应并最终改变广告回避。一个中介变量和一个调节变量共同构建了消费者在感知侵扰性和广告回避之间采取"中立策略"的逻辑框架，两者的共同作用在理论上能够弱化消费者的广告回避反应，而不至于直接回避广告。以往研究很少关注消费者对个性化社交媒体广告的负面反应[39]，但负面反应当被重视，毕竟消极想法对消极态度的影响程度强于积极想法对积极态度的影响程度[40]。其次，感知个性化并没有显著直接影响广告回避，而是通过改变中介作用缓解广告回避，这个结果与以往研究保持一致[73]，当然，感知个性化的弱效果也验证了之前的研究。但是，本研究结果显示个性化社交媒体广告的感知个性化无法显著改变愤怒情绪在感知侵扰性与认知回避之间的中介效应，这或许是因为感知侵扰性对愤怒情绪的影响较强烈（$\beta=0.344\,8$），但对社交媒体广告而言，这条影响路径更强烈（$\beta=0.54$）[77]，而网络横幅广告和弹出式广告的感知侵扰性对恼怒的影响最强（$\beta=0.688$）[48]。上述情况或许能够被解释为，在正确的时候将正确的信息推送给正确的人，能够缓解广告的感知侵扰性[13]，而本文的研究结果也显示感知个性化能够负向调节直接效应。再次，构建单一前置变量、结果变量和中介变量的模型，能够更好地理解消费者心理抗拒的中介作用机制，同时在愤怒情绪到负面认知的线性模式基础上，尝试构建一个链式中介模型分别探讨两者在模型中的作用，能够为拓展心理抗拒的模式提供线索。最后，通过研究心理抗拒的中介作用和感知个性化的调节作用，证实存在中介变量和调节变量能够共同缓解个性化广告的负面效应，并从缓解消费者的负面反应的视角来探索个性化广告的影响机制，能够为今后的研究提供借鉴。

6.3　管理启示

企业能够借鉴本文研究提高个性化推荐代理在社交媒体的投放和生成个性化广告的积极性能。首先，社交媒体的个性化推荐代理应当输入用户的自主选择，并在显眼位置告知用户可以自主设置个性化，如提供个性化推荐用户指南，帮助消费者选择自己感兴趣的个性化推荐或是准确度更高的个性化推荐，进而影响消费者对个性化广告回避反应的心理机制，有助于提高广告制作和广告投放的成功概率。但是，推荐代理通常默认消费者的选择性暴露倾向于准确性动机，而容易忽视他们的防御性动机，但在消费者处于防御动机情况下比准确性动机更倾向于选择感兴趣的信息而不是高质量的信息[12]。此外，根据 2019 年 9 月 1 日起施行的《中华人民共和国电子商务法》第十八条和 2015 年 9 月 1 日起施行的《中华人民共和国广告法》第十四条的有关规定，电子商务经营者通过大众传播媒介发布广告的，应当显著标明"广告"，与其他非广告信息相区别。2020 年 10 月 1 日实施的《信息安全技术个人信息安全规范》明确须尊重消费者的自主选择权，也可以称之为"被遗忘权"。事实上，个性化广告是社交媒体自动生成还是由消费者自主生成，是由广告主控制还是由消费者自我控制，所导致的心理反应存在差异，这两组因素对广告结果的影响往往很难分别评估[78]。上述问题给依赖于推荐代理获取客户的企业和那些有必要提高个性化广告效果的社交媒体平台带来巨大的挑战，需要以超前的眼光布局能够捕捉和预知消费者认知和情感反应的推荐算法技术。其次，对社交媒体平台而言，难以平衡个性化广告侵扰性成分的数量和广告的个性化程度，两者都能带来积极效果，但并不总是共同作用于积极效果[79]，个性化推荐代理要能够兼顾个性化广告的心理效益（如广告回避）和经济效益（如点击购买），结合消费者导向和平台利润导向构建一套完善的推荐系统，并能够处理两者的权重分配[80]。最后，尽管心理抗拒是一种负面反应，存在于感知侵扰性与认知回避之间，这种负面反应需要一定的时间响应，但这段响应时间如果能够被评估，社交媒体平台就可以将响应时间融合到推荐代理系统中，能够为推荐代理提供非语言线索，从而帮助广告发布者优化推荐策略。

6.4　研究局限和未来展望

本文存在一些不足之处，可以在未来研究中改进。首先，本文的样本来源没有区分社交媒体的类型、特性以及其用户群体特征，仅以年龄进行分层抽样；另外，在调查问卷中没有体现非主流社交媒体。虽然本文的样本能够体现社交媒体的主流用户群体，但在现实中年龄小于 15 岁的群体或许是某些产品和品牌广告的目标受众。未来可以考虑消费者在购物型社交媒体与娱乐型社交媒体上对个性化推荐的态度，结合心理抗拒在性格特征上存在的显著差异[74]，开展个性化社交媒体广告回避研究。其次，本文为了更清晰地揭示心理抗拒的中介作用，仅探讨了心理抗拒和个性化社交媒体广告回避的单一前因变量，在模型中未纳入更多的前因变量。未来可以考虑感知侵扰性之外的其他特性，如感知个性化的利益[81]。最后，本文仅探讨了感知侵扰性与个性化社交媒体广告回避之间的单一中介变量，只考虑了心理抗拒的愤怒情绪（一种特定情绪）对负面认知的影响，而未考虑负面认知对愤怒情绪的影响。未来可以将心理抗拒理论与情绪的认知评价理论相结合，一项实验研究发现认知评价能够降低个体的主观负性感受，并使以皮肤电反应为代表的情绪生理唤起降低[82]。因此，未来可以通过实验的方法研究消费者在个性化广告的先前认知评价与瞬时认知评价两种情境的刺激下，负面情绪产生变化的差异。以此补充说明愤怒情绪与负面认知被用于解释心理抗拒及其结果变量时两者纠缠不清的情况。

参 考 文 献

[1] Gironda J T, Korgaonkar P K. iSpy? Tailored versus invasive ads and consumers' perceptions of personalized advertising[J]. Electronic Commerce Research and Applications, 2018, 29: 64-77.

[2] Brinson N H, Eastin M S, Cicchirillo V J. Reactance to personalization: understanding the drivers behind the growth of ad blocking[J]. Journal of Interactive Advertising, 2018, 18（2）: 136-147.

[3] Tran T P. Personalized ads on facebook: an effective marketing tool for online marketers[J]. Journal of Retailing and Consumer Services, 2017, 39: 230-242.

[4] 中国互联网络信息中心. 第 45 次中国互联网络发展状况统计报告[EB/OL]. http://www.cac.gov.cn/2020-04/27/c_15895 35470378587.htm, 2020-04-28.

[5] Qin X B, Jiang Z B. The impact of AI on the advertising process: the Chinese experience[J]. Journal of Advertising, 2019, 48（4）: 338-346.

[6] Deng S S, Tan C W, Wang W J, et al. Smart generation system of personalized advertising copy and its application to advertising practice and research[J]. Journal of Advertising, 2019, 48（4）: 356-365.

[7] van den Broeck E, Poels K, Walrave M. A factorial survey study on the influence of advertising place and the use of personal data on user acceptance of facebook ads[J]. American Behavioral Scientist, 2017, 61（7）: 653-671.

[8] Chinchanachokchai S, de Gregorio F. A consumer socialization approach to understanding advertising avoidance on social media[J]. Journal of Business Research, 2020, 110（C）: 474-483.

[9] Pfiffelmann J, Dens N, Soulez S. Personalized advertisements with integration of names and photographs: an eye-tracking experiment[J]. Journal of Business Research, 2020, 111: 196-207.

[10] Fransen M L, Verlegh P W J, Kirmani A, et al. A typology of consumer strategies for resisting advertising, and a review of mechanisms for countering them[J]. International Journal of Advertising, 2015, 34（1）: 6-16.

[11] Shanahan T, Tran T P, Taylor E C. Getting to know you: social media personalization as a means of enhancing brand loyalty and perceived quality[J]. Journal of Retailing and Consumer Services, 2019, 47: 57-65.

[12] Hart W, Albarracín D, Eagly A H, et al. Feeling validated versus being correct: a meta-analysis of selective exposure to information[J]. Psychological Bulletin, 2009, 135（4）: 555-588.

[13] Cho C H, Cheon H J. Why do people avoid advertising on the internet[J]. Journal of Advertising, 2004, 33（4）: 89-97.

[14] Bleier A, Eisenbeiss M. The importance of trust for personalized online advertising[J]. Journal of Retailing, 2015,

91（3）：390-409.

[15] Xiao B，Benbasat I. E-Commerce product recommendation agents：use，characteristics，and impact[J]. MIS Quarterly，2007，31（1）：137-209.

[16] Tam K Y, Ho S Y. Understanding the impact of web personalization on user information processing and decision outcomes[J]. MIS Quarterly，2006，30（4）：865-890.

[17] Li X D，Wang C，Zhang Y P. The dilemma of social commerce：why customers avoid peer-generated advertisements in mobile social networks[J]. Internet Research，2020，30（3）：1059-1080.

[18] 中国互联网络信息中心. 第43次中国互联网络发展状况统计报告[EB/OL]. www.cac.gov.cn/2019-02/28/c_1124175677.htm, 2019-02-28.

[19] Li H. Special section introduction：artificial intelligence and advertising[J]. Journal of Advertising, 2019, 48（4）：333-337.

[20] Chen G，Xie P H，Dong J，et al. Understanding programmatic creative：the role of AI[J]. Journal of Advertising, 2019, 48（4）：347-355.

[21] Tudoran A A. Why do internet consumers block ads? New evidence from consumer opinion mining and sentiment analysis[J]. Internet Research, 2019, 29（1）：144-166.

[22] Baek T H, Morimoto M. Stay away from me：examining the determinants of consumer avoidance of personalized advertising[J]. Journal of Advertising, 2012, 41（1）：59-76.

[23] Shen A. Recommendations as personalized marketing：insights from customer experiences[J]. Journal of Services Marketing, 2014, 28（5）：414-427.

[24] Li H，Edwards S M，Lee J. Measuring the intrusiveness of advertisements：scale development and validation[J]. Journal of Advertising, 2002, 31（2）：37-47.

[25] Speck P S，Elliott M T. Predictors of advertising avoidance in print and broadcast media[J]. Journal of Advertising, 1997, 26（3）：61-76.

[26] Tang J，Zhang P，Wu P F. Categorizing consumer behavioral responses and artifact design features：the case of online advertising[J]. Information Systems Frontiers, 2015, 17（3）：513-532.

[27] Schreiner T，Rese A，Baier D. Multichannel personalization：identifying consumer preferences for product recommendations in advertisements across different media channels[J]. Journal of Retailing and Consumer Services, 2019, 48：87-99.

[28] 陈梅梅，刘利梅，施驰玮，等. 推荐规模对个性化推荐系统用户决策的影响研究[J]. 南开管理评论，2020，23（1）：180-188.

[29] Bleier A，Eisenbeiss M. Personalized online advertising effectiveness：the interplay of what, when, and where[J]. Marketing Science, 2015, 34（5）：669-688.

[30] Siddarth S，Chattopadhyay A. To zap or not to zap：a study of the determinants of channel switching during commercials[J]. Marketing Science, 1998, 17（2）：124-138.

[31] Wiese M，Martínez-Climent C，Botella-Carrubi D. A framework for facebook advertising effectiveness：a behavioral perspective[J]. Journal of Business Research, 2020, 109（C）：76-87.

[32] Moreira P，Cunha D，Inman R A. Addressing a need for valid measures of trait reactance in adolescents：a further test of the Hong psychological reactance scale[J]. Journal of Personality Assessment, 2020, 102（3）：357-369.

[33] Dillard J P，Shen L J. On the nature of reactance and its role in persuasive health communication[J]. Communication Monographs, 2005, 72（2）：144-168.

[34] Rains S A, Turner M M. Psychological reactance and persuasive health communication: a test and extension of the intertwined model[J]. Human Communication Research, 2007, 33（2）: 241-269.

[35] 刘建新, 李东进. 产品稀缺诉求影响消费者购买意愿的并列多重中介机制[J]. 南开管理评论, 2017, 20（4）: 4-15.

[36] Sojka J Z, Giese J L. Communicating through pictures and words: understanding the role of affect and cognition in processing visual and verbal information[J]. Psychology and Marketing, 2006, 23（12）: 995-1014.

[37] Quick B L, Stephenson M T. Further evidence that psychological reactance can be modeled as a combination of anger and negative cognitions[J]. Communication Research, 2007, 34（3）: 255-276.

[38] Youn S, Kim S. Understanding ad avoidance on facebook: antecedents and outcomes of psychological reactance[J]. Computers in Human Behavior, 2019, 98: 232-244.

[39] Setyani V, Zhu Y Q, Hidayanto A N, et al. Exploring the psychological mechanisms from personalized advertisements to urge to buy impulsively on social media[J]. International Journal of Information Management, 2019, 48: 96-107.

[40] Maslowska E, Smit E G, van den Putte B. It is all in the name: a study of consumers' responses to personalized communication[J]. Journal of Interactive Advertising, 2016, 16（1）: 74-85.

[41] Tang J, Zhang P, Wu P F. Categorizing consumer behavioral responses and artifact design features: the case of online advertising[J]. Information Systems Frontiers, 2015, 17（3）: 513-532.

[42] van Doorn J, Hoekstra J C. Customization of online advertising: the role of intrusiveness[J]. Marketing Letters, 2013, 24（4）: 339-351.

[43] Li C. When does web-based personalization really work? The distinction between actual personalization and perceived personalization[J]. Computers in Human Behavior, 2016, 54: 25-33.

[44] Hamby A, Ilyuk V. A wolf in sheep's clothing: how humanized, retargeted ads intrude in social contexts[J]. Journal of Consumer Affairs, 2018, 53（3）: 1167-1191.

[45] Li H, Luo X R, Zhang J, et al. Resolving the privacy paradox: toward a cognitive appraisal and emotion approach to online privacy behaviors[J]. Information & Management, 2017, 54（8）: 1012-1022.

[46] Seyedghorban Z, Tahernejad H, Matanda M J. Reinquiry into advertising avoidance on the internet: a conceptual replication and extension[J]. Journal of Advertising, 2015, 45（1）: 120-129.

[47] Pappas I O, Kourouthanassis P E, Giannakos M N, et al. Sense and sensibility in personalized e-commerce: how emotions rebalance the purchase intentions of persuaded customers[J]. Psychology & Marketing, 2017, 34（10）: 972-986.

[48] Edwards S M, Li H, Lee J. Forced exposure and psychological reactance: antecedents and consequences of the perceived intrusiveness of pop-up ads[J]. Journal of Advertising, 2002, 31（3）: 83-95.

[49] van den Broeck E, Zarouali B, Poels K. Chatbot advertising effectiveness: when does the message get through?[J]. Computers in Human Behavior, 2019, 98: 150-157.

[50] 王艳萍, 程岩. 在线用户对弹出式广告的心理抗拒分析[J]. 工业工程与管理, 2013, 18（1）: 71-77.

[51] Jankowski J, Hamari J, Wątróbski J. A gradual approach for maximising user conversion without compromising experience with high visual intensity website elements[J]. Internet Research, 2019, 29（1）: 194-217.

[52] 牟宇鹏, 吉峰. 微商推送信息行为对消费者接受意愿的影响[J]. 经济与管理, 2017, 31（6）: 62-69.

[53] Kaltwasser L, Moore K, Weinreich A, et al. The influence of emotion type, social value orientation and processing focus on approach-avoidance tendencies to negative dynamic facial expressions[J]. Motivation and Emotion, 2017, 41（4）: 532-544.

[54] Mackintosh B，Mathews A. Don't look now：attentional avoidance of emotionally valenced cues[J]. Cognition and Emotion，2003，17（4）：623-646.

[55] Duff B R L，Faber R J. Missing the mark：advertising avoidance and distractor devaluation[J]. Journal of Advertising，2011，40（2）：51-62.

[56] Veling H，Holland R W，van Knippenberg A. Devaluation of distracting stimuli[J]. Cognition & Emotion，2007，21（2）：442-448.

[57] McCoy S，Everard A，Galletta D F，et al. Here we go again! The impact of website ad repetition on recall，intrusiveness，attitudes，and site revisit intentions[J]. Information & Management，2017，54（1）：14-24.

[58] Fitzsimons G J，Lehmann D R. Reactance to recommendations：when unsolicited advice yields contrary responses[J]. Marketing Science，2004，23（1）：82-94.

[59] Ham C. Exploring how consumers cope with online behavioral advertising[J]. International Journal of Advertising，2017，36（4）：632-658.

[60] Riedel A S，Weeks C S，Beatson A T. Am I intruding? Developing a conceptualisation of advertising intrusiveness[J]. Journal of Marketing Management，2018，34（9/10）：750-774.

[61] Buck R，Anderson E，Chaudhuri A，et al. Emotion and reason in persuasion：applying the ARI model and the CASC scale[J]. Journal of Business Research，2004，57（6）：647-656.

[62] Gable P A，Poole B D，Harmon-Jones E. Anger perceptually and conceptually narrows cognitive scope[J]. Journal of Personality and Social Psychology，2015，109（1）：163-174.

[63] Savine A C，Beck S M，Edwards B G，et al. Enhancement of cognitive control by approach and avoidance motivational states[J]. Cognition & Emotion，2010，24（2）：338-356.

[64] Poels K，Dewitte S. The role of emotions in advertising：a call to action[J]. Journal of Advertising，2019，48（1）：81-90.

[65] Kim S，Levine T R，Allen M. The intertwined model of reactance for resistance and persuasive boomerang[J]. Communication Research，2014，44（7）：931-951.

[66] Fransen M L，Smit E G，Verlegh P W J. Strategies and motives for resistance to persuasion：an integrative framework[J]. Frontiers in Psychology，2015，6：1201-1212.

[67] Huang G X. Variation matters：how to curb ad intrusiveness for native advertising on facebook，twitter，and instagram[J]. Internet Research，2019，29（6）：1469-1484.

[68] 李研，黄苏萍，李东进. 被迫好评情景下消费者后续行为意愿研究[J]. 管理科学，2017，30（5）：17-27.

[69] Youn S，Kim S. Newsfeed native advertising on facebook：young millennials' knowledge，pet peeves，reactance and ad avoidance[J]. International Journal of Advertising，2019，38（5）：651-683.

[70] Dodoo N A，Wen J T. A path to mitigating SNS ad avoidance：tailoring messages to individual personality traits[J]. Journal of Interactive Advertising，2019，19（2）：116-132.

[71] Boerman S C，Kruikemeier S，Borgesius F J Z. Online behavioral advertising：a literature review and research agenda[J]. Journal of Advertising，2017，46（3）：363-376.

[72] Quick B L，LaVoie N R，Reynolds-Tylus T，et al. Examining mechanisms underlying fear-control in the extended parallel process model[J]. Health Communication，2018，33（4）：379-391.

[73] Tran T P. Personalized ads on facebook：an affective marketing tool for online marketers[J]. Journal of Retailing and Consumer Services，2017，39：230-242.

[74] Hong S，Faedda S. Refinement of the Hong psychological reactance scale[J]. Educational and Psychological

Measurement，1996，56（1）：173-182.

[75] 李召敏，赵曙明. 劳资关系氛围五维度对员工心理安全和工作嵌入的影响——基于中国广东和山东两地民营企业的实证研究[J]. 管理评论，2017，29（4）：108-121.

[76] 谢康，谢永勤，肖静华. 消费者对共享经济平台的技术信任：前因与调节[J]. 信息系统学报，2018，19（1）：1-14.

[77] Youn S，Kim S. Understanding ad avoidance on facebook：antecedents and outcomes of psychological reactance[J]. Computers in Human Behavior，2019，98：232-244.

[78] van den Broeck E，Poels K，Walrave M. How do users evaluate personalized facebook advertising? An analysis of consumer and advertiser controlled factors[J]. Qualitative Market Research：An International Journal，2020，23（2）：309-327.

[79] Lodish L M，Reed A. Commentary-when is less more，and how much more? Thoughts on the psychological and economic implications of online targeting and obtrusiveness[J]. Marketing Science，2011，30（3）：405-408.

[80] Li L S，Chen J Q，Raghunathan S. Recommender system rethink：implications for an electronic marketplace with competing manufacturers[J]. Information Systems Research，2018，29（4）：1003-1023.

[81] Pappas I O，Kourouthanassis P E，Giannakos M N，et al. Sense and sensibility in personalized e-commerce：how emotions rebalance the purchase intentions of persuaded customers[J]. Psychology & Marketing，2017，34（10）：972-986.

[82] 原琳，彭明，刘丹玮，等. 认知评价对主观情绪感受和生理活动的作用[J]. 心理学报，2011，43（8）：898-906.

Research on the Influence Mechanism of Personalized Advertising in Social Media on Consumers' Advertising Avoidance

LUO Jiang，FAN Tingrui，MIAO Miao

（School of Economic and Management，Southwest JiaoTong University，Chengdu 610031，China）

Abstract The artificial intelligence based on data processing make personalized social media advertising is more in line with consumer preferences，but this is still not eliminate some problems about consumer's perceived intrusiveness and advertising avoidance to advertising. Such as the introduction of psychological reactance（anger and negative cognitive）as mediator，and personalized perception as a moderator，build the structural equation model of perceived intrusiveness affect advertising avoidance to advertising. Using AMOS23.0 and SPSS Process3.4 plugin test the model. The results show that perceived intrusiveness positively influence on advertising avoidance；anger plays a mediating role between perceived intrusiveness and advertising avoidance；negative cognition plays an mediating role between perceived intrusiveness and advertising avoidance；anger and negative cognition act as a chain mediator between perceived intrusiveness and advertising avoidance. Perceived personalization can moderate the influence of perceived intrusiveness on advertising avoidance. Perceived personalization can moderate the chain mediating effect of negative cognition and anger.

Keywords perceived intrusiveness，perceived personalization，psychological reactance，advertising avoidance

作者简介

罗江（1984—），男，西南交通大学经济管理学院 2019 级博士研究生，研究方向为信息系统、消费者行为，E-mail：Luojiang@my.swjtu.edu.cn。

范婷睿（1999—），女，西南交通大学经济管理学院 2021 级硕士研究生，研究方向为信息系统、管理科学，E-mail：fantingrui128@163.com。

苗苗（1980—），女，西南交通大学经济管理学院，教授，博士，硕士生导师，研究方向为电子商务、消费者行为，E-mail：miaomiao@swjtu.edu.com。

智慧健康产品试用中好奇与信念两者不同作用机制的分析与比较[*]

孙凯¹，左美云²，孔栋³，吴一兵⁴

（1. 山东财经大学管理科学与工程学院，山东 济南 250014；

2. 中国人民大学信息学院智慧养老研究所，北京 100872；

3. 信阳师范学院商学院，河南 信阳 464000；

4. 北京易飞华通科技开发有限公司，北京 100044）

摘　要　产品试用是促进智慧健康产品推广和采纳的重要方式。但是试用前广告引发的好奇和信念效果往往呈现反向变化。因此，分析好奇和信念在吸引消费者参与和产品评价时谁将发挥主要作用是一个重要问题。本文以大学生为样本，采用实验室实验方法，通过两个研究发现：①相比于信念，消费者的好奇对试用智慧健康产品的参与意愿有更强的影响；②相比于好奇，消费者试用智慧健康产品前的信念对试用后信念有更强的影响。

关键词　好奇，信念，产品试用，实验室实验，智慧健康

中图分类号　C931.6

1　引言

随着自我健康管理理念的深入人心，越来越多的人开始追求在家庭等非医疗场景下对自己和他人健康状态的检测[1, 2]。受益于信息技术的快速发展，各种各样的智慧健康产品层出不穷，如家用大脑状态、心肺状态检测设备等。这些智慧健康产品作为健康信息系统的前端设备，在大数据、云计算等技术的支持下，能够向消费者提供专业化、个性化的服务。例如，大脑状态检测设备可以实时获取和分析用户的脑电数据，告知用户其当前的大脑疲劳、专注等状态，以及记忆、放松等大脑能力。

不确定性是这些智慧健康产品推向市场的主要障碍[3]。这些产品创新性强，顾客在体验之前无法明确新产品能够带来何种具体价值，有时也难以想象它们的实用性和使用效果[4]。因为在许多智慧健康产品试用情境下，消费者对这些产品都缺乏基本的了解，甚至可能事前都不知道有这类产品可以解决自己的健康问题。这些不确定性往往会导致消费者无法对该产品形成一个较好的态度，进而降低了他们采纳和使用产品的意愿[5]。对于那些打算购买或者对产品感兴趣的消费者，因为缺乏直接的一手体验，所以他们在现实生活中常常会犹豫不决，需要对产品进行反复查看。

为了应对这一问题，许多智慧健康产品公司开始通过产品试用即邀请消费者免费体验的方式，提高消费者对产品的理解和接受。他们在社区、购物中心等场所举行免费产品试用活动，通过海报等广告方式的宣传吸引消费者亲自使用产品并体验该产品所承载的各种服务。通过亲自参与产品试用，消

---

* 基金项目：2019 年教育部哲学社会科学研究重大课题攻关项目（19JZD021）、国家自然科学基金资助项目（71771210）。

通信作者：左美云，中国人民大学信息学院智慧养老研究所，教授、博士生导师，E-mail：zuomy@ruc.edu.cn。

费者可以得到更多的产品信息，更好地了解该产品的功能和作用；最终降低了不确定性，并对产品形成较好的态度和购买意愿[6, 7]。

产品试用是采纳研究的重要组成部分[8]。试用是消费者第一次亲自使用产品，是后续消费者采纳决策制定的基础[9]。在试用过程中，由于消费者可以亲自使用产品，他们可以直接感受该产品的有用性、易用性等特征[10]。企业也可以在试用活动中控制相关因素，更好地向消费者推广产品和帮助消费者了解产品[8]。

一般来说，智慧健康产品试用活动包括两个关键环节：①公司首先在试用前使用广告来吸引潜在消费者参加试用；②当消费者到达后，通过试用活动提高消费者对产品的态度[11, 12]。在吸引消费者参与试用方面，试用前广告具有如下两项功能：①提高消费者对试用的好奇；②提高消费者对产品的信念（例如，提高消费者对产品有用性和易用性方面的评价）[6]。试用前广告中的信息缺口（information gap）对消费者的好奇和信念有至关重要的影响[6]。如果消费者在试用前广告中接收到更全面的产品信息，他们对产品的好奇会降低[13]，但是对于产品的信念可能会提高[14]。因此，试用前广告中的信息缺口对好奇和信念的影响是相互冲突的。虽然好奇和信念都是影响消费者试用参与决策的重要因素[11, 15]，但是试用前广告引发的好奇和信念效果的变化方向相反。在这种冲突情境下，消费者的试用活动参与决策如何制定呢？也就是说，在使用广告吸引消费者参与试用时，好奇和信念谁是更重要的因素？

在试用过程中，试用前的广告信息也是影响消费者试用后产品评价的重要因素[16]。有些学者发现广告中的信息可以作为试用后产品评价的参考点[17]，由试用前广告引发的积极影响能够导致消费者在试用后给予产品正面评价[16]。但是还有些学者提出了不一致的看法。他们认为，来自试用前广告中的信息可信度较低[6]。产生于这种低可信度信息中的好奇和信念只会影响消费者参与试用的决策。在产品试用之后，消费者通过与产品的直接互动能够获得更加可信的产品信息。此时，消费者对产品的评价主要受到这些可信信息的影响[6]。由于广告可以在试用之前引发消费者的好奇和信念，那么这些好奇和信念是否可以影响消费者试用之后对产品的评价？如果可以，好奇和信念哪个将发挥主要作用？

综上所述，本文提出如下研究问题：试用前的好奇和信念在消费者试用前和试用后分别具有哪些不同的作用机制？具体来说，我们将通过两项研究，分别探索由试用前广告引发的好奇和信念对消费者试用参与意愿（研究 1）以及试用后产品评价（研究 2）的不同影响机制，重点分析在试用两个阶段下好奇和信念谁将发挥主要作用。

2　相关研究评述

2.1　整合信息响应模型

Smith 和 Swinyard 提出的整合信息响应模型（integrated information response model，IIRM）解释了广告影响产品试用的机制[6]（图 1）。在这个模型中，由于消费者认为商家试图利用广告来操纵他们对产品的评价，所以他们不能完全信任和接受广告中的信息。因为低信息接受度可能会导致消费者无法对产品进行全面和深入的认知评价，从而使得他们对产品的信念强度（beliefs strength）和情感强度（affect strength）较低，产生低阶信念（lower-order beliefs）和低阶情感（lower-order affect）。信念强度是指消费者对产品属性判断的认知程度；情感强度是指消费者情感状态的程度。低信念是指消费者对产品的信念强度较低；低阶情感是指消费者对产品的情感强度较低。Smith 和 Swinyard 认为低阶情感主要表现为好奇[6]。这些信念和情感只会影响消费者参与试用的决策。在产品试用期间，消费者可以触摸、使用并与商店中的产品进行更深入的交互。基于这些直接经验，消费者可以对产品进行更加全面的认知，产品信念强度更高，产生高阶信念（higher-order beliefs）。这些信念可以进一步促进消费者的情感强度，产生高阶情感（higher-order affect）（例如，对产品形成明显的好恶感受）[18]，进而影响消费者的购买意愿[19, 20]。

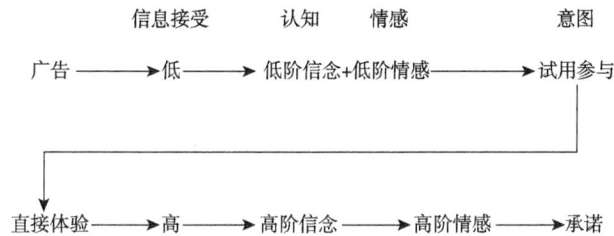

图 1　整合信息响应模型[6]

从图 1 可以看出，Smith 和 Swinyard 没有区分试用前好奇和信念对消费者试用参与的不同影响。他们只是把情感和信念结合在一起，探索它们的整体效果。正如我们在引言部分所讨论的，好奇和信念的产生基础是相互矛盾的，因为它们需要不同数量的信息。因此，当企业在设计试用前广告时，整合信息响应模型可能会让他们感到困惑，因为他们并不清楚哪个因素更加重要。

另外，整合信息响应模型认为试用前情感和信念与试用后的情感和信念之间没有直接关系。Smith 和 Swinyard 认为与亲自试用产品相比，消费者从广告中得到的信息有限且可信度较低。因此，当消费者亲自试用产品之后，他们将主要使用试用后得到的详细信息评价产品。基于此，Smith 和 Swinyard 认为试用前广告引起的消费者认知和情感是低等级的，并不会影响到试用之后的认知和情感。然而，研究发现情感和信念不仅会影响消费者参与的可能性，还会影响消费者在试用期内和试用期后的行为和评价过程[17]。但是，在以往的研究中，学者并没有分析哪一种因素在影响消费者产品评价时起主要作用。因此，在本文中，我们将试图分析试用前好奇和信念的不同效果，以弥补以往研究的不足。

2.2　好奇和信念

好奇和信念在产品试用中起着重要作用[15]。好奇是指"对产品的附加信息表示出兴趣的陈述……如果目的是诚实地询问更多信息，那就是好奇陈述"[6]。好奇能够对随后的决策过程产生重大影响[13, 21]。Loewenstein 提出了对好奇的综合解释，认为信息缺口会导致好奇[13]。信息缺口是指一个人已经知道的和他希望知道的之间的差异。当人们遇到信息缺口时，他们有内在的动机去获取更多的信息来弥补缺口。

在广告中，好奇的力量经常被营销人员利用，来唤起消费者试图获取更多信息的渴望[22, 23]。根据 Menon 和 Soman 的研究，对产品产生更多的好奇会导致更多的信息搜索行为[24]。"好奇和兴趣表明消费者对产品消费的预期收益和强烈的接近倾向，这也可以转化为更强的购买意愿"[15]。Hill 等假设好奇是一种积极的情感，能够导致消费者随后对产品给出更加积极的评价[25]。然而，其他一些研究认为，好奇是一种中性的情感状态，只与主动唤醒有关（例如，更深层的信息搜索）[26]。Adya 和 Mascha 同意这一观点，他们表示深入的信息搜索可能会让消费者发现产品的更多缺点或者消极方面[27]。因此，好奇的影响仍然不确定。

信念是指消费者对产品的认知评价，是对产品关键属性感知的判断[6]。它们是根据消费者获得的信息形成的[14]。因此，有些研究者声称，如果消费者能够从可靠的来源获得更多的信息，他们将形成更坚定的信念[11, 14]。在现有的关于产品试用和信息系统采纳的研究中，感知有用性和感知易用性被认为是决定产品采纳可能性的最重要的信念因素[28, 29]。感知有用性被定义为个体相信使用系统将帮助他或她获得收益的程度[30]。如果一位消费者认为她/他可以从使用该产品中获得好处，那么他/她很可能希望购买该产品。感知易用性指的是个体认为使用某一系统不费力的程度[31]。如果消费者不必花费太多精力来使用产品，他们会对产品感到满意。

信息缺失引起消费者的好奇，但是会导致消费者的信念具有不确定性。虽然以往的研究已经证明好奇和信念在产品试用过程中能够发挥重要的作用，但是当使用同一个信息源宣传产品试用活动时，商家可能面临无法同时实现消费者高好奇和高信念，需要二选一的情境。此时，我们并不清楚好奇和信念哪一个因素在吸引消费者参与试用活动，以及试用后对产品评价时将发挥主要作用。因此，本文将分析好奇和信念在产品试用前（吸引消费者参与试用）和试用后（消费者评论产品）中的不同作用。

3　研究假设

3.1　研究 1：试用前好奇和信念与试用参与

好奇是指消费者对产品及其功能的学习欲望[13, 15]，是决策和购买行为的一个强有力的影响因素[21]。Menon 和 Soman 发现，对产品更强的好奇将导致更加全面的信息搜索行为[24]。换句话说，好奇的人可能会花更多的精力去寻找信息[15]。因此，越是好奇的消费者，他们就越有可能加入试用以获取更多的信息。

产品信念是影响消费者是否会进一步与产品进行互动的重要因素[28]。信念是衡量消费者对产品认知评价的一个指标[6]。高阶信念意味着人们对产品有更高的评价和认可。因此，如果人们认为试用该产品是有价值的（使用该产品是有用的和该产品是简单易用的），他们就有可能参加产品试用。

产品试用是消费者第一次与产品进行互动[9]。根据整合信息响应模型，在亲自试用产品之前，消费者虽然能够通过广告等信息源获得产品信息，但是此时他们对产品所知有限[6]。当面对创新性更强的产品时，消费者可能无法明确新产品能够带来何种具体价值；有时也难以想象它们的实用性、使用效果；使用这款产品与自身的关联性[4]。虽然消费者可能通过阅读广告等信息产生较高的有用性和易用性感知，但是缺乏亲自互动和低信源可信性等原因导致的不确定性可能会降低信念对参与意愿的影响[5]。

因此，我们提出如下假设：

H_1：相比于信念，消费者的好奇对试用智慧健康产品的参与意愿有更强的影响。

3.2　研究 2：试用前好奇和信念与试用后评价

尽管好奇可以让人们在试用中深入参与到与产品的互动中，但它是一种中性的影响，不会直接影响人们的产品评价（例如，他们是否喜欢产品）。换句话说，好奇只与主动唤醒（例如，更深入的信息搜索）有关[26]。随着消费者更加深入地与产品进行互动，他们也更有可能发现产品的优点或者缺陷。因为并不能保证最终消费者会发现产品好的一面还是差的一面，所以好奇与最终产品评估没有直接关系[21]。

消费者可以根据广告中的信息建立他们的试用前信念。试用前信念可以作为试用后产品评价的参考点[17]。一方面，试用后消费者对产品的评价可以以试用前的产品信念为基础。根据 Bhattacherjee 和 Premkumar 的观点，试用后的产品评价是一个以试用前信念和实际使用经验为参数的函数[32]。最终的产品评价以试用前的信念为基础，通过实际使用获得的信息对信念与现实之间的差异进行调整。另一方面，试用前广告中的信念判断可以指导消费者在试用中的行为。Kempf 和 Laczniak 发现，消费者可以在试用过程中有的放矢地验证他们在广告中得到的信息[11]。这可以帮助消费者更好地理解产品的特殊性和价值。因此，相比没有阅读试用前广告的消费者来说，阅读了试用前广告的消费者在亲自试用产品之后对产品有更高好的态度[11]。

因为个人与产品的直接互动比试用前广告更可能提供可靠的信息[16]，所以消费者可以在试用后对产品产生高阶的信念。Kum 和 Lee 发现，与产生自试用前广告中的信念相比，高阶信念对产品评价过程的影响更大[12]。因此，产品试用的参与者可能会更加关注由产品互动所产生的信念[6]，而忽略产生自试用前广告中的信念。

根据整合信息响应模型，消费者的信念对他们的态度有显著影响[6]。产品态度被定义为"用户对产品可取性的评价"[33]。当消费者对产品有更坚定的信念时，他们往往对产品有更好的态度[18, 34]。

因此，我们提出如下假设：

H_2：相比于好奇，消费者试用智慧健康产品前的信念对试用后信念有更强的影响。

H_3：消费者试用智慧健康产品后的信念正向影响产品态度。

4 研究设计

在本文研究中，我们的目标是分析好奇和信念在试用过程中的不同作用。为了对研究模型进行实证检验，我们进行了实验室实验（laboratory experiment），通过调查问卷收集了相关数据。研究样本由受邀参加脑电图产品试用的大学生组成。该产品能够检测用户的大脑活动，如疲劳程度、睡眠状况等。选择该产品是因为它具有高度的创新性和学生不熟悉的特点。根据我们的数据，37.4%的学生表示从未听说过这种产品；有48.6%的学生不了解这种产品的工作原理。根据相关研究[13]，好奇和信念的产生受到广告中披露的信息缺失水平的影响。通过合作企业的长期观察，产品的功能描述是消费者最关注的信息。因此，我们认为在实验材料中隐藏该信息可以导致较大的信息缺口。因此，我们设计了两个不同的广告。在第一个广告中（高信息缺口），我们只提供了有关产品外观、安全性和使用方式等信息。在第二个广告中（低信息缺口），我们还解释了该产品可以做什么，以及完成试用所需的时间等（详情可见图 2）。虽然我们对该组被试展示了产品功能等重要信息，但是广告的信息展示能力有限，依然可能存在信息缺口，所以我们将该组称为低信息缺口组。

4.1 实验过程

在实验中，我们首先向八个不同班级的大学生展示了我们的实验前广告。在其中四个班级中（随机选择），我们使用高信息缺口广告，而在其他四个班级中使用低信息缺口广告。阅读试用前广告之后，我们要求学生填写问卷，测量他们对产品的好奇和信念。作为问卷的一部分，我们也要求他们说明是否愿意参加试用（用于研究 1）。然后愿意参加试用的学生可以到我们的实验室试用这台设备。试用结束后，他们被要求完成另一份问卷，测量他们对试用后产品的信念和态度（用于研究 2）。

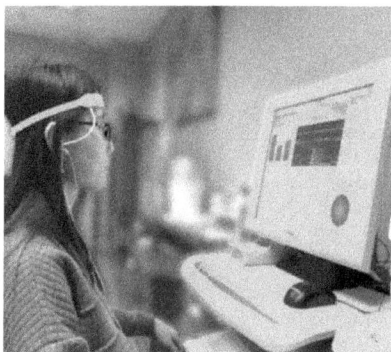

脑状态检测，欢迎您的参加

在检测过程中，您会戴上图中被试者头部所佩戴的传感器，这样大脑活动所产生的信息就会被传感器捕捉到并记录在测试仪器当中。请各位放心，传感器就像体温计一样，仅仅起到一个测量的作用，并不会对您的大脑产生任何影响和干扰。测试的时间不会很长，6 分钟就可以完成。测试后我们会向您出具纸质的检测报告，报告仅由您个人留存。测试现场会有专业人员为您个人单独解读检测报告。

（a）高信息缺口广告

脑状态检测，欢迎您的参加

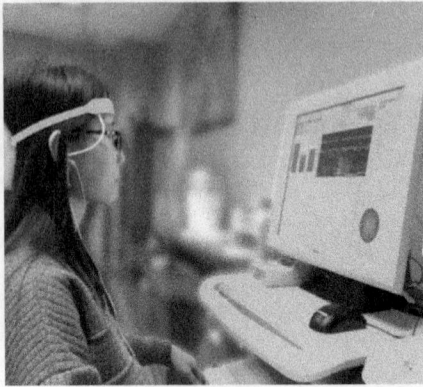

在检测过程中，您会戴上图中被试者头部所佩戴的传感器，这样大脑活动所产生的信息就会被传感器捕捉到并记录在测试仪器当中。请各位放心，传感器就像体温计一样，仅仅起到一个测量的作用，并不会对您的大脑产生任何影响和干扰。测试的时间不会很长，6 分钟就可以完成。测试后我们会向您出具纸质的检测报告，报告仅由您个人留存。测试现场会有专业人员为您个人单独解读检测报告。

【脑状态检测的作用】

了解睡眠情况

- 入睡快慢——睡前习惯是否不够健康导致不能快速入睡？
- 睡眠深度——睡眠的时间不短，还是觉得困？
- 调整生活习惯，保障身体健康！

了解情绪状态

- 是否存在焦虑、抑郁、愤怒、紧张等不良负向情绪？
- 提早干预，避免因情绪变化而影响工作、生活、健康！

明晰用脑习惯

- 了解左右脑使用情况
- 改善不良用脑习惯

明确大脑能力

- 用脑效率
- 记忆能力
- 大脑反应速度
- 专注能力
- 有针对性地进行改善训练

掌握大脑疲劳程度

- 大脑当前是否存在过劳情况？
- 避免因透支脑能量而导致严重后果！
- 身心的压力（生理压力、心理压力）情况怎样？

（b）低信息缺口广告

图 2　试用前广告

4.2　实验参与者

与研究样本相关的人口统计信息见表 1。在研究 1 中，我们向 179 名就读于中国北京一所大学的学生展示了我们的试用前广告。样本由 64 名男生（35.8%）和 115 名女生（64.2%）组成。这些学生大多 19 至 21 岁，就读于新闻与传播学院、国际关系学院或者信息学院。在样本中，126 名学生（70.4%）表示他们愿意亲自试用这款产品。样本中有两位学生在研究 1 中表示不愿意参与实验，但是在研究 2 中参与了实验。为了排除参与意愿变化导致的不可控因素，我们在研究 2 的分析中剔除了这两个样本。最终分析样本是 51 个。在研究 2 中，51 名最终参与试用的样本由 24 名男性（47.1%）和 27 名女性（52.9%）组成。试用参与者大多 20 至 21 岁。在表 1 中，N_1 和 N_2 分析表示在研究 1 和研究 2 中各指标对应的人数。N_2/N_1 表示对应指标下研究 2 中样本数量占研究 1 中样本数的百分比。

表 1 样本统计信息

项目		研究 1		研究 2		
		N_1	占比	N_2	占比	N_2/N_1
性别	男	64	35.8%	24	47.1%	37.5%
	女	115	64.2%	27	52.9%	23.5%
年龄	24	2	1.1%	1	1.9%	50.0%
	23	1	0.6%			0.0
	22	6	3.4%	6	11.8%	100.0%
	21	83	46.4%	21	41.2%	25.3%
	20	74	41.3%	21	41.2%	28.4%
	19	13	7.3%	2	3.9%	15.4%
学院	新闻与传播学院	77	43.0%	21	41.2%	29.9%
	国际关系学院	47	26.3%	10	18.9%	21.3%
	信息学院	28	15.6%	6	11.3%	21.4%
	其他	27	15.1%	14	26.4%	51.9%
是否愿意参加产品试用?	是	126	70.4%	51	100%	40.5%
	否	53	29.6%			
是否最终参与了产品试用?	是	53	29.6%			
	否	126	70.4%			
广告	低信息缺口广告组	99	55.3%	31	60.8%	31.3%
	高信息缺口广告组	80	44.7%	20	39.2%	25.0%

5 研究 1：试用前好奇和信念与试用参与

5.1 测量

本文使用了从"完全不同意"到"完全同意"的 Likert 七级量表。所有的测量工具均借鉴已经发表的相关研究。除了表 2 中所列的核心构念之外，我们还测量了其他相关信息，如性别、年龄、学院、熟悉程度（即参与者是否听说过该产品）等。这些变量将在模型分析中作为控制变量。

表 2 测量问项

构念	问项	来源
好奇	1. 我对这个产品非常好奇 2. 我对阅读更多关于本产品的信息非常有兴趣 3. 我对在商店里试用这个产品非常感兴趣	[24]
感知有用性	1. 我认为使用本产品有助于了解我的健康状况 2. 我认为使用本产品有助于我的健康生活 3. 我认为使用这个产品对我的健康有帮助	[26]

续表

构念	问项	来源
感知易用性	1. 我认为与产品的互动是清晰易懂的 2. 我认为与产品的互动不需要我太多的脑力劳动 3. 我觉得和产品的互动很容易	[29]
试用参与意愿	1. 愿意参与　　2. 不愿意参与	自编

5.2　实验操控

由于实验的目的是通过广告设计模拟消费者好奇和信念效果呈相反方向变化的情境，所以为了验证实验是否成功，我们针对"高信息缺口广告组"和"低信息缺口广告组"的好奇和信念进行了独立样本 T 检验。通过比较两组中好奇和信念的差异来验证实验模拟的有效性。数据分析结果表明，两组在好奇（$T=2.346$，$p=0.019$）和信念（$T=-2.301$，$p=0.023$）等方面均存在显著差异。在高信息缺口广告组中，学生的好奇更强，但信念较低；而在低信息缺口广告组中，好奇较弱，但信念较强。分析结果表明，在我们的实验中，被试的好奇和信念效果总体上呈现了相反方向的变化。

为了验证实验随机分组的有效性，我们使用独立样本 T 检验分析高信息缺口组和低信息缺口组学生基本信息之间的差异。分析结果表明，两组学生在年龄（$T=1.470$，$p=0.143$）、性别（$T=-0.673$，$p=0.502$）、学院（$T=1.095$，$p=0.275$）和产品熟悉程度（$T=-0.192$，$p=0.846$）之间均无显著性差异。

5.3　测量模型

表 3 展示了测量模型的相关分析结果，包括可靠性、有效性、相关性、载荷等。信念是感知有用性和感知易用性的二阶因子（second-order factor）。所有的 Cronbach's α 和组合信度（CR）得分都在 0.70 以上，说明测量是可靠的[20]。平均方差抽取（AVE）都大于 0.5，并且 AVE 的平方根也超过构念间的相关系数，说明测量工具具备足够的区分效度。每一个指标的因子载荷在它所对应的构念上都大于 0.7，则说明具备足够的聚合效度[35]。

表 3　描述性统计（研究 1）

构念	AVE	AVE 平方根和相关矩阵		测量项	均值	标准差	交叉载荷
		试用前好奇	试用前信念				
试用前好奇 Cronbach's α = 0.894 CR = 0.933	0.824	0.908	—	C_1	5.627	1.508	0.933
				C_2	5.050	1.744	0.952
				C_3	5.341	1.634	0.834
试用前信念 Cronbach's α = 0.882 CR = 0.894	0.692	0.492	0.832	试用前感知有用性			
				PU_1	5.469	1.399	0.883
				PU_2	5.179	1.477	0.868
				PU_3	5.413	1.471	0.880
				试用前感知易用性			
				PE_1	5.151	1.474	0.805
				PE_2	5.078	1.463	0.779
				PE_3	5.106	1.470	0.768

注：在"AVE 平方根和相关矩阵"列中对角线上的数值是 AVE 的平方根

5.4 共同方法偏差

自我报告方法有可能会出现共同方法偏差[35]。因此，我们通过使用相关的统计分析来测试共同方法偏差的严重性。我们使用 Harman 的单因素测试对模型中的三个构念（好奇、感知有用性和感知易用性）进行分析。分析结果表明，可以从数据中提取三个因素，并且每一个因素的解释能力均不超过 33.910%。结果表明共同方法偏差不太可能污染分析结果[33]。

5.5 假设检验

在控制住性别、年龄、学院和产品熟悉程度的影响后，我们使用偏最小二乘法（partial least squares，PLS）来检验研究模型。之所以选择 PLS 方法，是因为它能够用于小样本数据的建模分析问题[14]。图 3、表 4 显示了 PLS 分析的估计结果。好奇与参与意愿的路径系数为 0.378（SD = 0.081，T=4.671，$p < 0.001$），表明好奇对参与意愿有显著影响。

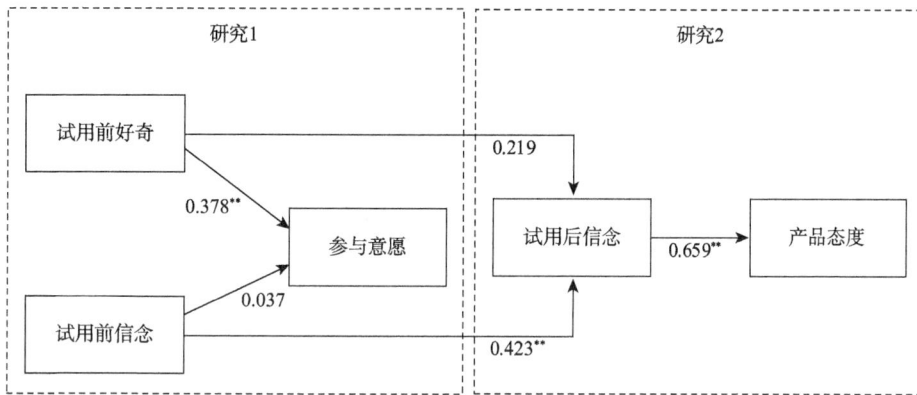

图 3　PLS 分析结果
**表示 $p<0.001$

表 4　PLS 分析结果

	路径	路径系统	标准差	T	p
研究 1	好奇→参与意愿	0.378	0.081	4.671	<0.001
	信念→参与意愿	0.037	0.077	0.480	0.632
研究 2	好奇→试用后信念	0.219	0.143	1.536	0.125
	试用前信念→试用后信念	0.423	0.106	3.988	<0.001
	试用后信念→产品态度	0.659	0.088	7.449	<0.001

在我们的模型中，信念是一个二阶结构。我们采用 Becker 等[36]的层次潜在变量模型方法分析了它们对参与意愿的影响。在 Becker 的方法中，信念包含两个一阶潜在变量，即感知有用性和感知易用性。这两个一阶变量的指标被分配给信念作为信念的测量指标。在图 3 中，信念→参与意愿关系的路径系数仅为 0.037（SD = 0.077，T = 0.480，p = 0.632），在 0.05 的显著性水平上与 0 无显著性差异。因此，信念对消费者试用参与意愿的影响不显著。

通过使用 Lou 等[37]的路径系数比较方程，我们对好奇和信念的路径系数进行对比。

$$T = \frac{CV_1 - CV_2}{\sqrt{\left(SE_1^2 + SE_2^2\right)/n}}$$

在此方程中，T 是 T 统计量；n 是样本数量；CV 是路径系数；SE 是标准误。根据此方程，好奇和信念的路径系数比较的对应 T 值为 40.823，在 0.001 的显著程度下显著。因此，好奇对试用参与意愿的影响程度显著高于信念的作用。

6 研究 2：试用前好奇/信念与试用后信念

6.1 测量

在研究 2 中，我们测量了试用后学生对产品的信念和对产品的态度。感知有用性和感知易用性的测量方法与研究 1 中的相同。借鉴 Jiang 和 Benbasat[20]的研究，我们采用如下三个问题测量消费者对产品的态度：①我刚刚使用过的机器很好；②我对机器的印象很好；③我喜欢这台机器。我们引入试用态度控制试用体验对被试的影响。我们采纳一个改编自 Kempf[38]研究的试用态度测量项："整体来看，您会如何评价整个试用过程？糟糕—很好，不赞成—赞成，不喜欢—喜欢。"

6.2 测量模型

表 5 显示了测量模型的结果。与研究 1 中的分析方法一致，Cronbach's α 和 CR 得分均超过 0.70，AVE 值大于 0.5，AVE 平方根大于所有构念之间的相关性，并且每个项目在其指定构念上的载荷远远大于在其他构念上的载荷。因此，测量是可靠和有效的。

表 5 描述性统计（研究 2）

构念	AVE	AVE 平方根和相关矩阵					测量项	均值	标准差	交叉载荷
		试用前好奇	试用前信念	试用后信念	产品态度	试用态度				
试用前好奇 Cronbach's $\alpha = 0.919$ CR = 0.949	0.863	0.929	—	—	—	—	C_1	5.745	1.117	0.911
							C_2	5.882	1.131	0.957
							C_3	5.882	1.199	0.918
							试用前感知有用性			
							PU_1	5.961	1.102	0.756
							PU_2	5.588	1.301	0.776
试用前信念 Cronbach's $\alpha = 0.866$ CR = 0.898	0.629	0.463	0.793	—	—	—	PU_3	5.843	1.227	0.760
							试用前感知易用性			
							PE_1	5.608	1.222	0.784
							PE_2	5.314	1.448	0.880
							PE_3	5.451	1.419	0.793
试用后信念 Cronbach's $\alpha = 0.840$ CR = 0.879	0.669	0.410	0.502	0.818	—	—	试用后感知有用性			
							PU_1	6.235	0.831	0.909

续表

构念	AVE	AVE平方根和相关矩阵					测量项	均值	标准差	交叉载荷
		试用前好奇	试用前信念	试用后信念	产品态度	试用态度				
试用后信念 Cronbach's α = 0.840 CR = 0.879	0.669	0.410	0.502	0.818	—	—	PU_2	6.078	0.967	0.881
							PU_3	6.118	0.942	0.881
							试用后感知易用性			
							PE_1	5.882	1.078	0.723
							PE_2	6.000	0.907	0.708
							PE_3	6.059	0.937	0.781
产品态度 Cronbach's α = 0.871 CR = 0.981	0.948	0.449	0.429	0.707	0.974	—	ATP_1	5.745	1.117	0.971
							ATP_2	5.882	1.131	0.977
							ATP_3	5.863	1.205	0.973
试用态度 Cronbach's α = 0.914 CR = 0.945	0.852	0.389	0.345	0.607	0.648	0.923	ATT_1	6.255	0.882	0.909
							ATT_2	6.255	0.946	0.930
							ATT_3	6.216	0.893	0.930

注：在"AVE平方根和相关矩阵"列中对角线上的数值是 AVE 的平方根

6.3　共同方法偏差

首先，我们收集了不同时期的数据。在试用前测量了感知有用性、感知易用性和好奇。试用结束后，对产品的态度、感知有用性和感知易用性进行了测量。因此，数据收集方法在一定程度上提供了对共同方法偏差的保护[39]。此外，对六个构念进行了 Harman 单因素检验。结果表明，由一个因子解释的协方差不超过 25.394%，表明我们的结果不受共同方法偏差的影响[35]。

6.4　假设检验

在控制了性别、年龄、学院、产品熟悉程度和试用态度之后，PLS 分析结果如图 3 所示。好奇→试用后信念的路径系数为 0.219（SD = 0.143，T = 1.536，p = 0.125），在 0.05 显著性水平上不显著。试用前信念与试用后信念的路径系数为 0.423（SD = 0.106，T = 3.988，p < 0.001），说明试用前信念对试用后信念有显著影响。通过使用 Lou 等[37]的路径系数比较方程，T 值为 8.184，在 0.001 的显著程度下显著。因此，试用前信念对试用后信念的影响程度强于试用前好奇，假设 H_2 得到验证。因为试用后信念与产品态度之间的路径系数是 0.659（SD = 0.088，T = 7.449，p < 0.001），在 0.001 的显著程度下显著，试用后信念对产品态度有显著正向影响，所以假设 H_3 得到支持。

7　讨论

在经济全球化的背景下，产品日益同质化，消费者的忠诚度逐渐下降。在这种激烈的市场竞争中，产品创新是提高企业市场竞争力的重要手段[40]。由于智慧健康产品创新性强，顾客在体验之前难以想象他们的实用性和使用效果[4]。这些创新产品与消费者已知的其他产品不一致，这将导致消费者需要花费更多的学习成本，并且消费者也无法通过类比其他近似产品理解这些产品带来的利益[40]。这些困难对新型智慧健康产品的扩散提出了更高的要求，要求企业创新产品营销策略[41]。因此，越来越多的企业开始使用互动性更强的产品试用方式，在消费者购买之前，向消费者提供一个亲自与产品进行互动的机会，通过与产品直接互动帮助消费者以更少的成本了解产品[41]。

在产品试用中，企业首先向消费者提供广告等相关材料，向消费者宣传自己的产品并吸引消费者入店进行试用[11]。广告中的信息缺口与消费者对试用活动的好奇心和产品的信念（感知有用性和感知易用性）判断相关[13, 14]。本文主要聚焦于广告和后续产品试用之间的关系，回答了试用前的好奇和信念在消费者试用前和试用后分别具有哪些不同的作用机制。具体来说，我们通过两项研究发现，在吸引消费者入店参与试用方面，由广告引起的好奇发挥主要作用；但是在试用后产品评价过程中，试用前由广告引起的信念发挥主要作用。

7.1　理论贡献

本文通过进一步分析好奇和信念的不同影响，扩展了整合信息响应模型，丰富了产品试用的研究内容。在最初的整合信息响应模型（图 1）中，消费者的好奇和信念对参与意愿的影响被整合在一起，并没有区分两者的不同作用。在本文中，我们首先区分了好奇和信念对消费者试用参与意愿的不同影响。我们发现，相比于信念，消费者的好奇对试用智慧健康产品的参与意愿有更强的影响。这一发现拓展了整合信息响应模型和试用领域的研究[6, 28]。在以往的相关研究中，虽然好奇和信念都是影响消费者参与试用的重要因素[15]，但是并没有探讨哪一个因素发挥主要作用。因此，以往的研究无法回答当好奇和信念效果出现相反的变化趋势时，营销人员应该重点强调哪一个因素来吸引更多的消费者参与试用。本文通过一个实验研究发现，相比于信念，好奇对消费者试用参与意愿的影响更强。研究发现弥补了以往研究缺口，丰富了试用领域的研究成果。

除此之外，我们还发现，相比于好奇，消费者试用智慧健康产品前的信念对试用后信念有更强的影响。首先，该研究发现拓展了整合信息响应模型[6]。在整合信息响应模型中，试用前的好奇和信念并不会直接影响试用后消费者的产品信念。因为该模型认为在试用中消费者可以通过直接体验获得更准确和更可信的产品信息，所以消费者将使用直接体验信息对产品进行认知评价并形成信念。但是，我们的研究发现，消费者在试用前对产品的信念能够影响其试用后的产品信念。试用前的信念可以作为后续产品评估的"锚"或参考点[9, 14]。消费者在这些参考点的基础上，通过结合试用得到的信息，形成对试用产品的最终信念。其次，我们进一步发现相比于试用前好奇，试用前信念对试用后信念具有更强的影响力。尽管好奇可以吸引消费者参与试用，提高消费者与产品的互动水平[22]，但这也增加了消费者发现更多产品缺陷的可能性[25]。因此，相比较而言，在影响试用后产品信念时，试用前的信念将发挥主要作用。

7.2　实践贡献

在本文中，我们发现试用前的好奇和信念对试用参与和试用后的产品信念形成具有不同的影响。因此，企业应当根据自己的目标设计不同的营销策略。试用前广告的设计尤其需要与广告目标相一致。例如，如果目标是吸引更多的消费者到线下店内体验相关产品，企业可以在广告中曝光较少的信息，通过隐藏部分产品信息，实现信息缺口，以增加消费者对产品的好奇。好奇的消费者更可能会去线下体验店亲自试用该款产品。此时，企业需要加强试用过程中的信息展示和传递过程，提高消费者对产品的信念，以弥补广告中信息缺口增大对消费者试用后信念降低的影响。如果市场营销的目标是提高消费者对试用产品的信念，那么企业可以在试用前广告中提供更多的产品信息。通过试用前广告使消费者形成一个更好的产品印象，进而提高他们亲自试用产品之后对产品的最终评价。

另外，企业在设计试用活动之前也应考虑其产品的特征。具体来说，如果产品创新性强，消费者在试用前对产品一无所知或者知之甚少，企业应该在广告中向消费者提供一些基本信息。因为对产品的不了解已经可以引起消费者的兴趣，一些基本信息可以使消费者在试用后对产品有更好的信念。然而，当企业向消费者推销相对熟悉的产品时（如智能手机等日常生活中经常使用或者相对比较了解的产品品类），由于消费者可能对这些产品的基本功能特征、产品评价标准等有一定的了解，因此，根据我们的研究结果，企业可以通过增大信息缺口，故意创造新增功能和特征"神秘感"的方式，引起消费者的好奇，以达到吸引消费者参加试用的目标。

7.3　局限和未来工作

与任何相似的研究一样，本文也存在一些研究局限。首先，研究样本比较小。特别是只有 53 名学生参加了研究 2，51 个样本进入研究 2 的数据分析。这可能会对研究结果的有效性造成一定的限制。在未来的研究中，应该招募更多的参与者来更全面地测试模型。其次，实验中使用的产品种类可能会对研究结果产生影响。为了模拟一个真实的智慧健康产品试用环境，我们选择了一个脑电图仪。这是一个可以用来监测大脑活动的电子健康机器。不同于其他研究中使用的享乐产品，如移动电话[15]或摄像机[24]，它是一种典型的实用性信息技术产品。产品特性的不同有可能会影响最终的分析结果。因此，在未来检验模型时，应该引入其他类型的产品（如虚拟现实产品）。再次，虽然我们试图通过对信息缺口进行控制，实现好奇和信念的变化，但是我们没有测量被试对信息缺失程度的判断。我们与企业合作设计了实验材料。通过企业的长期观察，产品的功能描述是消费者最关注的信息。因此，我们认为在实验材料中隐藏该信息可以导致较大的信息缺口。实验结果也发现，当我们操控产品功能信息的披露之后，消费者的好奇和信念效果发生了符合预期的变化。本文的主要目标是分析好奇和信念在试用不同阶段下的影响差异，并不是验证信息缺口与它们之间的关系。因此，尽管本文没有对被试的信息缺口感知进行测量，但是研究结果也具有一定程度的可靠性。在以后的研究中，我们将注意这一点，将信息缺口的测量作为一个实验控制检测变量。最后，由于参与本次实验的学生对该产品不熟悉，纸质广告可能不足以提供足够的信息，以实现好奇的倒 U 形曲线变化，因此，在今后的研究中，我们将采用不同的信息提供方式。

参 考 文 献

[1] Son J B，Brennan P F，Zhou S Y. A data analytics framework for smart asthma management based on remote health information systems with bluetooth enabled personal inhalers[J]. MIS Quarterly，2020，44（1）：285-303.

[2] Thordardottir B，Fänge A M，Lethin C，et al. Acceptance and use of innovative assistive technologies among people with cognitive impairment and their caregivers：a systematic review[J]. BioMed Research International，2019，（4）：1-18.

[3] Wang M W，Liang D C，Xu Z S，et al. The evaluation of mobile health apps：a psychological perception-based probabilistic linguistic belief thermodynamic multiple attribute decision making method[J]. Journal of the Operational Research Society，2020，（8）：1-15.

[4] Koenigstorfer J，Groeppel-Klein A. Consumer acceptance of the mobile Internet[J]. Marketing Letters，2012，23（4）：917-928.

[5] 王琦，孙雁，张晓航，等. 产品与赠品的契合度对不确定赠品促销的影响[J]. 管理科学，2018，31（2）：120-130.

[6] Smith R E，Swinyard W R. Cognitive response to advertising and trial：belief strength，belief confidence and product

curiosity[J]. Journal of Advertising，1988，17（3）：3-14.

[7] 李正峰，张丽君，胡月琴. 试用信息对广告说服效果的影响——基于渐进式新产品的研究[J]. 中国流通经济，2019，33（4）：100-110.

[8] 马昭，尤薇佳，吴俊杰. 免费试用营销对众筹平台的影响研究[J]. 管理学报，2020，17（1）：121-130.

[9] Lin Z J，Zhang Y，Tan Y. An empirical study of free product sampling and rating bias[J]. Information Systems Research，2019，30（1）：260-275.

[10] Sun K，Zuo M Y，Kong D. What can product trial offer? The influence of product trial on Chinese consumers' attitude towards IT product[J]. International Journal of Asian Business and Information Management，2017，8（1）：24-37.

[11] Kempf D S，Laczniak R N. Advertising's influence on subsequent product trial processing[J]. Journal of Advertising，2001，30（3）：27-38.

[12] Kum D，Lee Y H. The joint effects of advertising and product trial：a source-monitoring perspective[J]. Marketing Letters，2011，22（3）：213-226.

[13] Loewenstein G. The psychology of curiosity：a review and reinterpretation[J]. Psychological Bulletin，1994，116（1）：75-98.

[14] Jiang Z H J，Benbasat I. The effects of presentation formats and task complexity on online consumers' product understanding[J]. MIS Quarterly，2007，31（3）：475-500.

[15] Yi C，Jiang Z H J，Benbasat I. Enticing and engaging consumers via online product presentations：the effects of restricted interaction design[J]. Journal of Management Information Systems，2015，31（4）：213-242.

[16] Kempf D S，Smith R E. Consumer processing of product trial and the influence of prior advertising：a structural modeling approach[J]. Journal of Marketing Research，1998，35（3）：325-338.

[17] Epley N，Gilovich T. The anchoring-and-adjustment heuristic：why the adjustments are insufficient[J]. Psychological Science，2006，17（4）：311-318.

[18] Huang G，Korfiatis N. Trying before buying：the moderating role of online reviews in trial attitude formation toward mobile applications[J]. International Journal of Electronic Commerce，2015，19（4）：77-111.

[19] Wang T，Oh L，Wang K L，et al. User adoption and purchasing intention after free trial：an empirical study of mobile newspapers[J]. Information Systems & e-Business Management，2013，11（2）：189-210.

[20] Jiang Z H，Benbasat I. Investigating the influence of the functional mechanisms of online product presentations[J]. Information Systems Research，2007，18（4）：454-470.

[21] Zhang P. The affective response model：a theoretical framework of affective concepts and their relationships in the ICT context[J]. MIS Quarterly，2013，37（1）：247-274.

[22] Mayzlin D，Shin J. Uninformative advertising as an invitation to search[J]. Marketing Science，2011，30（4）：666-685.

[23] Maloney J C. Curiosity versus disbelief in advertising[J]. Journal of Advertising Research，2000，40（6）：7-13.

[24] Menon S，Soman D. Managing the power of curiosity for effective web advertising strategies[J]. Journal of Advertising，2002，31（3）：1-14.

[25] Hill K M，Fombelle P W，Sirianni N J. Shopping under the influence of curiosity：how retailers use mystery to drive purchase motivation[J]. Journal of Business Research，2016，69（3）：1028-1034.

[26] Storm C，Storm T. A taxonomic study of the vocabulary of emotions[J]. Journal of Personality and Social Psychology，1987，53（4）：805-816.

[27] Adya M，Mascha M F. Can extended exposure to new technology undermine its acceptance? Evidence from system trials of an enterprise implementation[J]. Communications of the Association for Information Systems，2011，29：259-278.

[28] Davis F D. Perceived usefulness, perceived ease of use, and user acceptance of information technology[J]. MIS Quarterly, 1989, 13（3）: 319-340.

[29] Venkatesh V, Morris M G, Davis G B, et al. User acceptance of information technology: toward a unified view[J]. MIS Quarterly, 2003, 27（3）: 425-478.

[30] 李欣颖, 徐恺英, 冯扬. O2O 模式移动商务消费者采纳行为分析: 两个理论模型的比较[J]. 情报理论与实践, 2018, 41（4）: 112-116, 122.

[31] 陈为东, 王萍, 王美月. 学术虚拟社区用户社会性交互的影响因素模型与优化策略研究[J]. 情报理论与实践, 2018, 41（6）: 117-123.

[32] Bhattacherjee A, Premkumar G. Understanding changes in belief and attitude toward information technology usage: a theoretical model and longitudinal test[J]. MIS Quarterly, 2004, 28（2）: 229-254.

[33] Mathieson K. Predicting user intentions: comparing the technology acceptance model with the theory of planned behavior[J]. Information Systems Research, 1991, 2（3）: 173-191.

[34] Kim J, Morris J D. The power of affective response and cognitive structure in product-trial attitude formation[J]. Journal of Advertising, 2007, 36（1）: 95-106.

[35] Liang H G, Saraf N, Hu Q, et al. Assimilation of enterprise systems: the effect of institutional pressures and the mediating role of top management[J]. MIS Quarterly, 2007, 31（1）: 59-87.

[36] Becker J, Klein K, Wetzels M. Hierarchical latent variable models in PLS-SEM: guidelines for using reflective-formative type models[J]. Long Range Planning, 2012, 45（5/6）: 359-394.

[37] Lou J, Fang Y L, Lim K H, et al. Contributing high quantity and quality knowledge to online Q&A communities[J]. Journal of the American Society for Information Science and Technology, 2013, 64（2）: 356-371.

[38] Kempf D S. Attitude formation from product trial: distinct roles of cognition and affect for hedonic and functional products[J]. Psychology & Marketing, 1999, 16（1）: 35-50.

[39] Sharma R, Yetton P, Crawford J. Estimating the effect of common method variance: the method-method pair technique with an illustration from TAM research[J]. MIS Quarterly, 2009, 33（3）: 473-490.

[40] 董伶俐, 马来坤. 拟人化对革新型创新产品消费意愿的影响研究——认知需求的调节作用[J]. 商业经济与管理, 2018, （8）: 59-68.

[41] 杨强, 丁勇. 移动互联时代技术创新产品扩散机制与对策[J]. 经营与管理, 2020, （4）: 10-13.

Analysis and Comparison of Mechanism Between Curiosity and Beliefs in Smart Health Test Product Trial

SUN Kai[1], ZUO Meiyun[2], KONG Dong[3], WU Yibing[4]

（1. School of Management Science and Engineering, Shandong University of Finance and Economics, Jinan 250014, China;

2. Research Institute of Smart Senior Care, School of Information, Renmin University of China, Beijing 100872, China;

3. School of Business, Xinyang Normal University, Xinyang 464000, China;

4. Beijing Easymonitor Technology Co., Ltd, Beijing 100044, China）

Abstract Product trial is an important way to promote smart health test product and customers' adoption. However, curiosity and belief triggered by pre-trial advertisement usually oppositely change. Therefore, it is an important question to analyze which one will play the major role when customers make decision of participation and evaluate the product. This study takes college students as samples and adopts the laboratory experiment method through two experiments. The experimental results show that：①compared to belief, customers' curiosity has greater impact on customers' willingness to participate into smart health test product trial；②compared to curiosity，customers' pre-trial belief has greater influence on post-trial belief.

Keywords　curiosity，beliefs，product trial，laboratory experiment，smart health

作者简介

孙凯（1987—），男，山东财经大学管理科学与工程学院讲师、博士，山东济南人，研究方向为管理信息系统、智慧养老等，E-mail：ksun@sdufe.edu.cn。

左美云（1971—），男，中国人民大学信息学院智慧养老研究所教授、博士生导师，研究方向为管理信息系统、智慧养老等，E-mail：zuomy@ruc.edu.cn。

孔栋（1982—），男，信阳师范学院商学院讲师、博士，研究方向为管理信息系统、智慧养老等，E-mail：kongdong@xynu.edu.cn。

吴一兵（1961—），男，北京易飞华通科技开发有限公司董事长，主要从事脑科学研发及临床转化应用，E-mail：wuyibing@efnao.com。

空间距离信息对游客出行决策行为的影响研究[*]

郝辽钢¹，霍佳乐¹，刘健西²

（1. 西南交通大学经济管理学院，四川 成都 610031；

2. 四川大学轻工科学与工程学院，四川 成都 610065）

摘　要　本文从时空关视角研究了旅游决策情景中空间和时间的交互作用，探究空间对游客旅游消费心理预算周期的影响，并将感知控制作为调节变量，研究了游客心理预算周期对延迟消费行为的影响。研究通过情景实验以及在线旅游平台数据挖掘的方法，对所提研究假设和模型进行了实证检验，结果表明：在旅游决策中，空间距离对消费者延迟消费产生正向影响，空间距离越远，出行延迟天数越长；空间距离会影响消费者的心理预算周期长短，较远的空间距离能激发消费者在更长的周期内制定心理预算、做出消费决策；游客心理预算周期长度会影响游客的延迟消费偏好，游客心理预算周期长度越长，越偏好延迟消费；感知控制对空间距离与心理预算周期长度的影响具有调节作用，具体而言，相对于高感知控制环境而言，低感知控制环境下空间距离对游客心理预算周期长度的正向影响更大。

关键词　旅游决策，时空关，心理预算周期，感知控制，延迟消费

中图分类号　C939

1　引言

在信息决策框架中，时间、空间和金钱是影响消费者决策的重要因素。旅行决策作为一种典型的计划式信息决策，何时出发、去向何处以及如何消费更是至关重要的三大要素[1]。在一次旅行计划中，消费者可能说走就走，也可能一再延迟，"择时"是旅行决策中的关键问题。因此，了解影响消费者延迟消费决策的影响因素以及择时的内在机制，对于促进旅游消费具有重要的研究价值。

在旅游计划实施中，消费者需要在当下做出未来较远时刻的旅行消费决策，因此，旅游决策本质上属于"跨期消费决策"[2]，是一种多时间节点的决策问题。然而现有关于游客决策研究多从单一时间节点视角对游客决策意向或行为进行展开，鲜有研究从跨期消费视角对消费者的旅游决策进行探究。心理预算周期是跨期消费理论中的一个关键理论，是指消费者从计划到实行该旅行决策时预设的心理周期长度[3]。心理预算周期长的消费者更倾向于整合更长的假期、积攒更多旅行经费、查阅更多攻略以实现更完美的旅游体验。心理预算周期短的消费者更倾向于抓住当下时机，"说走就走"，以尽快实现当下的享乐目标。从时间角度出发，本文将聚焦心理预算周期这一内在变量，从而厘清游客旅游跨期决策中的"择时"问题。从空间角度来看，旅游目的地选择是旅游决策中的关键一环，而空间距离是目的地选择的一项重要属性。已有研究从空间距离对于游客吸引的影响出发开展了相关研究，如空间距离衰减定律、引力模型[4]，考虑了空间距离作为一个单维度变量对游客决策的影响。除此之外，空间距离会对个体的决策产生影响，往往是因为它会与其他维度如时间、心理距离产生联结[5]。

---

*　基金项目：教育部人文社会科学研究项目（17YJC630036），项目名称：消费者促销框架效应研究：心理认知和电生理反应视角。

通信作者：刘健西，四川大学轻工科学与工程学院讲师、经济学博士，E-mail：liu_dreamer@126.com。

已有研究表明，空间与时间类似，会影响人们对事物的表征[6]。那么，在空间距离发生变化时，游客的心理预算周期会发生怎样的变化，游客延迟出行偏好是否会受其影响发生变化？针对以上问题，本文从整合的时空视角出发，研究空间距离对游客心理预算周期时间长短的作用机制进而对游客延迟消费行为的影响，以及感知控制在空间距离对消费者心理预算周期影响中的调整作用，并通过实验研究和在线旅游平台数据挖掘进行实证检验。

2　理论背景与假设提出

2.1　旅游决策与心理预算周期

关于如何认识引导旅游者的决策过程，目前国内外已积累了大量研究基础，学者们从旅游目的地属性，影响游客决策的社会、心理因素等方面展开。例如，有研究者从"选择域"角度对旅游决策进行分析，发现影响旅游决策的最主要的限制性因素是金钱和时间[7]，接下来分别是家庭因素、目的地安全性、有无同伴、健康因素和当地天气情况等因素。还有学者从心理距离角度对旅游决策进行分析，发现心理距离、文化距离、时间距离、社会距离对旅游决策行为具有关键影响[5]。学者们运用不同理论对旅游决策进行了深入的研究，但一个较为一致的结论是，时间、空间及金钱是影响旅游决策的重要因素。从时间角度，游客决策并不是单一时点决策，游客的偏好变化规律会随着时间的推进而发生变化[1]。从空间角度，旅游的本质就是地理空间的转移，是否去旅游、去哪里旅游以及选择何种旅游线路是旅游决策的关键内容[8]。

从本质上来讲，旅游决策属于一种跨期消费决策。跨期消费是指消费者需要在当下对发生在未来的消费（收益）或支出（成本）做出消费决策[9]。在旅行中，消费者也需要预先支付未来出行的一些成本，如酒店、旅行团费用。因此，何时支付、何时出行是影响跨期决策的关键因素。如何看待未来的支出或消费，是影响游客"择时"的重要方面，其中，时间折扣是一个重要的影响因素。已有研究认为消费者的消费和支出不是孤立存在的，而是具有联结关系，即消费者同时面临着"支付之痛"与"消费之乐"，两者共同影响消费者的净效用[9, 10]。心理预算周期体现了消费者面对不同时间节点发生的消费和支出时间感知，它是指人们对不同收支的计算都在其预设的心理预算周期范围内进行[2]，且心理预算周期因物品类别不同、使用频次、个人消费习惯的不同而发生变化，而心理预算周期会影响到人们的跨期决策，如 Kim 等的研究发现，心理预算周期长的人面对等待更为耐心[11]。

2.2　旅行决策中的时空关

贾建民等提出了大数据行为研究的"时空关+"模型[12]，为本文提供了基本的分析框架和方法论。决策时点下时间和空间信息会共同影响人们的决策结果，因此古人总结出"天时、地利、人和"是成功的三要素。个体对时间和空间的感知会影响其决策偏好。对时间的感知方式，早期的学者认为其是线性的[13]，但随后有研究对这一结论提出了修正，认为时间并非客观的线性函数，而是凹函数[3]。例如，Samuelson 基于理性人假说提出的指数贴现模型[13]，Strotz 提出的双曲线贴现模型[14]。同时，个体的时间感知也会随着消费者个人特质、环境、时间描述方式的变化而发生变化。例如，相对于日期表示，以延迟方式表示的时间知觉更长[3]；消费与支出的联结会影响消费者效用随时间变化的方式[15]。

空间距离是人类空间认知的基础，是探索人类行为规律的基本依据。相对于时间维度，对空间维度的探索还缺乏达成共识的理论研究体系。空间位置的差异是其他维度距离产生差异的基底，即空间距离会影响其他维度的判断。有研究认为，空间距离是影响消费者行为意向的关键约束性条件[16]。空间距离对人们推理和判断的影响具有与时间距离类似的效应[12]，当二者相互关联时会共同影响人们的决策偏好[17]。空间距离远时，人们更偏好结果导向的描述；而空间距离近时，人们更偏好过程导向的描述，并倾向于使用抽象程度更高的词汇[18]。根据解释水平理论（construal level theory，CLT），远的空间距离唤起人们高解释水平，从而赋予远期事件渴望性更高的权重，体现在旅游消费决策中就是更偏好时间跨期越长的远期旅游消费[19]。心理预算周期指的是消费者从计划到实行该旅行决策时预设的时间跨期长度。基于以上分析，当空间距离远时，消费者会产生更长的心理预算周期。由此，本文提出如下研究假设：

H_1：空间距离会影响旅游决策中的心理预算周期长度。具体而言，越远的空间距离能激发消费者产生时间跨度越长的心理预算周期。

2.3 感知控制与心理预算周期

感知控制是指人们对环境和具体情景的控制水平的主观感受[20]，包括行为控制、认知控制、决策控制三个维度。在某一情景下，具有高感知控制的人认为能够通过自身的行为、认知、决策让事件在自己的控制之中。自我控制属于感知控制中的一种，是指决策者控制自我的能力，属于内在控制，在跨期选择中会发生重要的作用[21]。在跨期选择研究中，决策者需要在"小而近"和"大而远"中做出选择，要想获得更大的收益，就需控制自己的现在获益冲动，因此自我控制是一个关键的影响因素。本文的研究目的是探讨消费者心理预算周期的影响因素，由于消费者在形成自己的心理预算周期时，不仅会对内在控制水平权衡，也会对自己对外界的控制水平权衡。因此，本文将更为广义的感知控制作为影响空间距离对消费者心理预算周期调节变量，具体是指个人对自身和外界环境的总体控制的主观感受。

以往研究结果表明，高感知控制能带来更高的顾客满意，这是因为控制感的增加会对人们的心理和生理变化产生积极的影响[22]。本文认为感知控制是指游客在进行旅游计划时的控制感，具有高感知控制的游客认为自己能够控制未来的不确定性，即使面对旅行中的时间变化、空间变化，都能处于一个较为稳定且积极的情绪状态中，因此他们认为在较短的时间跨度中就可以完成旅行计划。具有低感知控制的游客认为较长的时间跨度能使其有更多时间面对未来旅行中的不确定性，通过延长心理预算周期时间跨度来更好地应对未来不确定性。由此，本文提出如下研究假设：

H_2：空间距离对旅游决策中的心理预算周期长度的影响受到感知控制的调节作用。具体而言，相对于高感知控制环境而言，低感知控制环境下空间距离对游客心理预算周期时间跨度的正向影响更大。

2.4 心理预算周期对延迟出行的影响

延迟购买是消费决策中一种普遍现象，属于跨期选择中的一种决策结果，是消费者对现在和未来成本与收益权衡之后，偏好未来购买。已有研究证实，市场的不确定性、产品的生命周期较长（如汽车等耐用品）、节约的传统文化等因素都可能会造成消费者的延迟购买，如相较于奢侈品，日用品的心理预期延迟时间更短。除此之外，消费者的个人特质，如决策能力、负面情绪等也会使消费者产生延迟偏好[23]。

在跨期选择中，延迟反转是众多反常现象中的一种。例如，在今天获得100元与一个月后获得120元之间，人们偏好于选择今天获得100元，即"小而近"，但如果是一个月后获得120元与两个月后获得 140 元之间，人们偏好于选择后者，即"大而远"。这反映了时间折扣率并不是固定的，而是会随时间延迟而逐渐减小[24]。心理预算周期本质上意味着人们对消费的心理预期延迟时间，亦即消费者的心理预算周期时间跨度更短。在旅游决策中，心理预算周期是影响消费者出行"择时"的关键变量，心理预算周期短意味着消费者更倾向于及时享乐；心理预算周期长意味着消费者出行更为慎重，倾向于将多期预算整合以实现一次较大的旅行，更容易出现延迟消费行为。消费者心理预算周期时间跨度越长，消费者对消费的心理预期延迟时间越长，进而会导致消费者更偏好延迟消费。由此，本文提出如下研究假设：

H₃：心理预算周期时间跨度会影响游客延迟消费决策行为。具体而言，游客的心理预算周期时间跨度越长，越偏好延迟出行。

由此，本文提出研究框架模型，如图 1 所示。

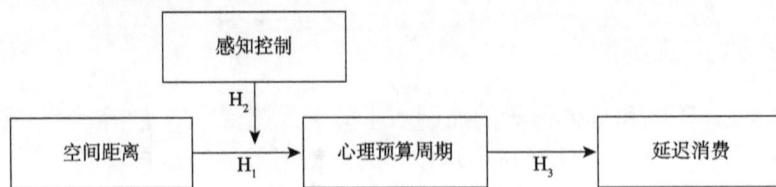

图 1　旅游跨期消费研究框架

3　基于旅游电商网站数据的检验

旅游电商发展所带来的购买便携性提升使得消费者有条件对更未来的旅行计划进行决策。同时，旅游电商平台的数字化属性也为消费者行为研究提供了海量数据[25]，旅游数据的来源可分为用户生成内容、设备数据及交易数据三类[26]。本文通过旅游电商平台的真实旅行数据，探索空间距离对消费者旅游决策"择时"的影响。

本文选择游侠客旅行电商网站作为目标网站，游侠客于 2009 年创建，目前拥有超过 105 万注册会员，日独立访客超过 10 万，平均每周通过游侠客组织出游超过 2 000 人次。选择该旅行电商平台主要基于以下原因：希望探究空间距离对游客延迟消费长短的影响，在真实旅游消费情景中，延迟消费等于出行日期与购买日期之间的差额，因此需有可代表购买时间与出行时间两个维度的指标。目前国内多家旅行电商，如飞猪、携程、去哪儿等电商网站中不展示消费者的购买和出行信息，途牛仅在用户评论中涉及评论人的出行日期，以上平台均不满足本文研究需求。游侠客的旅行路线采取分期报名的形式，由于其注重产品的社交属性，在游客报名前，可以看到不同时期开团的报名人数及性别（图 2），因此可获得出行日期。延迟消费可用出行日期与数据截取日期间的差额表示。因此，选取游侠客旅行电商平台作为研究样本数据来源。

空间距离变量用不同旅行目的地的远近表示，近距离组选取周边游，远距离组选取国际游及较远距离的国内游。出行延迟天数为发团日期与数据采集日期的差值，由此计算得出延迟天数。通过专业软件共采集旅行线路 146 条，其中近距离 31 条，远距离 115 条。在近距离组中，选取游侠客目前已开放的 12 个城市：杭州、上海、广州、成都、北京、武汉、重庆、深圳、厦门、苏州、南京、西安。选取这些城市中历史成交量大于 100 笔的周边游路线。远距离选取游侠客中境外游和部分国内游，境外游包括印尼、菲律宾、塞班、欧洲、尼泊尔、埃及、日本等地，国内游只选取新疆、西藏、甘肃、青海等地，并

图 2　游侠客数据采集界面

剔除历史成交量小于 100 笔的线路，最终得到数据 8 490 条，去除当期成交量为 0 后得到有效样本量 4 866 条（表 1）。

表 1　有效数据结构描述

变量	N	最小值	最大值	平均数	标准偏差
出行延迟天数	4 866	1	210	30.57	27.94
空间直线距离	4 866	12	12 000	2 493.69	2 155.35
空间距离	近	1 124	性别	男	2 828
	远	3 742		女	2 038

将延迟出行天数作为因变量，空间距离远近作为自变量进行方差分析，结果显示，相较于较近的旅游目的地，空间距离较远的目的地会促使消费者延期出行时间更长（$M_{近}$ =21.33，$M_{远}$ =33.34，$F_{1,4864}$ = 165.151，$p = 0.000 < 0.001$）。这表明空间距离对消费者延迟出行意愿会产生影响（表 2）。

表 2　空间距离对延期出行天数的影响

来源	TypeⅢ类平方和	自由度	均方值	F 值	p 值
延迟出行天数	124 701.110	1	124 701.1	165.151	0.000
误差	3 672 669.912	4 864	755.072		

进一步，以空间距离为横轴、出行延迟天数为纵轴画出散点图，如图 3 所示，可以直观发现，空间距离远时，游客的出行延迟天数更长。研究将延迟天数按每 7 天为一组，计算每周出行总人数，按时间由近及远将每周出行总人数做出折线图，如图 4 所示，可以发现，在近距离组中，游客预订的峰值为第一周，且购买量随出行时间的延后迅速下降；然而在远距离组中，峰值后移，游客预订峰值为第二周，且相较近距离组，购买量随时间延后下降幅度较小。

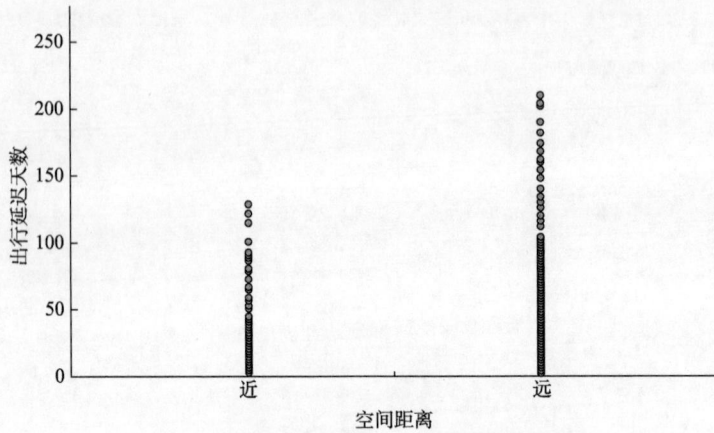

图 3 空间距离与出行延迟天数关系散点图

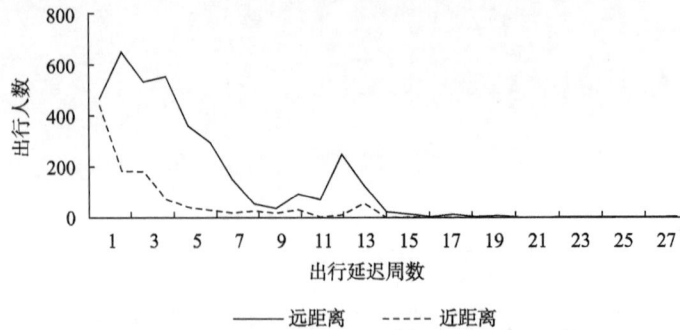

—— 远距离 ---- 近距离

图 4 出行延迟周数与出行人数关系折线图

接下来进一步计算出发地与目的地的直线距离，得出空间直线距离这一连续变量。以空间直线距离为自变量、出行延迟天数为因变量，进行线性回归分析。结果如表 3 所示，空间直线距离正向影响出行延迟天数（β=0.281，T=20.388，p=0.000<0.001），即空间距离越远，出行延迟天数越长。

表 3 空间直线距离、出行延迟天数回归分析结果

模型		未标准化系数		标准化系数	T	显著性
		B	标准误	β		
1	（常量）	21.500	0.588		36.566	0.000
	空间直线距离	0.004	0.000	0.281	20.388	0.000

注：因变量：出行延迟天数

4 基于实验研究的实证检验

4.1 实验设计

本文前一研究基于来自旅行电商平台的真实数据，实证检验了旅游决策中空间维度对时间维度的影响，即在旅游消费中，空间距离越远会使得消费者的延迟出行天数越长。接下来将通过实验进一步研究空间距离对游客延迟出行的内在作用机制，探究心理预算周期、感知控制对游客延迟消费行为的影响，对所提出的研究假设进行实证检验。

实验设计采取 2（空间距离：远、近）×2（感知控制：高、低）的组间情景实验设计，被试被随机

分配到 4 个实验组中的一组。对于空间距离操控，本文参照了中国人感知距离的一般标准：距离小于 200 千米时感知为很近，距离大于 1 000 千米时感知为遥远[27]。因此，研究以 200 千米为近的空间距离，1 000 千米为远的空间距离。具体描述为"A 地是距离您家约 200 千米的一个休闲度假景点，这里有温润的空气，且四季如春、山水环绕，是众多旅行者的心头之好"。为排除景色描述等差异对被试旅游选择偏好的影响，对远距离的描述除空间距离为 1 000 千米外其余都一致。对于感知控制的操控，在低感知控制组中，描述为"想象您拥有一份工作，虽然目前的收入水平较高，但对未来缺乏稳定的预期，对未来的收入和支出，您感觉缺乏掌控"。在高感知控制组中描述为"想象您拥有一份稳定的工作，且收入水平较高，对未来有明确的预期，对未来的收入和支出，感觉都在您的掌控之中"。随后被试被告知"您每一年都会有一笔预算用于旅行，且在每年的年假进行旅行，您计划去离您家较近的 A 地（远空间距离组为离您家较远的 B 地），计划今年的年假或者明年的年假前往"。

样本来源为成都一所大学的 210 位在校学生，剔除不合格样本，最后有效样本 192 人，其中男性 82 人，女性 110 人，样本描述性统计见表 4。被试首先阅读 A（B）景点的简要介绍以及感知控制情景和旅行跨期计划情景描述，随后回答关于感知距离的操控检验题项，感知控制操控检验题项。随后调查被试延迟消费意愿及选择、心理跨期长短偏好及个人基本信息。延迟消费意愿描述为"您觉得相对于今年年假前往，您感觉明年年假前往旅行更好"。心理预算周期长短的测量要求被试在"用今年的旅行预算来进行今年年假旅行计划的制订"和"用今明两年的预算总和来进行今明两年年假旅行计划的制订"间做出选择。

表 4 有效样本结构描述

项目	样本分布	样本数	百分比
性别	男	82	42.71%
	女	110	57.29%
年龄	21 岁以下	108	56.25%
	21~39 岁	84	43.75%
受教育程度	大学本科	143	74.48%
	硕士研究生及以上	49	25.52%
收入水平	1 500 元及以下	59	30.73%
	1 501~3 000 元	110	57.30%
	3 001~5 000 元	21	10.94%
	5 001~8 000 元	2	1.04%

4.2 数据分析

4.2.1 操控性检验

空间距离的操控题项为"您认为从您家到 A/B 地的距离"（"1"为非常近，"7"为非常远），结果显示，空间距离较近的 A 地感知距离显著低于较远的 B 地（M_A=3.34，M_B=6.20，p=0.000<0.01），说明实验对空间距离的操控成功。感知控制的操控题项参考已有成熟量表[28]，具体为"您觉得自己能够掌控这次旅行的计划和实施"（"1"为非常不同意，"7"为非常同意）。结果显示，高感知控制组得分显著高于低感知控制组（$M_高$=5.14，$M_低$=3.81，p = 0.000<0.01），实验对感知控制的操控成功。

4.2.2　假设检验

1. 空间距离对心理预算周期的影响

首先检验空间距离对心理预算周期的影响。研究对不同空间距离（近、远）影响心理预算周期（短、长）进行交叉表分析，具体结果如表 5 所示，当空间距离近时，仅有 15.7%选择了长心理预算周期；当空间距离远时，有 46.7%的被试选择了长心理预算周期（χ^2=10.883，p=0.01<0.05）。结果表明，空间距离会影响消费者的心理预算周期长短，较远的空间距离能激发消费者对更长心理预算周期的选择意愿。假设 H_1 获得验证。

表 5　空间距离对心理预算周期的影响

控制水平		心理预算周期长短		总计
		短周期	长周期	
空间距离	近	86（84.3%）	16（15.7%）	102（100%）
	远	48（53.3%）	42（46.7%）	90（100%）

注：χ^2=10.883，p=0.01<0.05

2. 感知控制的调节作用

对于感知控制的调节作用检验，本文将感知控制（低、高）、空间距离（近、远）、心理预算周期时间跨度（短、长）同时进行交叉表分析，具体结果如表6所示。结果表明，感知控制对感知距离与心理预算周期长度之间的关系有调节作用（χ^2=10.883，p=0.001<0.05）。具体而言，当感知控制低时，随着距离的增加，对于心理预算周期的选择发生了偏转，即更多人（60.9%）选择长心理预算周期（χ^2=4.776，p=0.029<0.05）；但在高感知控制组，主效应依旧存在，即远距离时选择长心理预算周期的人数有所增加（31.8%）（连续性修正 χ^2=5.107，p=0.024<0.05），但并未发生偏转。这表明在低感知控制环境下，感知距离对心理预算周期长短影响更大，即随感知距离的增加，消费者对更长期的选择更为偏好。由此，研究假设 H_2 获得验证。

表 6　调节变量检验

控制水平			心理预算周期长短		总计
			短周期	长周期	
低	空间距离	近	34（70.8%）	14（29.2%）	48（100%）
		远	18（39.1%）	28（60.9%）	46（100%）
高	空间距离	近	52（96.3%）	2（3.7%）	54（100.0%）
		远	30（68.2%）	14（31.8%）	44（100.0%）

注：低感知控制组：χ^2=4.776，p=0.029<0.05；高感知控制组：χ^2=5.107，p=0.024<0.05

3. 心理预算周期长短对延迟消费的作用

首先检验心理预算周期长短对延迟选择的影响，研究对不同心理预算周期长短影响延迟消费选择进行交叉表分析，具体结果如表 7 所示。结果表明，短心理预算周期中仅有 9%的样本做出了延迟消费选择（明年出发），而长心理预算周期中有 69%的样本做出了延迟选择，心理预算周期长短对延迟消费行为具有显著影响（χ^2=36.908，p=0.000<0.01），更长的心理预算周期会促使消费者更高的延迟消费选择。研究假设 H_3 得到验证。

表 7　心理预算周期长短与延迟消费选择

控制水平		延迟消费选择		总计
		今年	明年	
心理预算周期长短	短周期	122（91.0%）	12（9.0%）	134（100.0%）
	长周期	18（31.0%）	40（69.0%）	58（100.0%）

注：$\chi^2 = 36.908$，$p = 0.000 < 0.01$

为进一步验证，研究以延迟消费意愿为因变量、心理预算周期长短为自变量进行方差分析，结果如表8所示，与之前延迟选择交叉表分析结果相同，更长的心理预算周期会使消费者的延迟消费意愿更强（$M_短 = 3.30$，$M_长 = 4.69$，$F_{1,190} = 14.369$，$p = 0.000 < 0.01$）。研究假设 H_3 进一步得到验证。

表 8　心理预算周期长短与延迟消费意愿

来源	TypeⅢ型平方和	自由度	均方值	F 值	p 值
心理预算周期长短	39.170	1	39.170	14.369	0.000
误差	256.237	190	2.726		

5　研究结论与展望

本文运用旅游电商平台真实数据分析和实验研究，针对旅游消费决策情景中空间距离对延迟消费的影响进行研究，并将心理预算周期作为中介变量、感知控制作为调节变量，发展了研究假设和研究框架模型，采用实验研究方法对所提出的研究假设和模型进行了实证检验，研究结果表明：首先，实际市场数据显示，空间距离对消费者延迟消费产生正向影响，空间距离越远，出行延迟天数越长；其次，空间距离会影响消费者的心理预算周期长短，较远的空间距离能激发消费者在更长时间跨期内制定心理预算、做出消费决策；再次，感知控制对心理预算周期时间跨度的影响具有调节作用，具体而言，相对于高感知控制环境而言，低感知控制环境下感知距离对游客心理预算周期时间跨度的正向影响更大；最后，研究发现游客心理预算周期时间跨度会影响游客延迟消费决策行为，游客心理预算周期时间跨度越长，延迟消费意愿越高。

本文的理论意义主要有以下几个方面：一是围绕游客出行的"择时"问题，通过实证研究发现了空间距离会影响游客延迟旅游行为，并将旅游决策视为一种跨期决策，探究了心理预算周期对游客延迟消费的影响，丰富了旅游决策中关于时间维度的研究。二是本文对旅游消费决策中时间、空间因素对消费者决策行为影响的内在作用机制进行研究，发现空间维度与时间维度是相互关联的，空间会对人们的时间感知产生影响，越远的空间距离会使消费者对时间"看得更远"。时间和空间在旅游情景中都是重要的因素，本文研究填补了旅游决策研究中关于空间距离、时间跨度及时空结合的研究不足。

本文的结论有助于帮助旅游类企业更好地设计旅游跨期营销方案，促进消费者跨期消费。具体来说，企业在设计营销方案时，要注重"天时、地利、人和"。对于远距离的旅行目的地，由于消费者会有更长的心理预算周期，所以其在较长周期内的预算会更多，企业应设计多种附加服务，打造更为精致的旅游产品，并在宣传中强调精心策划一次完美的旅行。但由于较长的跨期会导致消费者的延迟消费行为，所以旅行社可采用预付或旅行基金的方式储存长跨期内的资金流，并推出针对预付、提前储蓄的促销方式提前锁定游客。对于近距离的旅行目的地，由于消费者的心理预算周期较短，旅行社在宣传时可强调"说走就走""触手可及"等关键词以匹配消费者的短心理跨期，同时，可推出分期付款、后付款的支付方式，缓解消费者当下支付之痛，从而刺激消费者更果断地出行。同时，可推出优于竞争对手的促销方案，让消费者及时将旅游意愿转化为即时旅游消费行为。

本文研究也具有一定的局限性。首先，本文探究了空间对心理预算周期的影响，但基于对旅游现实消费情景的考虑，本文仅考虑了"今年年假"和"明年年假"两个跨期。未来可以寻找其他更长的跨期消费场景，如购车，来探讨更长的跨期对消费者心理账户周期的影响。其次，不同的旅游目的（如文化旅行、城市观光、休闲度假等）会造成不同的心理动机，本文未考虑旅游类型对这一模型的影响，在未来的研究中可加入旅游类型这一调节变量。再次，本文仅研究了延迟消费这一个心理预算周期的结果变量，在未来的研究中可进一步探究其他结果变量，如对跨期消费意愿、消费金额的影响。最后，本文研究从旅游电商网站的真实数据和实验数据中都发现一个有趣的现象，在跨期消费中，空间距离对心理预算周期的作用可能存在性别差异。例如，对旅游电商网站的数据进行方差分析，结果显示，性别与空间距离的交互效应显著（$F_{1, 4864}=14.753$，$p =0.000<0.001$），具体来说，女性的心理预算周期更容易受到空间距离的影响，当距离远时，心理预算周期会显著增长；在纸-笔实验中，数据结果也显示出同样的结论，越远的空间距离会促使女性产生更长的心理预算周期（$\chi^2 = 7.913$，$p =0.005<0.05$）；进一步，空间直线距离和出行延迟天数的回归结果也显示，相较于男性，女性的回归系数更高（$\beta_{男} = 0.222$，$\beta_{女} = 0.327$，$p <0.001$）；未来的研究可进一步研究性别不同所产生的跨期消费行为差异。

参 考 文 献

[1] 李春晓，于海波，屠金歌，等. 选择域视角的旅游目的地决策动态研究[J]. 南开管理评论，2018，21（3）：215-224.

[2] Thaler R. Some empirical evidence on dynamic inconsistency[J]. Economics Letters，1981，8（3）：201-207.

[3] Zauberman G，Kim B K，Malkoc S A，et al. Discounting time and time discounting：subjective time perception and intertemporal preferences[J]. Journal of Marketing Research，2009，46（4）：543-556.

[4] Crompton J L，Kim S. The influence of cognitive distance in vacation choice[J]. Annals of Tourism Research，2001，28（2）：512-515.

[5] 曹晶晶，章锦河，周珺，等. "远方"有多远？——感知距离对旅游目的地选择行为影响的研究进展[J]. 旅游学刊，2018，33（7）：103-118.

[6] Trope Y，Liberman N. Construal-level theory of psychological distance[J]. Psychological Review，2010，117（2）：440-463.

[7] Karl M，Reintinger C，Schmude J. Reject or select：mapping destination choice[J]. Annals of Tourism Research，2015，54：48-64.

[8] Walmsley D J，Jenkins J M. Cognitive distance：a neglected issue in travel behavior[J]. Journal of Travel Research，1992，31（1）：24-29.

[9] de Bondt W F M，Thaler R. Does the stock market overreact?[J]. The Journal of Finance，1985，40（3）：793-805.

[10 Thaler R H. Mental accounting matters[J]. Journal of Behavioral Decision Making，1999，12（3）：183-206.

[11] Kim B K，Zauberman G，Bettman J R. Space，time，and intertemporal preferences[J]. Journal of Consumer Research，2012，39（4）：867-880.

[12] 贾建民，耿维，徐戈，等. 大数据行为研究趋势：一个"时空关"的视角[J]. 管理世界，2020，36（2）：106-116，221.

[13] Samuelson P A. A note on measurement of utility[J]. The Review of Economic Studies，1937，4（2）：155-161.

[14] Strotz R H. Myopia and inconsistency in dynamic utility maximization[J]. The Review of Economic Studies，1955，23（3）：165-180.

[15] Prelec D，Loewenstein G. The red and the black：mental accounting of savings and debt[J]. Marketing Science，1998，17（1）：4-28.

[16] Williams L E，Bargh J A. Keeping one's distance：the influence of spatial distance cues on affect and evaluation[J]. Psychological Science，2008，19（3）：302-308.

[17] 王姣娥，胡浩. 基于空间距离和时间成本的中小文化旅游城市可达性研究[J]. 自然资源学报，2012，27（11）：1951-1961.

[18] Fujita K，Henderson M D，Eng J，et al. Spatial distance and mental construal of social events[J]. Psychological Science，2006，17（4）：278-282.

[19] Trope Y，Liberman N. Construal-level theory of psychological distance[J]. Psychological Review，2010，117（2）：440-463.

[20] Hui M K，Bateson J E G. Perceived control and the effects of crowding and consumer choice on the service experience[J]. Journal of Consumer Research，1991，18（2）：174-184.

[21] Hare T A，Camerer C F，Rangel A. Self-control in decision-making involves modulation of the vmPFC valuation system[J]. Science，2009，324（5927）：646-648.

[22] Faranda W T. A scale to measure the cognitive control form of perceived control：construction and preliminary assessment[J]. Psychology & Marketing，2001，18（12）：1259-1281.

[23] Kivetz R，Keinan A. Repenting hyperopia：an analysis of self-control regrets[J]. Journal of Consumer Research，2006，33（2）：273-282.

[24] Kirby K N，Herrnstein R J. Preference reversals due to myopic discounting of delayed reward[J]. Psychological Science，1995，6（2）：83-89.

[25] 李春晓，李辉，刘艳等，等. 多彩华夏：大数据视角的入境游客体验感知差异深描[J]. 南开管理评论，2020，23（1）：28-39.

[26] Li J J，Xu L Z，Tang L，et al. Big data in tourism research：a literature review[J]. Tourism Management，2018，68：301-323.

[27] 刘佳，吴晋峰，吴宝清，等. 中国人距离远近的感知标准及群体差异[J]. 人文地理，2015，30（6）：34-39.

[28] 望海军，汪涛. 顾客参与、感知控制与顾客满意度关系研究[J]. 管理科学，2007，20（3）：48-54.

Study of the Effects of Spacial Distance Information on Tourists' Decision-Making

HAO Liaogang[1]，HUO Jiale[1]，LIU Jianxi[2]

（1. School of Economics and Management，Southwest Jiaotong University，Chengdu 610031，China；

2. College of Light Industry and Engineering，Sichuan University，Chengdu 610065，China）

Abstract This paper explores the influence of spatial distance on the mental budget period length from the perspective of time and space，and constructs a tourism intertemporal consumption model based on the theory of mental accounting，Construal-level theory and time discount theory. At the same time，the perceived control is taken as the moderator variable. We also study the influence of mental budget period length on the delayed consumption behavior. The results show that：the spacial distance positively affects tourists' delayed consumption behavior; the spatial distance affects the length of mental budget period, and the distant spatial distance can stimulate consumers to make budgets in a longer period of time; At the same time, the perceived control has moderating influences, specifically, compared with the higher-perceive control environment, the spatial distance in the lower perceived control environment has a greater positive impact on the time span of the tourist's mental budget; furthermore, the mental budget period length will affect the delayed consumption behavior of tourists, the longer the time span of tourists' mental budget period the more tourists prefer to delay consumption.

Keywords　intertemporal consumption, time and space connection, mental budget period, perceived control, delayed consumption

作者简介：

郝辽钢（1978—），男，西南交通大学经济管理学院副教授、博士生导师，研究方向为市场营销、消费者行为，E-mail：haoliaogang@126.com。

霍佳乐（1994—），女，西南交通大学经济管理学院博士研究生，研究方向为市场营销与消费者行为，E-mail：771844204@qq.com。

刘健西（1979—），女，四川大学轻工科学与工程学院讲师、经济学博士，研究方向为宏观经济理论与政策、消费者行为，E-mail：liu_dreamer@126.com。

电子废弃物情境下的用户信息安全保护动机研究*

陈昊[1]，吕途[1]，张嵩[1, 2]

（1. 青岛大学商学院，山东 青岛　266061；

2. 青岛大学质量与标准化学院，山东 青岛　266061）

摘　要　未经妥善处理的电子废弃物中往往存储有海量私密信息。一旦信息泄露，可能导致身份盗用、财产损失，甚至危及国家安全。从行为学视角整合社会学习理论和保护动机理论，构建个体电子废弃物持有者信息安全保护动机要素模型。结构方程模型检验结果表明：信息安全意识是风险评估与应对评估产生的重要前因；感知威胁和自我效能是影响保护动机产生的关键因素；感知有效性负向影响保护动机，并且响应成本正向影响保护动机。

关键词　电子废弃物，隐私安全，保护动机理论，安全意识，响应成本

中图分类号　C931.6；G353.1

1　引言

电子废弃物是被持有者废弃且不会再次使用的电器或电子设备及其部件[1]。信息技术升级频率的加快带动了电子设备的快速更新换代。2019 年全球产生的电子废弃物总量达到了创纪录的 5 360 万吨，五年内激增 21%[2]。电子设备信息存储性能的改善与应用场景的扩展，使得多类型的海量信息可以通过电子设备存储和传输。电脑、手机、U 盘、智能设备和物联网设备等在正常使用时通常存储大量个人隐私信息、商业机密或政府机要文件。随着这些设备被废弃，且没有经过妥善的数据清理或设备处理，私有信息将可能被其他人员获取（直接读取或恢复数据），从而带来隐私信息安全隐患和财产损失[3, 4]，甚至威胁国家安全[5]。

近年来，个人隐私信息安全研究受到广泛关注[6]，学界就信息安全保护机制进行了行为学层面的深入探讨。人们普遍关注各行各业中正在使用中的电子设备的隐私安全及其保障措施使用，如关注医疗数据隐私泄露[7]和政府数据开放平台的隐私安全[8]，并尝试讨论通过安装防护软件保障计算机安全[9]、使用安全技术来保障手机安全[10]，以及电子设备失窃可能导致的信息安全危害及其补救[11]等。然而，对于电子废弃物，人们普遍认识到它们对于环境和健康的危害性，却忽视了其潜在的信息安全风险。调查显示，54%的废旧手机中含有诸如邮件列表、银行账户等隐私信息[12]，给身份盗用和信息诈骗带来可乘之机。

废弃物情境下的隐私信息安全面临着安全意识匮乏和忽视保护的问题。人们对废弃物情境下的隐私信息安全风险和其潜在的不良影响缺乏意识，从而无法从认知上重视和关注该安全风险。此外，废弃物中的隐私信息处置面临着技术困境，而人们往往缺少必要的安全知识和处置措施。例如，面对无法开机的废旧电子设备，人们多数不知道应该如何清理存储其中的隐私信息。当前研究缺乏电子废弃

---

* 基金项目：教育部人文社会科学规划基金项目（20YTC630003）、山东省高等学校"青创科技计划"（2019RWG031）。

通信作者：张嵩，青岛大学质量与标准化学院教授、博士生导师，E-mail：carolezh@sina.com。

物信息安全保护行为的探讨，相关保护机制有待建立。本文以此为契机，从设备持有者的立场，认为在废弃电子设备前进行有效的信息清理和设备处理是保障隐私信息安全的重要举措。研究整合社会学习理论和保护动机理论，构建保护电子废弃物信息安全的动机要素模型，揭示影响电子废弃物持有者实施信息安全保护行为的关键要素和影响机制。研究结论为电子废弃物信息安全管理提供理论证据，为政策制定与实践提供支持。

2 理论基础与研究假设

2.1 保护动机理论

保护动机理论（protection motivation theory，PMT）[13]认为动机产生是自身对威胁评估和应对评估的预判认知的结果。威胁评估包括感知严重性和感知易感性，分别用于评判威胁可能造成的后果严重程度，以及产生负面影响的可能性概率。应对评估解释了应对措施对威胁的处置有效性（感知有效性），揭示了应对这些威胁所需的能力（自我效能），以及实施应对措施所需的成本（响应成本）。如果人们相信应对措施是有效的、低成本的，并且他们有能力或信心去实践，那么他们会愿意采取应对措施。威胁评估和应对评估的建立依赖于外部环境信息的输入，如口头交流、可见的学习，或者源于他人经验[13]。Vance 等[14]的研究识别了源于先前经验的习惯对于保护动机认知评估的作用，Tu 等[11]则揭示了风险响应相关的知识、社会影响和威胁相关的经验对于保护动机认知评估的作用机制。由此，保护动机理论揭示了一个基于外部信息的风险决策评估过程。该理论被广泛应用于信息安全行为研究领域，探讨安全技术的采纳动机[15, 16]和预测组织与个体的信息安全行为[17, 18]。

保护动机理论认为风险评估包括感知易感性和感知严重性[13]，且风险评估认知通常是感知易感性和感知严重性共同作用的结果[19]。据此，本文将感知威胁作为风险评估的基本构念，指代个体对于威胁的易感性和严重性预判认知。根据保护动机理论，当个体认为自己容易成为威胁攻击的目标，且一旦遭受威胁会产生严重性的后果，那么保护动机随之产生。风险评估过程是安全保护行为的必要环节[20]。当电子废弃物持有者认为自己持有的废弃设备成为信息窃取者的攻击目标的可能性较高，并且信息泄露带来的影响严重性程度较高，那么他们会产生保护动机来实施保障信息安全的行动，以降低风险的发生概率。由此，提出假设：

H_1：感知威胁正向影响保护动机。

应对评估包括感知有效性、自我效能和响应成本[13]，通过效能成本分析驱动保护动机的产生。感知有效性是指对响应措施是否能够有效应对威胁的判定[21]。已有研究发现，感知有效性对安全技术的采纳有着积极的影响作用[9, 21]，响应措施越有效，越能够激发人们采取该措施来降低安全风险。同样，电子废弃物持有者通过有效的数据清理措施，如使用擦除工具清理数据或物理损坏（砸坏、消磁等）的方法处理废弃设备等，能够最大限度地避免信息泄露，因此人们倾向于采用自认为最有效的方法来保护废弃设备中的信息安全。由此，提出假设：

H_2：感知有效性正向影响保护动机。

自我效能是指采纳响应措施所需要的能力和信念的认知[22]。已有研究认为，高程度的自我效能是驱动个体采取 IT 安全行为的重要动力[9, 23]。由此，电子废弃物持有者的自我效能越高，即他们采取响应措施的能力和信心越高，越容易激发其采取这些措施来保障废弃物设备中的信息安全的意愿与动机。由此，提出假设：

H_3：自我效能正向影响保护动机。

响应成本是指采纳和实施响应措施所需要付出的成本，包括耗费的时间、金钱、努力，由此产生的不便、遇到的困难、复杂性、不愉快和可能带来的其他消极后果等[15, 24, 25]。已有研究发现响应成本与保护意愿呈负相关关系，即人们采取响应措施来保护信息安全的意愿随着响应成本的增加而降低[9, 10]。本文研究环境下的响应成本更加侧重于在采纳和实施响应措施时付出的努力和遇到的困难。电子废弃物持有者操作数据清理工具需要学习理解关键术语并掌握它的操作使用，在此过程中需要付出努力甚至会遇到困难。人们通常更愿意花费更少的成本来进行行为决策[9]。一旦人们认为自己无法掌握或者对于响应措施的实施有困难，那么他们将放弃采取这些措施。由此，提出假设：

H₄：响应成本负向影响保护动机。

2.2　社会学习理论

社会学习理论（social learning theory，SLT）认为个体行为是由认知和环境共同作用的结果[26]。该理论强调可见的外部刺激与环境反馈是认知形成的基础，并通过认知加工评估作用于个体的行为动机。社会学习理论的关键环节是学习[26]。个体不断地通过一系列可见的外部线索，如周围人的经验，或观察其他人的行动和反应结果，来形成并强化对于特定事件的看法和态度，继而模仿或借鉴他人的积极经验来处理应对自身遇到的同类或类似事件。学习过程的最终目的是通过外部信息的输入进行认知加工来形成自己的认识，从而做出理性的行为判定。社会学习理论被用于探讨计算机闲散行为[27]、计算机骚扰行为[28]与信息安全行为[29]等。在本文的信息安全情境下，个体对电子废弃物中潜在的信息安全风险的认知来源于社会学习的过程。通过一系列的外部信息源，如社会媒体和同事或亲朋的经验习得而获得外部线索信息。这些信息通过自身的认知加工，最终形成对电子废弃物情境下针对潜在的信息安全风险的知识，即信息安全意识。外部环境的关键作用隐含在信息安全意识的习得过程之中，是信息安全意识产生的必要前提和不可或缺的条件。

对电子废弃物的数据清理和设备处置与其持有者的信息安全意识和行为有着密切的关联，信息安全意识越低的设备持有者越容易低估信息安全风险，从而疏于应对。因此，从行为学视角出发探讨设备持有者保护电子废弃物信息安全意识，了解该保护行为决策发生的关键性要素显得尤为必要。根据已有研究[30]，将信息安全意识定义为个体对电子废弃物情境下信息安全潜在问题与后果的全部知识与理解，包括个体对电子废弃物环境下信息安全重要性的理解程度，以及使用潜在解决方案的认识程度等。

信息安全意识的作用路径可以用创新扩散理论[31]描述的决策过程框架，即"知识-说服-决策"链条进行解释。信息安全意识被视为知识，保护动机要素被视为说服的过程，保护动机作为决策的结果。基于这个思路过程，个体一旦获得对电子废弃物环境下的信息安全问题及潜在后果的知识，他们会综合评估自己可能受到的威胁的可能性和严重性，以及应对的途径和方法，继而刺激自身的保护动机决策的生成。据此，人们的信息安全意识越强烈，越容易知觉到自身可能遭遇的潜在信息安全威胁。由此，提出假设：

H₅：信息安全意识正向影响感知威胁。

已有研究发现通过信息安全知识与经验的培养，可以提升个人对信息安全风险的应对[15]与信息安全技术的采纳使用[32]。因此，信息安全意识较高的个体倾向于通过采取安全保障措施，如采用安全技术解决方案来保障信息安全，并且信息安全意识越高，个体知觉到的解决方案有效评价越客观[23]。由此，提出假设：

H₆：信息安全意识正向影响感知有效性。

电子废弃物环境下的信息安全保障有其情境特殊性。电子废弃物环境下的信息安全问题的解决涉及两个部分，即对内有信息的彻底清理和对电子设备的正确处置。只有完全清理掉内置数据，同时将设备进行安全处置，确保已经清理掉的内置数据不被再次恢复和读取，才算完成了安全保障行为。进行正确的设备处置和数据清理需要专业的知识来进行，对于绝大多数普通用户来讲，这些专有知识不见得人人都能够掌握和操作。特别是在诸如格式化和恢复出厂设置等处置方案被证实无法进行彻底数据清理[33]的情形下，人们了解到的电子废弃物环境下的信息安全知识越多，越可能会感觉到作为普通用户在风险规避和处置上的无能为力。例如，当无法正常开机使用的电子废弃物中存有重要信息时，普通个体用户多数不知道该如何处置清理内置信息，由此几乎没有办法去保障信息安全。由此，提出假设：

H₇：信息安全意识负向影响自我效能。

电子废弃物环境下的信息安全保障并非易事，人们需要付出必要的努力来学习专业知识，并掌握和应用处置方案。在这个过程中也必须要克服诸多困难，如普通用户因为知识匮乏和理解力差异，对信息安全专业知识的理解和掌握困难，应用处置方案过程中的操作困难，等等。当高信息安全意识的个体对电子废弃物隐私安全的危害知晓得越多、对现行解决方案了解得越多，那么他们越能够知道应对电子废弃物信息安全问题可能要付出更多的努力和克服更多的困难去寻找行之有效的解决办法才能实现信息安全保障。因此，信息安全意识高的个体越能够了解实施安全保障措施的响应成本。由此，提出假设：

H₈：信息安全意识正向影响响应成本。

综上，整合保护动机理论与社会学习理论建立研究模型，如图 1 所示。

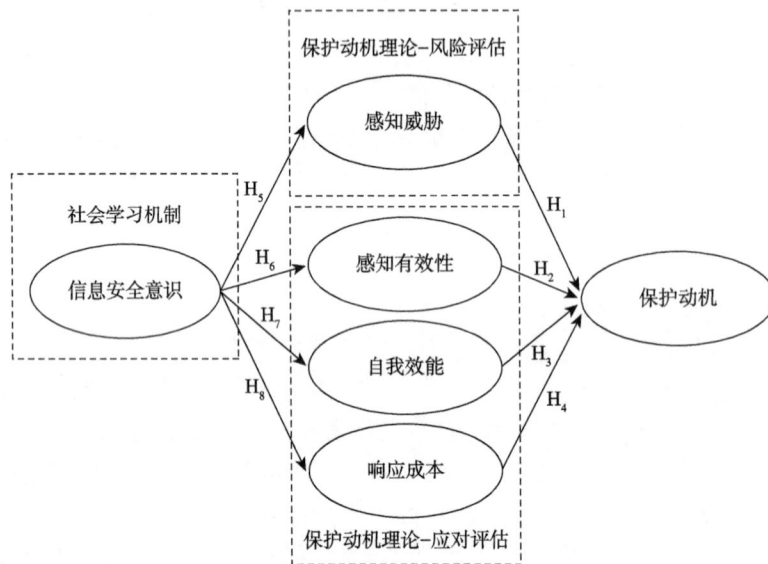

图 1　研究模型

3　研究方法与数据分析

3.1　量表设计与数据收集

大多数量表测度项来自已有文献，并针对研究情境进行了适当修订。保护动机的测度项设计参考电子废弃物的实际处理，从信息清理和设备处理两个层面来测度。其中，信息清理是指通过擦除存储在设备中的信息的方式来确保无（重要）数据残留在设备中或数据难以被读取和恢复。设备处理是指通过物理损坏（砸坏、消磁等）手段确保数据不被读取和恢复。采用 Likert 五级量表进行刻度，考察被试对测度项的基本观点和看法。其中，1~5 分别代表从完全不同意到完全同意的态度变化。量表初步开发完成之后，通过专家小组讨论，根据反馈进行问卷调整，最大限度地保证量表的内容效度。

考虑到智能手机在各个年龄层的普遍使用及其快速的产品推新频率，选取废弃智能手机作为电子废弃物的代表。调查对象选取过去三年内有过更换智能手机经验的，以及未来一年内有计划更换现有智能手机的人群。依托专业调研网站，随机向符合条件的受访者推送调研问卷。在调研结束后，对回收的样本数据进行筛选，剔除前后矛盾、明显的恶意回答等不合格问卷后，回收有效问卷共计 301 份。回收样本分布特征参见表 1。

表 1 样本描述性统计

分类指标		样本量/人	比例	分类指标		样本量/人	比例
性别	男	145	48.173%	月收入/元	≤3 000	62	20.598%
	女	156	51.827%		3 001~6 000	147	48.837%
年龄	20 岁及以下	9	2.990%		6 001~10 000	75	24.917%
	21~30 岁	151	50.166%		>10 000	17	5.648%
	31~40 岁	108	35.880%	学历	高中及以下	26	8.638%
	41 岁及以上	33	10.963%		本科及专科	212	70.432%
工作类型	知识工作者	180	59.801%		硕博研究生	61	20.266%
	体力劳动者	101	33.555%		其他	2	0.664%
	其他	20	6.645%				

3.2 数据分析与研究结果

选用 PLS 偏最小二乘法和 SmartPLS 3.0 工具进行数据分析。为了排除共同方法变异的影响，通过 PLS 方法[34]检验共同方法偏差，发现主因子的平均解释方差为 0.635，方法因子的平均解释方差为 0.003，并且绝大多数的方法因子的题项载荷是不显著的。另外，采用 Harman 单因子法检测发现非旋转因子中最大单因子解释的协方差仅为 23.51%（<50%）。两种方法检测结果均表明不存在共同方法偏差。此外，采用方差膨胀因子（variance inflation factor，VIF）检测变量之间的共线性是否存在。检测结果表明变量 VIF 值的范围为 1.044~1.494，均远小于 3.3 的推荐值，表明变量之间的共线性不存在。

1. 测量模型检验

首先对数据的信度进行检验，测量量表内容及各评价指标结果详见表 2。绝大多数构念的组合信度（CR）和 Cronbach's α 在 0.7 以上。感知有效性的 Cronbach's α 值非常接近 0.7，同样可以接受。由此，数据信度良好。其次进行效度检验。表 2 显示，平均变量萃取量（AVE）均大于 0.5，且根据表 3 交叉负荷和相关矩阵检验结果，所有测量项在各自的构念下的载荷值明显高于其他构念下的载荷值，且 AVE 平方根值大于所有的相关系数，表明数据的效度良好。此外，本文还采用 HTMT 矩阵（multitrait and multimethod matrix）检测区别效度。表 4 检测结果发现 HTMT 值均小于推荐值 0.85，表明区别效度良好。

表 2　测量量表和信度效度评价指标

构念及来源	测度项	因子载荷	AVE	CR	Cronbach's α
信息安全意识[30]	我通过新闻、互联网等了解到废旧手机存在信息安全隐患	0.846	0.683	0.896	0.846
	亲朋好友或周围的人谈论过关于废旧手机的信息安全问题	0.836			
	我了解废旧手机中潜在的信息安全问题的解决办法	0.810			
	我关注关于废旧手机信息安全问题的解决办法的新进展	0.813			
响应成本[9]	操作清理工具来清除废旧手机中的信息时有点麻烦	0.706	0.617	0.828	0.701
	应用清理工具擦除废旧手机中的信息需付出额外的努力（如需要学习清理工具的使用方法）	0.814			
	理解数据清理工具中涉及的专业术语或操作指令会有困难	0.830			
感知有效性[35]	我认为自己对保护废旧手机中的信息所做出的努力可以有效防止数据被窃取	0.821	0.624	0.832	0.698
	我认为自己对保护废旧手机中的信息所采取的措施可以有效阻止他人获取信息	0.806			
	我认为自己使用的防止废旧手机中的信息被恢复的举措对减少数据失窃非常有用	0.740			
感知威胁[35]	我的废旧手机很可能会成为他人窃取信息的目标	0.825	0.644	0.879	0.816
	我的废旧手机转手给他人后，数据信息有可能会被恢复	0.816			
	存储在废旧手机的信息可能会被泄露，因此隐私会被侵犯	0.805			
	废旧手机的信息安全问题很严重，应该被关注	0.765			
保护动机[35]	我打算采取措施擦除我的废旧手机中的数据文件	0.819	0.646	0.880	0.817
	我愿意采取措施清理我的废旧手机中的信息	0.810			
	我会妥善处置我的废旧手机以防止数据信息被他人获取*	0.775			
	我计划通过安全可靠的渠道来回收我的废旧手机以避免数据信息被他人获取*	0.811			
自我效能[35]	对我而言，采取措施来保护废旧手机中的信息很容易	0.768	0.643	0.879	0.815
	我有能力采取措施把废旧手机中的信息清理干净	0.834			
	我可以使用数据擦除工具来防止废旧手机信息被他人获取	0.821			
	我能够采用数据保护措施来防止废旧手机信息被他人恢复	0.782			

注：加*代表该测度项为自己开发

表 3　区别效度检验结果

构念	信息安全意识	响应成本	感知有效性	感知威胁	保护动机	自我效能
信息安全意识	**0.827**					
响应成本	0.270	**0.785**				
感知有效性	−0.074	0.306	**0.790**			
感知威胁	0.166	0.415	0.354	**0.802**		
保护动机	0.132	0.627	0.260	0.535	**0.804**	
自我效能	−0.162	0.176	0.442	0.039	0.257	**0.796**

注：黑体数字为 AVE 的平方根值

表 4　HTMT 检测结果

构念	信息安全意识	响应成本	感知有效性	感知威胁	保护动机	自我效能
信息安全意识						
响应成本	0.344					
感知有效性	0.124	0.446				
感知威胁	0.197	0.545	0.469			
保护动机	0.158	0.567	0.342	0.652		
自我效能	0.201	0.230	0.581	0.090	0.306	

2. 假设检验

假设检验的结果见图 2。模型的累计解释总体方差变异为 54.6%，其中控制变量解释总体方差变异为 2.9%。研究发现知识劳动者比体力工作者更倾向于产生电子废弃物情境下的信息安全保护动机。

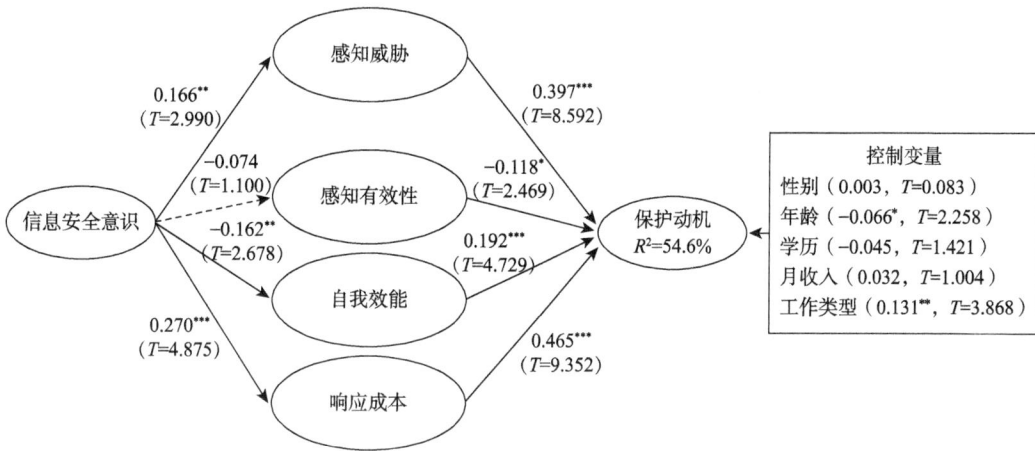

图 2　假设检验结果

***表示 $p < 0.001$，**表示 $p < 0.01$，*表示 $p < 0.05$；虚线表示路径不显著

感知威胁正向影响保护动机，H_1 得到支持。该研究结论与已有研究结论相同，均认为感知风险是激发保护动机的重要因素。电子废弃物持有者感知到的信息安全风险越高，越容易产生采取响应措施来保障信息安全的行为意愿。

感知有效性与保护动机之间的路径系数负向显著，与原假设相反，H_2 不被支持。已有研究普遍认为越是有效的响应措施越容易驱动保护动机的产生[9, 10]。与 Vance 等[14]的研究结论相同，本文没有发现感知有效性会降低保护动机。表 3 显示感知有效性与保护动机之间的相关系数为正（r=0.260），但假设检验结果发现两者之间的路径系数为负（β=-0.118）。为了解释这一变化，首先检验共线性。结果显示 VIF 为 1.494（<3.3），故共线性不存在。其次，检验压抑效应（suppression effect）[14, 36]，发现感知威胁是感知有效性的压抑变量（suppressor variable）。单独检测感知有效性与保护动机间的路径系数显著为正（β= 0.311，$p < 0.001$），这与保护动机理论的主旨相一致。

自我效能正向影响保护动机，H_3 得到支持。与已有研究结论相同，认为自我效能越高，越容易产生保护动机。电子废弃物持有者采取响应措施的能力和信念越高，其采取这些措施来保障信息安全的意愿越强。

响应成本与保护动机间的路径系数显著为正，与原假设相反，故 H_4 没有得到支持。通常，人们在理性思维的指引下会放弃高成本的响应措施，如张晓娟和李贞贞发现响应成本负向影响智能手机用户的信息安全行为意愿[10]。然而，本文却发现响应措施的高成本反而成了驱动电子废弃物持有者采取该措施保障信息安全的驱动力要素。已有研究中对响应成本与保护动机或保护行为之间的关联同样发现了与原 PMT 构念关联有所差异的结论，如响应成本对智能设备用户失窃情境下的安全保障行为不产生影响作用[35]。本文发现的结论与 Barlette 等的研究结论相似，他们的研究认为响应成本对领导者们（CEOs）的信息安全保护行为产生积极影响作用[37]。电子废弃物环境下，处置电子废弃物以及清理废弃物中的常见的手段，如格式化或者恢复出厂设置等方式并不能完全清除数据[33]，这无疑增加了个体的响应成本。因此，保障电子废弃物环境下的信息安全成为一项有难度、有挑战的任务。组织行为学文献认为，困难并非都是阻碍绩效的障碍，很多困难被认为具有挑战性，更容易激发员工的斗志[38]；心理学和信息系统研究文献也发现类似的结论，即人们更倾向于付出努力来挑战有一定难度的任务和工作，因为复杂任务比简单任务有更多的挑战性[39]。也就是说，这种困难性反而会促进个体对信息技术的积极态度，并提升其采纳的可能性[40]。结合研究结论，对于电子废弃物持有者来说，一旦他们认为自己成为信息安全事件的潜在受影响群体，那么他们愿意付出更多的努力、挑战更多的困难来保障信息安全，表现出"迎难而上"的行为特性。从这个层面讲，响应成本与保护动机之间的正向关系是合理的。

信息安全意识正向影响感知威胁，H_5 得到支持；信息安全意识与感知有效性间的路径系数不显著，H_6 没有得到支持。H_6 没有得到支持的原因可能与电子废弃物信息安全情境的特殊性有关。由于现有解决方案如格式化等方法在应对电子废弃物信息安全问题上的局限性[33]，人们对风险威胁了解得越深入以及对现有应对方案了解得越多，可能越容易产生对这些解决方案的有效性的质疑。此外，信息安全意识负向影响自我效能，正向影响响应成本，H_7 和 H_8 得到支持。上述两个研究结论与已有研究发现的信息安全意识正向影响自我效能[41]、负向影响响应成本[23]不同，这可能是电子废弃物研究情境的特殊性所致。

此外，研究发现年龄和工作属性对保护动机的影响。与高龄人群相比，年轻群体对电子废弃物环境下的信息安全保护更具行动力，容易产生保护动机；与体力劳动者相比，知识劳动者对电子废弃物信息安全保护的意愿更强烈。

4　研究贡献与展望

本文有如下理论贡献。首先，引入电子废弃物环境这一新情境，开展针对电子废弃物持有者的信息安全保障行为的实证研究。已有研究针对组织情境下和个体日常情境下正在使用中的设备的信息安全问题[9, 10]以及电子设备失窃情境下的信息安全行为问题[11]进行了大量探讨，电子废弃物的信息安全问题缺少行为学研究领域的讨论。本文整合社会学习理论和保护动机理论，构建了电子废弃物持有者实施保护行为的动机要素模型，并验证了模型的解释度和有效性。

其次，揭示了信息安全意识对电子废弃物环境下个体保护动机评估的关键作用。基于风险的决策认知过程应该通过学习机制获取足够的正确知识来对风险和应对进行精准评估，而后才能做出正确的行为决策。研究展示了信息安全意识对威胁评估的正向影响路径，以及对应对评估过程的多向性影响过程，即对自我效能产生负向影响，对响应成本产生正向影响，对感知有效性无影响。信息安全意识相关的研究一方面展示了学习机制对信息安全风险评估过程的预测力，拓展了社会学理论在信息安全行为研究中的解释和应用；另一方面与组织情境下的员工信息安全行为相关的研究结论[15, 23]不同，本文对信息安全意识的差异化作用机制的展示揭示了电子废弃物这一特殊信息安全情境下个体心理动机与行为动机结果的路径过程。这些路径结论的发现提示未来研究对特殊信息安全情境下的行为研究的关注。

最后，深化了对保护动机理论的理解。在电子废弃物环境下发现个体的风险应对评估要素与保护之间的新结论，即发现响应成本正向影响保护动机。该结论提示在理解特定环境下的个体信息安全行为时，不能完全按照既定的趋利避害思维来考虑问题，人们反而可能因为电子废弃物的难处置，而选择付出更多的努力和克服更多的困难，继而达成对信息安全的保障。该结论具有普遍的研究意义和价值，提示未来研究需要重新思考应对措施实施过程中遇到的成本及随后的行为决策。例如，已有研究往往认为当组织提供的解决方案的实施成本较高时，员工倾向于基于趋利避害的考虑，往往选择不去采用该解决方案来实施保护行为[9]。然而在组织面临新兴恶意计算机病毒攻击的时候，即便是潜在成本较高，也应该想尽办法对抗其可能带来的不利影响，而不是因为应对方法的困难或需要额外的努力就放弃对抗。

研究结论对于电子废弃物信息安全管理具有重要的参考意义和实践价值。首先，树立信息安全意识。应对风险的前提是能够有效地识别风险，因此对风险意识的培养显得至关重要。2016 年全国调查发现，超六成群众不能正确处置废旧手机，存在隐私泄露的可能性[42]。本文同样发现人们对如何应对电子废弃物信息安全风险缺乏足够的知识，以至于无法对风险应对进行准确评估。通过互联网、社会媒体等进行电子废弃物信息安全意识教育和知识传递是值得尝试的实践举措。其次，建立多渠道的电子废弃物处置机制，并通过服务或者设备硬件设计保护公众隐私。二手设备回收企业和电子设备厂商开始注意到电子废弃物信息安全问题，如华为提供以旧换新服务时开通了信息清理服务。对于社会公众而言，电子废弃物处置知识的缺失增加了其信息安全风险应对的难度。回收企业和电子设备制造商提供专业的信息清理服务无疑有助于公众安全地处置废旧设备以避免信息安全问题的侵扰，同时推动了废旧资源的合理配置。

本文尚存在一些不够完善和值得进一步探讨的地方。首先，选取废旧手机为代表探讨电子废弃物信息安全问题。此外，智能设备和物联网设备同样存储大量数据，如运动轨迹和位置信息、身体健康指标等隐私，未来可以针对新兴设备进行深入探讨。其次，企业和政府同样面临着废旧设备更换所带来的信息安全困境。通常，企业和政府的设备更换可能采取批量报废的形式，然而多数缺少电子废弃物管理准则，任何不严格的设备处置方式都有可能带来严重的信息安全隐患。未来研究可着眼于组织如何建立标准化可行性制度来规避电子废弃物的信息安全隐患。

参 考 文 献

[1] Baldé K，Wang F，Kuehr R，et al. The Global E-waste Monitor 2014[R]. Bonn，Germany，2015.

[2] Forti V，Baldé C P，Kuehr R，et al. The Global E-waste Monitor 2020. Quantities，flows，and the circular economy potential[R]. Unitar Scycle，2020.

[3] 中卫大城小事. 旧手机别随便卖！中卫市一男子刚卖完支付宝中 5000 元就没了！[EB/OL]. https://www.163.com/dy/article/FPD5VC2M0534MMOQ.html，2020-10-20.

[4] 广州日报. 破解旧手机盗刷 35 万余元，两男子获刑四年三个月[EB/OL]. https://news.dayoo.com/gzrbrmt/202011/10/158545_53644343.htm，2020-11-10.

[5] Robert M. Reportters find Northrop Grumman data in Ghana market [R]. IDG News Service，2009.

[6] 冯亚飞，严淳，胡昌平. 近 20 年来国内隐私领域研究的结构特征与热点透视[J]. 信息资源管理学报，2020，10（1）：65-74，101.

[7] 臧国全，张凯亮. 医疗数据隐私泄露容忍度的计量分析[J]. 信息资源管理学报，2020，10（4）：70-78，108.

[8] 杜荷花. 我国政府数据开放平台隐私保护评价体系构建研究[J]. 情报杂志，2020，39（3）：172-179.

[9] Liang H G, Xue Y J. Understanding security behaviors in personal computer usage：a threat avoidance perspective[J]. Journal of the Association for Information Systems, 2010, 11（7）：394-413.

[10] 张晓娟，李贞贞. 智能手机用户信息安全行为意向影响因素的实证研究[J]. 情报资料工作，2018，（1）：74-80.

[11] Tu Z L, Turel O, Yuan Y F, et al. Learning to cope with information security risks regarding mobile device loss or theft：an empirical examination[J]. Information & Management, 2015, 52（4）：506-517.

[12] Datashield. Consider the risks before you sell your old cell phone[DB/OL]. http://datashieldcorp.com/2014/02/05/selling-your-cell-phone/, 2014-02-05.

[13] Rogers R W. Cognitive and psychological processes in fear appeals and attitude change：a revised theory of protection motivation[C]//Cacioppo J, Petty R. Social Psychophysiology：A Sourcebook. New York：Guilford, 1983：153-176.

[14] Vance A, Siponen M, Pahnila S. Motivating IS security compliance：insights from habit and protection motivation theory[J]. Information & Management, 2012, 49（3/4）：190-198.

[15] Menard P, Bott G J, Crossler R E. User motivations in protecting information security：protection motivation theory versus self-determination theory[J]. Journal of Management Information Systems, 2017, 34（4）：1203-1230.

[16] Aurigemma S, Mattson T, Leonard L. Evaluating the core and full protection motivation theory nomologies for the voluntary adoption of password manager applications[J]. AIS Transactions on Replication Research, 2019, 5：article 3.

[17] van Bavel R, Rodríguez-Priego N, Vila J, et al. Using protection motivation theory in the design of nudges to improve online security behavior[J]. International Journal of Human-Computer Studies, 2019, 123：29-39.

[18] 甄杰，谢宗晓，李康宏，等. 组织内部员工的信息安全保护行为——基于 PMT 和 FA 整合视角的多案例研究[J]. 管理案例研究与评论，2017，10（2）：114-130.

[19] Liang H G, Xue Y J, Pinsonneault A, et al. What users do besides problem-focused coping when facing IT security threats：an emotion-focused coping perspective[J]. MIS Quarterly, 2019, 43（2）：373-394.

[20] Siponen M, Mahmood M A, Pahnila S. Employees' adherence to information security policies：an exploratory field study[J]. Information & Management, 2014, 51（2）：217-224.

[21] Johnston A C, Warkentin M. Fear appeals and information security behaviors：an empirical study[J]. MIS Quarterly, 2010, 34（3）：549-566.

[22] Verkijika S F. Understanding smartphone security behaviors：an extension of the protection motivation theory with anticipated regret[J]. Computers & Security, 2018, 77：860-870.

[23] Li L, He W, Xu L, et al. Investigating the impact of cybersecurity policy awareness on employees' cybersecurity behavior[J]. International Journal of Information Management, 2019, 45：13-24.

[24] Posey C, Roberts T L, Lowry P B. The impact of organizational commitment on insiders' motivation to protect organizational information assets[J]. Journal of Management Information Systems, 2015, 32（4）：179-214.

[25] Lee Y, Larsen K R. Threat or coping appraisal：determinants of SMB executives' decision to adopt anti-malware software[J]. European Journal of Information Systems, 2009, 18（2）：177-187.

[26] Bandura A. Social Foundations of Thought and Action：A Social Cognitive Theory[M]. Upper Saddle River：Prentice Hall, 1985.

[27] Khansa L, Kuem J, Siponen M, et al. To cyberloaf or not to cyberloaf：the impact of the announcement of formal organizational controls[J]. Journal of Management Information Systems, 2017, 34（1）：141-176.

[28] Lowry P B, Zhang J, Moody G D, et al. An integrative theory to addressing cyberharassment in the light of technology-based opportunism[J]. Journal of Management Information Systems, 2019, 36（4）：1142-1178.

[29] Merhi M I, Ahluwalia P. Examining the impact of deterrence factors and norms on resistance to information systems security[J]. Computers in Human Behavior, 2019, 92: 37-46.

[30] Bulgurcu B, Cavusoglu H, Benbasat I. Information security policy compliance: an empirical study of rational-based beliefs and information security awareness[J]. MIS Quarterly, 2010, 34（3）: 523-548.

[31] Rogers E M. Diffusion of Innovations[M]. 5th ed. New York: The Free Press, 1995.

[32] Dinev T, Hu Q. The centrality of awareness in the formation of user behavioral intention toward protective information technologies[J]. Journal of the Association for Information Systems, 2007, 8（7）: 386-408.

[33] Krumay B. The E-Waste-Privacy challenge: a grounded theory approach[C]//Schiffner S, Serna J, Ikonomou D, et al. Privacy Technologies and Policy. Berlin: Springer International Publishing, 2016: 48-68.

[34] Liang H G, Saraf N, Hu Q, et al. Assimilation of enterprise systems: the effect of institutional pressures and the mediating role of top management[J]. MIS Quarterly, 2007, 31（1）: 59-87.

[35] Tu Z L, Yuan Y F, Archer N. Understanding user behaviour in coping with security threats of mobile device loss and theft[J]. International Journal of Mobile Communications, 2014, 12（6）: 603-623.

[36] Petter S, Straub D, Rai A. Specifying formative constructs in information systems research[J]. MIS Quarterly, 2007, 31（4）: 623-656.

[37] Barlette Y, Gundolf K, Jaouen A. Toward a better understanding of SMB CEO's information security behavior: insights from threat or coping appraisal[J]. Journal of Intelligence Studies in Business, 2015, 5（1）: 5-17.

[38] van den Broeck A, de Cuyper N, de Witte H, et al. Not all job demands are equal: differentiating job hindrances and job challenges in the job demands-resources model[J]. European Journal of Work and Organizational Psychology, 2010, 19（6）: 735-759.

[39] Tsang P S, Velazquez V L, Vidulich M A. Viability of resource theories in explaining time-sharing performance[J]. Acta Psychologica, 1996, 91（2）: 175-206.

[40] Reynolds N, de Maya S R. The impact of complexity and perceived difficulty on consumer revisit intentions[J]. Journal of Marketing Management, 2013, 29（5/6）: 625-645.

[41] Arachchilage N A G, Love S. Security awareness of computer users: a phishing threat avoidance perspective[J]. Computers in Human Behavior, 2014, 38: 304-312.

[42] 中国青年政治学院互联网法治研究中心. 中国个人信息安全和隐私保护报告[EB/OL]. http://www.thecover.cn/news/158619, 2016-11-22.

Research on User Information Protection Motivation in the Context of E-waste

CHEN Hao[1], LYU Tu[1], ZHANG Song[1, 2]

（1. School of Business, Qingdao University, Qingdao 266061, China;

2. College of Quality and Standardization, Qingdao University, Qingdao 266061, China）

Abstract Electronic waste（E-waste）devices without proper disposal may store an amount of private information. Once this information is disclosed, serious consequences such as identity theft, and property loss may occur, even such disclosure may endanger national security. From a behavioral perspective, this study integrates the social learning theory（SLT）and protection motivation theory（PMT）to build a research model to reveal information security awareness and motivation factors that influencing E-waste owner's information security behavior. PLS-SEM model testing results indicated that information security awareness is the antecedent factor that motive E-waste owner's threat and coping appraisal; perceived threat and self-efficacy have direct effects on protection motivation; perceived effectiveness has a negative influence on motivation, and response cost positively impact protection motivation.

Keywords E-waste, privacy security, protection motivation, security awareness, response cost

作者简介

陈昊（1986—），男，青岛大学商学院副教授、硕士生导师，研究方向为行为信息安全管理、电子商务与 IT 行为等，E-mail：ch9569@qdu.edu.cn。

吕途（1988—），女，青岛大学商学院副教授、硕士生导师，研究方向为信息资源管理、创新创业等，E-mail：piko1210@126.com。

张嵩（1976—），女，青岛大学质量与标准化学院教授、博士生导师，研究方向为信息安全与隐私管理、社会化网络和商务数据分析、数字创业生态系统，E-mail：carolezh@sina.com。

数字经济产业集聚对创新驱动因素的影响研究
——基于省级面板数据的实证分析*

金鑫，李晓雯，张敏，王鲁滨，孙广华

（中央财经大学信息学院，北京 100081）

摘　要　通过2006~2017年29个省（自治区、直辖市）的面板数据进行实证研究，探讨了数字经济产业集聚与创新驱动因素之间的关系。研究发现，从全国层面来看，数字经济产业集聚与创新驱动因素具有正向影响关系；从地区层面来看，数字经济产业集聚与创新驱动因素的影响存在明显的地区异质性，东部地区出现拥挤效应。因此，数字经济可以通过集聚方式发展来提高地区创新水平，但各地区政府要因地制宜，避免单一产业过度集聚导致过度竞争等负面问题，出现拥挤效应等负效应。

关键词　数字经济，产业集聚，创新驱动因素，实证研究

中图分类号　F49

1 引言

2020 年《政府工作报告》明确指出国家继续出台数字经济支持政策，加速数字化转型，打造数字经济新优势。各地区积极响应党中央的号召，在数字经济产业集群上不断发力，涌现出一批优秀的数字经济产业园区，逐渐形成产业集聚态势。数字经济产业是指《国民经济行业分类》中的"计算机、通信和其他电子设备制造业""信息传输、软件和信息技术服务业"及其应用于传统产业部分，即包括数字产业化和产业数字化两部分[1]。

目前我国的经济发展进入新常态，传统粗放的要素投入驱动模式无法持续，必须依靠创新驱动。创新是数字经济可持续发展的关键驱动力[2]，数字经济也成为创新活动的集聚地和主战场[3]。创新的直接动力源泉是创新驱动因素。创新驱动因素不仅能够彰显出区域创新活力，而且能体现区域创新的持续性，是代表区域自主创新水平的重要指标。细化研究产业集聚对创新驱动因素的影响，能够提出更有针对性的政策建议，促进区域创新不断发展。

关于产业集聚与创新相关的观点在学术界已经得到广泛证实[4]，但不同类型的产业在驱动区域创新上具有显著差异性及地区异质性[5]。数字经济产业相较于传统产业具有绝对技术优势，所以现有关于产业集聚的研究不能直接应用于数字经济产业。数字经济产业集聚能够引发产业间的知识资源在区域内流动，同时也促进了人才的汇聚。此外，数字经济产业集聚的技术溢出效应加速了以企业为节点、以创新要素流动为链接的创新网络的形成，进而能显著地正向影响创新驱动因素。此外，数字经济产业带来的创新资源红利会打破区域内原有的竞争格局和利益分配格局，激发区域内企业的研发创新动力

---

* 基金项目：国家社会科学基金后期资助项目（19FGLB014）、北京市社会科学基金重大项目（15ZDA50）。

通信作者：张敏，中央财经大学信息学院博士研究生，E-mail：minniecufe@163.com。

和积极性。然而，数字经济产业集聚也可能抑制创新驱动因素。一方面，数字经济产业集聚有可能会引发拥挤效应[6]，技术拥挤效应会提高创新因素的成本，从而强迫企业减少研发创新活动，产生创新的挤出效应。另一方面，数字经济产业集聚也会引发寻租现象，数字经济将多个异质产业集聚在一起，某些企业可能直接从其他产业引进创新成果，这种寻租行为与企业创新的驱动因素有直接关系。

那么，我国数字经济产业的集聚现状会如何影响创新驱动因素呢？这种影响是否存在地区异质性？数字经济产业集聚会出现拥挤效应吗？解决以上问题，可以基于我国数字经济产业集聚的发展状况，全面分析探究产业集聚发展对地区创新驱动的影响，从而为后续各省（自治区、直辖市）采取集聚方式发展数字经济提供数据支持和理论支撑，有助于制定更加合理、全面的配套措施。同时，从产业集聚角度分析数字经济产业，也可以避免各地区盲目追求集聚，忽略过度集聚可能带来的负效应，从而抑制地区创新与发展。

本文从全国层面和地区层面分别展开实证研究，既能反映全国各省（自治区、直辖市）数字经济集聚发展与创新驱动因素的影响，又能反映其地区异质性，为后续数字经济发展提供更加精细化建议。各地区可以根据当地数字经济发展的现状，因地制宜制定发展政策，避免出现产业集聚带来的拥挤效应。同时本文划分了创新投入因素和创新产出因素，能够更加全面地分析数字经济产业集聚带来的地区创新优势，不但考虑了数字经济产业集聚对地区创新成果的影响，还综合考虑了地区创新活力、创新持续性和自主创新水平，能更加全面地反映数字经济产业集聚带来的创新优势，也为后续发展提供更加综合化的数据支撑和理论研究。

综上，本文的创新点有以下两个方面：

（1）丰富了数字经济产业集聚的定量研究。数字经济作为一种新经济形态，展开的定量研究近两年才开始出现，目前关于其产业集聚的定量研究较少。本文定量分析数字经济产业集聚与创新驱动因素的关系，并从不同层面展开深入分析，丰富了数字经济产业集聚的定量研究，为后续数字经济集聚发展提供更加精细化、综合化的数据支撑。

（2）深化研究创新驱动因素。学者在论证产业集聚与创新的关系时，对创新投入因素关注较少，但对数字经济产业来说，创新投入因素能够显著促进区域创新活力，推进研究与开发过程，是创新过程不可忽视的驱动因素。本文增加对创新投入因素的分析，更加全面地分析数字经济产业集聚带来的地区创新优势，为发展数字经济制定的创新配套措施提供更加全面、综合的理论基础。

2　文献综述与理论分析

2.1　数字经济与创新驱动因素

数字经济可以看成由信息经济发展而来。张亮亮等认为数字经济属于信息经济领域中的一部分，在实际测度上，其产业范围主要包括两类：①电子信息制造业、软件和信息技术服务业，即狭义的信息产业；②信息产业与其他产业的交叉和融合部分[7]。李晓华进一步完善数字经济的分类，认为可分成数字产业化即狭义的数字经济与产业数字化即广义的数字经济两种类型[1]。两者之间是相互促进的关系，数字产业化的发展为其他行业提供先进的技术、产品及服务，是数字经济发展的基础和核心；产业数字化的不断发展，推动各产业不断提升效率，推动我国经济转型升级，进而推动数字产业化的发展。本文依据《国民经济行业分类》，认为数字经济包括"计算机、通信和其他电子设备制造业""信息传输、软件和信息技术服务业"及其应用于传统产业部分，产业数字化部分基于增长核算模型进行规模测度，如表 1 所示。

表1　数字经济产业分类表

产业分类	具体产业	规模测度
数字产业化	计算机、通信和其他电子设备制造业（39） 信息传输、软件和信息技术服务业（63）	相关产业增加值加总 （统计年鉴获取）
产业数字化	数字产业融合传统产业部分	增长核算模型

注：括号内为该产业在《国民经济行业分类》中的产业代码

创新驱动因素是推动创新的各种因素的总和，是创新的动力源泉。由雷和李修全认为创新驱动因素可分为内部和外部两类，内部驱动因素主要指创新投入，此因素从侧面反映创新程度；外部驱动因素主要指创新产出，此因素从正面反映创新程度[8]。吴战勇也认为在区域创新过程中驱动因素可分为内部驱动因素和外部驱动因素，在众多的内部驱动因素中人才因素是最关键、基础的，在众多的外部驱动因素中对应新产品和服务市场需求的经济因素影响程度最大，是关键的驱动因素[9]。孙孝科按照表露性程度差异，将高校科技创新驱动因素分为内在和外在驱动因素两类，内在驱动因素指创新人员、科技科技发展，而外在驱动因素有现实技术需求、创新的示范效应等[10]。周雷梳理了关于区域创新驱动因素的文献，总结认为一个创新系统虽然会受到多个驱动因素的影响，但是主要来源于创新主体和创新环境，其中前者表现在研发驱动、人才驱动和不同产业驱动，后者主要指政策环境[5]。由此可以看出，创新驱动因素繁多，具体的划分，相关学者基于不同的角度也有不同的结论。

综上所述，本文将创新驱动因素同样分为创新投入因素和创新产出因素，其中创新投入因素是创新实施主体推动创新的内在动力，这部分从侧面反映创新，能够分析区域内创新的持续性和活跃度；创新产出因素主要是知识产出及其应用带来的经济利益，这部分正面反映创新，能清晰展示当前创新的成果。

2.2　产业集聚与创新

产业集聚与创新的研究虽然一直是学术界讨论和研究的热点，但是目前没有统一的定论。赵婷婷和许梦博通过分析产业集聚的知识溢出机制，认为产业集聚具有规模效应，有助于创新成果的转化，进而带动区域创新发展[4]。张萃通过分析知识溢出的空间特性、技术知识的缄默性、集聚企业的互动性，分析了产业集聚的创新机制[11]。Brülhart和Sbergami也认为产业集聚能够引起经济增长，但不同阶段反应不同[12]。张可和毛金祥利用空间计量模型分析了长三角经济区产业集聚对创新的影响，得出不同地区存在差异的结论[13]。Wersching认为处于初创期和成长期的企业，地理邻近性增强了创新，特别是产品创新的数量[14]。但熊璞和李超民认为由于产业集聚过高，会带来过度竞争等一系列问题，不利于区域创新，即产业集聚存在门槛效应[15]。产业过度集聚容易导致集聚区内企业过度竞争、创新成本增多、创新积极性下降、资源不足等一系列问题，出现拥挤效应。综上所述，有些学者认为产业集聚对创新驱动因素有积极影响，也有学者认为它会产生消极影响。

数字经济产业集聚主要表现为多元化集聚形式，即数字经济产业与其他异质产业在区域内发生集聚。Wang等的研究发现产业的多样化集聚可以显著促进区域创新[16]。彭向和蒋传海通过中国工业企业数据库的数据分析发现，与产业的专业化集聚相比，产业的多元化集聚对区域创新的推动效果更大[17]。柳卸林和杨博旭发现产业多元化集聚和专业化集聚均对区域创新绩效具有显著正向影响，但随着区域创新能力的提升，产业集聚的外部性会降低[18]。薛贺香和蔡哲以河南省为例，建立产业集聚对区域创新绩效影响的计量经济模型，研究结果表明河南省产业的相关多样化集聚对于提高河南省区域创新具有一定的促进作用[19]。

国内对数字经济的研究起步较晚，其定量研究较少，对于目前呈现的数字经济产业集聚现象的定量研究更为缺失。总体来说，现有研究的不足主要有以下两个方面：①基于数字经济领域的定量研究较少，由于行业异质性，现有的产业集聚研究不能直接应用于数字经济产业。②在产业集聚与创新驱动方面，现有文献大多关注创新产出，忽略对创新投入的研究。本文将尝试讨论数字经济产业集聚如何影响创新驱动因素，并从全国层面和地区层面分别展开实证研究，这能够在更加细致的空间尺度上对二者之间的关系进行探讨。

3　模型设计

3.1　模型构建

由于本文是关于数字经济产业集聚与创新驱动因素的研究，所以模型的设计主要包含两个方面：一是反映数字经济产业集聚程度，二是反映数字经济创新驱动因素。用区位熵来表示产业集聚程度是相关文献中使用最普遍的测量方法[20]，因此本文采用区位熵作为产业集聚的变量；创新驱动因素包括创新投入和创新产出两个方面。为了使结果更加准确、全面，本文在模型中还加入影响数字经济产业集聚与创新驱动因素的其他变量。同时考虑到部分变量数值差异较大，因此对部分变量采用对数化处理，使序列平稳。因此，本文建立如下半对数模型：

$$\ln Y_{it} = \alpha + \beta_0 X_{it} + \beta_1 \ln(Z1_{it}) + \beta_2 \ln(Z2_{it}) + \beta_3 \ln(Z3_{it}) + \lambda_i + \mu_t + \varepsilon \tag{1}$$

其中，角标 i 表示省份，角标 t 表示时间，Y 表示创新驱动因素；X 表示区位熵；$Z1$ 表示政府干预程度；$Z2$ 表示区域的信息基础设施水平，$Z3$ 表示区域对外投资水平；λ 表示个体固定效应，μ 表示时间固定效应，ε 为误差项。同时考虑到部分变量数值差异较大，因此对部分变量采用对数化处理，使序列平稳。

3.2　变量说明

1. 解释变量

本文使用区位熵来衡量数字经济产业的集聚程度，符号为 X。区位熵的数值越大，表示该地区数字经济产业的集聚程度越高，反之，集聚程度越低。

区位熵的计算公式为

$$\mathrm{LQ}_{ij} = \frac{q_{ij} \big/ \sum_i q_{ij}}{\sum_j q_{ij} \big/ \sum_i \sum_j q_{ij}} \tag{2}$$

其中，i 代表数字经济的细分产业：ICT 制造业、ICT 服务业、ICT 制造业融合和服务业融合（$i=1,2,3,4$），q_{ij} 为 i 产业在 j 地区的数字经济的产业规模，$\sum_i q_{ij}$ 为在 i 产业全国数字经济产业的规模，$\sum_j q_{ij}$ 为 i 产业在 j 地区生产总值，$\sum_i \sum_j q_{ij}$ 为四类数字经济细分产业在全国的生产总值。

数字经济的生产规模包括数字产业化和产业数字化两部分。其中，数字产业化部分为相关产业的增加值之和；产业数字化部分，本文借鉴董弢[21]、彭刚和赵乐新[22]、中国信息通信研究院的方法，采用增长核算模型进行测算。

2. 被解释变量

本文从创新投入因素和创新产出因素这两方面对创新驱动因素进行测度。对于创新投入，主要包含研发人员投入和研发经费投入。借鉴潘娟和张玉喜[23]的研究，本文用各地区 R&D 人数占就业人口的比重来衡量研发人员的投入，采用各地区 R&D 内部经费支出占地区生产总值的比重来衡量研发经费的投入。创新产出主要包括知识型创新产出和应用型创新产出。借鉴赵青霞等[20]的研究，使用人均专利申请量来衡量知识型创新产出，借鉴张涵[24]的研究，用新产品销售收入指标来衡量应用型创新产出。通过主成分分析的方法，将以上研发人员投入、研发经费投入、知识型创新产出、应用型创新产出 4 个指标的数据标准化后降维处理，得到的创新驱动因素的综合指数，记作 Y。

    3. 控制变量

    考虑各省（自治区、直辖市）发展差异以及数字经济产业本身的特点，选取了如下的宏观指标作为控制变量。

    政府干预程度，符号为 $Z1$。借鉴车德欣等[25]的研究，本文用"地方财政用于科学技术的支出"来表示政府的干预程度，即政府对创新的支持程度。信息基础设施，符号为 $Z2$。借鉴王帅和周明生[26]的研究，邮电业务总量是反映多领域信息基础设施产出的综合性指标，因此本文用"人均邮电总量"来表示信息基础设施。对外投资水平，符号为 $Z3$。借鉴韩术斌[27]的研究，本文使用各省（自治区、直辖市）外商投资额占地区生产总值的比重表示。金融发展水平，符号为 $Z4$。借鉴周兵等[28]的研究，本文使用金融机构贷款余额占地区生产总值的比重来表示。教育水平，符号为 $Z5$。借鉴张可[29]的研究，本文使用各省（自治区、直辖市）高校师生比来表示。

3.3 数据来源

    本文针对 2006~2017 年中国 29 个省（自治区、直辖市）展开研究，形成了 348 个省级的均衡面板观测数据。西藏、青海由于数据统计缺失，香港、澳门和台湾在统计口径方面与其他省份存在一定差异，故不考虑在内。所有的数据均来源于国家统计局、各地区统计年鉴、《中国科技统计年鉴》、《中国电子信息产业统计年鉴》。表 2 为各变量的描述性统计结果。

表 2   各变量描述性统计

变量类型	变量名	符号	观测值	均值	标准差	最小值	最大值
因变量	创新驱动指数	Y	348	5.35×10^{-17}	0.983 9	−1.946 2	2.216 6
自变量	区位熵	X	348	0.920 2	0.266 8	0.155 5	1.934 3
控制变量	政府干预程度	$Z1$	348	0.492 8	0.554 9	−0.331 9	1.974 3
	信息基础设施	$Z2$	348	7.335 9	0.507 4	6.365 2	8.741 2
	对外投资水平	$Z3$	348	3.241 0	0.866 8	1.561 8	6.346 5
	金融发展水平	$Z4$	348	2.865 2	1.218 1	1.279 3	10.866 2
	教育水平	$Z5$	348	17.501 1	0.885 1	14.9	19.37

    为了检验相关变量是否存在多重共线性，本文计算了变量相关系数和 VIF。一般认为相关系数大于 0.9，VIF 大于 10 存在多重共线性。由表 3 可以看出，相关系数大多在 0.7 以下，VIF 不超过 7，因此不存在多重共线性。

表 3   变量相关系数表

变量	区位熵	创新驱动指数	政府干预程度	信息基础设施	对外投资水平	金融发展水平	教育水平
	X	Y	$Z1$	$Z2$	$Z3$	$Z4$	$Z5$
X	1.000						
Y	0.618***	1.000					
$Z1$	0.832***	0.563***	1.000				

续表

变量	区位熵	创新驱动指数	政府干预程度	信息基础设施	对外投资水平	金融发展水平	教育水平
	X	Y	$Z1$	$Z2$	$Z3$	$Z4$	$Z5$
$Z2$	0.578***	0.336***	0.659***	1.000			
$Z3$	0.585***	0.460***	0.653***	0.617***	1.000		
$Z4$	0.422***	0.175***	0.501***	0.578***	0.418***	1.000	
$Z5$	−0.370***	−0.102*	−0.319***	−0.339***	−0.210***	−0.193***	1.000
VIF	1.67		3.34	6.36	2.54	1.97	1.29

***、*分别代表在 0.01、0.1 水平（双侧）上显著

4　实证分析

4.1　各地区发展现状结果统计

　　2017 年各省（自治区、直辖市）数字经济产业发展规模如图 1 所示，江苏省、广东省、山东省的数字经济比较发达，在全国排名前三，各省（自治区、直辖市）之间数字经济发展差距较大。广东省、江苏省、重庆市的数字经济产业集聚程度较高，各省（自治区、直辖市）区位熵多在 0~2 变化。表 4 列出 2015~2017 年各省（自治区、直辖市）数字经济区位熵值，东部地区的区位熵多在 0.8 以上，数字经济集聚发展明显。

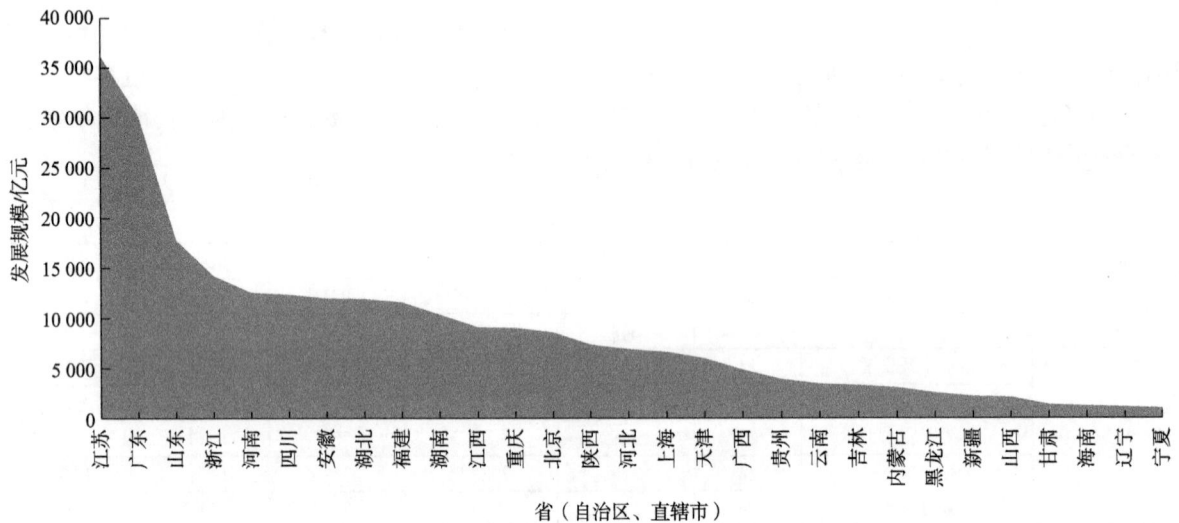

图 1　各省（自治区、直辖市）数字经济发展规模

表 4　各省（自治区、直辖市）部分年份数字经济区位熵值

地区	省（自治区、直辖市）	2015 年	2016 年	2017 年
	北京	1.147 937 667	1.090 782 831	1.073 032 876
	天津	1.197 428 373	1.205 477 021	1.117 881 048
东部地区	河北	0.692 917 595	0.708 710 718	0.710 862 804
	上海	0.867 633 016	0.789 959 847	0.750 131 607
	江苏	1.514 270 766	1.501 338 469	1.484 698 909

续表

地区	省（自治区、直辖市）	2015 年	2016 年	2017 年
东部地区	浙江	0.939 838 513	0.979 663 195	0.962 734 895
	福建	1.099 823 239	1.219 343 381	1.263 616 159
	山东	0.902 524 707	0.903 634 194	0.857 996 075
	广东	1.213 239 235	1.198 751 565	1.184 438 459
	海南	0.896 195 478	0.923 039 104	0.914 746 126
东北部地区	辽宁	0.841 239 507	0.155 527 426	0.159 361 224
	吉林	0.787 323 597	0.800 736 867	0.754 193 021
	黑龙江	0.587 922 475	0.570 912 986	0.548 487 751
中部地区	山西	0.546 781 969	0.525 064 699	0.460 316 295
	安徽	1.339 312 59	1.462 108 162	1.554 503 277
	江西	1.368 693 264	1.483 499 881	1.590 358 062
	河南	0.988 285 755	1.013 196 064	0.988 370 155
	湖北	1.132 874 4	1.180 066 337	1.177 463 75
	湖南	1.035 215 799	1.055 654 148	1.069 512 952
西部地区	内蒙古	0.876 348 153	0.853 408 937	0.649 662 488
	广西	0.922 721 101	0.952 922 77	0.906 872 032
	重庆	1.418 559 439	1.682 343 861	1.628 210 528
	四川	1.066 106 543	0.986 268 737	1.172 604 805
	贵州	0.748 070 345	0.823 719 693	0.994 825 311
	云南	0.633 619 564	0.755 499 039	0.721 974 443
	陕西	1.118 759 836	1.163 138 453	1.173 539 84
	甘肃	0.667 324 199	0.685 795 663	0.605 908 977
	宁夏	0.753 753 334	0.864 872 626	0.956 927 171
	新疆	0.661 216 391	0.655 726 223	0.686 255 272

注：受篇幅影响，只展示 2015~2017 年的区位熵值

4.2 基于全国层面的回归分析

本文属于短面板数据，根据相关的面板数据分析方法，一般不进行变量的平稳性检验。但是在进行模型选择时，需要进行 F 检验与 Hausman 检验，确定选择混合回归模型、固定效应模型还是随机效应模型进行分析，同时，模型中控制了个体固定效应和时间固定效应。

由表 5 所示，在回归模型中各个变量均在 0.05 的置信区间上显著，变量通过显著性检验；模型 F 检验的 p 值均为 0，模型通过显著性检验，因此模型设置合理。

表5　基于全国层面回归分析结果

变量	创新驱动指数
区位熵 X	0.34^{***} （0.06）
政府干预程度 $Z1$	0.16^{***} （0.04）

续表

变量	创新驱动指数
信息基础设施 Z2	0.45*** （0.08）
对外投资水平 Z3	−0.08*** （0.03）
金融发展水平 Z4	0.03** （0.01）
教育水平 Z5	−0.01*** （0.09）
截距项	−3.15*** （0.61）
F检验	10.04 （p=0.000 0）
Hausman 检验	876.68 （p=0.000 0）
模型选择	固定效应模型

***、**分别代表在 0.01、0.05 水平（双侧）上显著

上述结果表明，区位熵对创新驱动指数具有正向的系数，即从全国层面来看，数字经济产业集聚与创新驱动因素有正向影响，数字经济产业集聚程度越高，地区的创新驱动因素水平越高，相应的地区创新水平就越高。在模型中，数字经济产业集聚程度对创新驱动指数呈正向影响，在 0.01 的置信区间下，数字经济产业集聚程度每提高 1%，创新驱动指数增加 34%，影响是显著的。

4.3 稳健性检验

在本文中，我们使用解释变量的滞后项进行稳健性检验，进行两阶段最小二乘回归。结果如表 6 所示。

表 6 两阶段最小二乘回归

变量	Y
区位熵 X	0.293*** （0.08）
政府干预程度 Z1	0.224*** （0.05）
信息基础设施 Z2	0.051*** （0.03）
对外投资水平 Z3	−0.051*** （0.03）
金融发展水平 Z4	0.011 （0.01）
教育水平 Z5	−0.024* （0.01）
Kleibergen-Paap rk LM 检验	177.015 [0.000 0]
Kleibergen-Paap rk Wald F 检验	449.775 {16.38}

***、*分别代表在 0.01、0.1 水平（双侧）上显著

注：拒绝 Kleibergen-Paap rk LM 检验，说明工具变量合理，拒绝 Kleibergen-Paap rk Wald F 检验，说明工具变量合理；[　]内为对应检验的 p 值；{　}内为 Stock-Yogo 测试在 0.1 水平上的临界值

如表 6 所示的回归结果，模型变量的系数在 0.01 的显著性水平下仍为正且显著，结果与前面的结果一致。因此，我们的模型是可靠的。

4.4 基于地区层面的回归分析

基于前述的分析，在全国层面下，数字经济产业集聚对创新驱动因素存在正向影响。但是，由于资源禀赋和发展阶段的不同，无论是数字经济产业集聚水平还是创新发展情况，在区域分布上都存在着明显的异质性特点。因此，数字经济产业集聚与创新驱动因素之间的关系也可能存在地区层级上的异质性，有必要对此进行深入讨论。本文进一步将全国划分为东、东北、中、西部分别进行面板回归，研究不同地区是否存在差异，探讨数字经济产业集聚是否出现了拥挤效应，研究结果如表7所示。

表 7 基于地区层面的回归分析结果

变量	Y			
	东部地区	东北部地区	中部地区	西部地区
区位熵 X	−0.149 （0.11）	0.579* （0.33）	0.538*** （0.15）	0.145** （0.07）
政府干预程度 $Z1$	0.001 （0.06）	0.237 （0.22）	−0.063 （0.18）	0.026 （0.79）
信息基础设施 $Z2$	0.094 （0.11）	−0.028 （0.73）	2.016*** （0.31）	0.128 （0.11）
对外投资水平 $Z3$	−0.118*** （0.04）	0.009 （0.17）	−0.019 （0.10）	−0.029 （0.04）
金融发展水平 $Z4$	−0.140*** （0.04）	0.004 （0.02）	0.078 （0.14）	−0.099* （0.06）
教育水平 $Z5$	−0.067*** （0.02）	0.010 （0.04）	0.082** （0.03）	−0.026 （0.02）
截距项	2.008* （1.08）	0.340 （4.68）	−15.531** （2.14）	−0.913 （0.97）
F 检验	4.18 （$p=0.0000$）	13.79 （$p=0.0000$）	15.50 （$p=0.0000$）	1.91 （$p=0.0261$）
Hausman 检验	182.10 （$p=0.0000$）	25.44 （$p=0.0000$）	98.90 （$p=0.0000$）	37.75 （$p=0.0476$）
模型选择	固定效应模型	固定效应模型	固定效应模型	固定效应模型

***、**、*分别代表在 0.01、0.05、0.1 水平（双侧）上显著

通过上述结果，可以看出东北部、中部和西部地区与全国情况一致，而且系数比全国范围内更大，说明数字经济产业集聚对创新驱动因素的正向影响在这些地区更加明显。但是东部地区与全国情况存在差异，东部地区的解释变量系数出现负数，说明东部地区的数字经济产业集聚出现了拥挤效应。东部地区经济较为发达，数字经济产业集聚程度较高，但过度集聚容易导致企业间竞争加剧，而创新活动又是一项高投入的活动，各企业一方面要应付竞争压力，另一方面资源有限，因此势必会通过削弱创新投入渡过生存危机，相应的创新产出也会减少。在这种情况下，创新驱动因素受到抑制，所以创新驱动指数的系数是负的。

5 结语

本文通过分析 2006~2017 年 29 个省（自治区、直辖市）的面板数据，探讨了数字经济产业集聚对创新驱动因素的影响。研究发现，在全国范围内，数字经济产业集聚对创新驱动因素具有正向影响，说明数字经济产业可以通过产业集群、产业数字园的方式集聚发展，集聚发展带来知识溢出作

用，使得各企业间能更加便利地接触到先进技术，促进自身不断创新升级，同时集聚使得整个区域创新环境好，吸纳外部的科研人才、资金，自身加大创新投入，不断促进创新成果的转化，驱动区域创新。从区域范围来看，数字经济产业集聚对创新驱动因素的正向影响存在地区异质性，相比于全国范围内，东北、中、西部地区的数字经济更加适合集聚发展，而东部地区产业集聚出现拥挤效应，即数字经济产业集聚对创新驱动因素具有了负向影响。东北、中、西部数字经济集聚程度较低，此时集聚发展数字经济伴随着较大的创新优势，处于集聚发展的黄金时期，但东部地区产业集聚程度较高，数字经济集聚带来的弊端超过优势，各企业忙于应付竞争压力，挤压了创新发展的资金、人力和成果转化动力，因此对于东部地区来说，要避免单一产业集聚发展导致竞争过度等一系列负面问题，多样化产业均衡发展才是好的创新环境。

数字经济作为一种新经济形态，尚没有成熟的发展经验可以借鉴，缺乏明晰的方向引导，政府作为一个地区的领导者、指挥者，应该发挥好经济发展的引领作用。为响应国家加快发展数字经济，积极培育新型产业集群的号召，各地政府推出了若干措施来发展数字经济产业，很多地区开始创办当地的数字经济产业园区，园区一成立就吸引了不少相关企业入驻，很受当地企业欢迎。但是各地政府在发展数字经济时要结合地区异质性，基于本文实证研究结果及讨论，提出以下政策建议。

（1）布局数字经济发展，合理推动集聚创新。通过本文的实证结果可以看出，数字经济产业适度集聚有利于创新驱动因素的发展，但过度集聚会产生拥挤效应。因此，数字经济的发展战略仍然是国家产业集聚。但不同地区的发展现状差异较大，需要制定差异化的发展战略。在部分发达地区，数字经济发展到一定规模后，政府应更加重视发展质量，各地区应合理发展数字经济产业，注重发展质量和产业多元化。通过对上下游产业的引进，数字化技术在行业中的应用达到更高水平的发展和创新。在欠发达的中、西部地区，发展的重点还在规模上。通过促进产业集聚，影响区域创新。避免过度追求高集聚发展，造成创新资源的浪费。

（2）保障创新投入发展，提高自主创新能力。落实创新投入保障政策，提高企业自主创新能力。实施适当的人才政策，特别是数字人才。有效解决人才关心的户口、医疗、社会保障等问题。落实资助政策，鼓励企业增加科研经费投入，如通过减税、增加财政支持等。在规划产业园区时，要实施相应的人才政策。鼓励引进数字人才，鼓励企业增加科研经费支出。

（3）完善创新保护机制，激发区域创新热情。各地区应保护创新成果的合法权益，促进创新成果的产生。各地区可完善专利、新产品、新技术等政策，设立相关授权维权机构。政府能够及时有效地保护创新成果，降低企业保护成本，提高创新的主动性。完善专利、新产品、新技术等创新成果保护政策，保障创新成果，尊重创新人才。

（4）加强地区交流与合作，培育积极创新环境。从本文的实证结果来看，由于集聚区企业的知识溢出作用，数字经济产业集聚能够正向创新驱动因素。加强区域合作，扩大知识和技能的扩散、溢出效应，可以培育良好的创新环境，激发地方创新活力，营造积极的创新环境。通过举办展会和交流会，邀请各地先进企业前来交流先进技术和理念。

本文初步探究了数字经济产业集聚会出现拥挤效应，但并没有探讨集聚程度对拥挤效应的影响程度。未来，我们将进一步研究数字经济产业集聚的门槛效应，并指出其合理的发展范围。

参 考 文 献

[1] 李晓华. 数字经济新特征与数字经济新动能的形成机制[J]. 改革，2019，（11）：40-51.

[2] Conceição P, Gibson D V, Heitor M V, et al. Beyond the digital economy：a perspective on innovation for the learning

society[J]. Technological Forecasting and Social Change，2001，67（2/3）：115-142.

[3] 张志乔. 浅析创新驱动与我国数字经济发展[J]. 数字技术与应用，2019，37（12）：204-205.

[4] 赵婷婷，许梦博. 产业集聚影响区域创新的机制与效应——基于中国省级面板数据的实证检验[J]. 科学管理研究，2020，38（1）：83-88.

[5] 周蕾. 区域科技创新的驱动因素研究综述[J]. 科技经济导刊，2019，27（13）：221.

[6] 李君华. 学习效应、拥挤性、地区的分工和集聚[J]. 经济学（季刊），2009，8（3）：787-812.

[7] 张亮亮，刘小凤，陈志. 中国数字经济发展的战略思考[J]. 现代管理科学，2018，（5）：88-90.

[8] 由雷，李修全. "数字经济"背景下的地区创新驱动发展模式研究——以北京市为例[J]. 中国经贸导刊（理论版），2018，（8）：36-39.

[9] 吴战勇. 区域经济创新的关键驱动因素与发展路径[J]. 统计与决策，2017，（18）：71-73.

[10] 孙孝科. 高校科技创新驱动因素：内涵、表征、关系及其调适[J]. 科学学与科学技术管理，2005，（12）：92-97.

[11] 张萃. 产业集聚与创新：命题梳理与微观机制分析[J]. 科学管理研究，2010，28（3）：1-4.

[12] Brülhart M，Sbergami F. Agglomeration and growth：cross-country evidence[J]. Journal of Urban Economics，2009，65（1）：48-63.

[13] 张可，毛金祥. 产业共聚、区域创新与空间溢出——基于长三角地区的实证分析[J]. 华中科技大学学报（社会科学版），2018，32（4）：76-88.

[14] Wersching K. Agglomeration in an innovative and differentiated industry with heterogeneous knowledge spillovers[J]. Journal of Economic Interaction and Coordination，2007，2（1）：1-25.

[15] 熊璞，李超民. 高技术产业集聚对区域创新的影响：促进还是阻碍?[J]. 金融与经济，2020，（1）：58-64.

[16] Wang Y D，Pan X，Li J，et al. Does technological diversification matter for regional innovation capability? Evidence from China[J]. Technology Analysis & Strategic Management，2016，28（3）：323-334.

[17] 彭向，蒋传海. 产业集聚、知识溢出与地区创新——基于中国工业行业的实证检验[J]. 经济学（季刊），2011，10（3）：913-934.

[18] 柳卸林，杨博旭. 多元化还是专业化? 产业集聚对区域创新绩效的影响机制研究[J]. 中国软科学，2020，（9）：141-161.

[19] 薛贺香，蔡哲. 产业专业化、多样化集聚对区域创新绩效的影响——以河南省为例[J]. 北方经贸，2020，（11）：117-119.

[20] 赵青霞，夏传信，施建军. 科技人才集聚、产业集聚和区域创新能力——基于京津冀、长三角、珠三角地区的实证分析[J]. 科技管理研究，2019，39（24）：54-62.

[21] 董弢. 基于ICT行业研究测算中国数字经济规模[D]. 西南财经大学硕士学位论文，2019.

[22] 彭刚，赵乐新. 中国数字经济总量测算问题研究——兼论数字经济与我国经济增长动能转换[J]. 统计学报，2020，1（3）：1-13.

[23] 潘娟，张玉喜. 中国研发投入科技创新效率的PP-SFA分析——基于中国30个省域实证研究[J]. 系统工程，2019，37（2）：12-20.

[24] 张涵. 多维邻近下高技术产业集聚的空间溢出与区域创新研究[J]. 经济体制改革，2019，（6）：68-74.

[25] 车德欣，吴传清，任晓怡，等. 财政科技支出如何影响企业技术创新?——异质性特征、宏微观机制与政府激励结构破解[J]. 中国软科学，2020，（3）：171-182.

[26] 王帅，周明生. 信息基础设施建设、产业集聚与经济增长——基于中介效应模型的实证分析[J]. 上海经济，2018，（5）：5-18.

[27] 韩术斌. 基于生产性服务业集聚的知识溢出对区域创新产出影响的研究[D]. 北京物资学院硕士学位论文，2016.

[28] 周兵，戴贵宝，任政亮. 产业集聚对制造业自主创新的影响分析——基于 GMM 动态效应模型与面板门槛效应模型[J]. 现代经济探讨，2018，（1）：80-88.

[29] 张可. 产业集聚与区域创新的双向影响机制及检验——基于行业异质性视角的考察[J]. 审计与经济研究，2019，34（4）：94-105.

Research on the Influence of Digital Economy Industry Agglomeration on the Driving Factors of Innovation

JIN Xin, LI Xiaowen, ZHANG Min, WANG Lubin, SUN Guanghua

（School of Information, Central University of Finance and Economics, Beijing 100081, China）

Abstract　Based on the panel data of 29 provinces from 2006 to 2017, this paper discusses the impact of digital economy industry agglomeration on the driving factors of innovation. From the perspective of nation, the industry agglomeration of digital economy has a positive effect on the driving factors of innovation; from the perspective of region, the impact shows obvious regional heterogeneity, and there exist a crowding effect in the eastern region. Industry agglomeration of digital economy can promote regional innovation, but the government should act according to local circumstances to avoid over-competition and crowding effect.

Keywords　digital economy, industry agglomeration, driving factors of innovation, empirical research

作者简介

金鑫（1974—），男，中央财经大学信息学院教授、博士生导师，研究方向为大数据分析、商务智能、知识管理、数据挖掘等，E-mail：jinxin@cufe.edu.cn。

李晓雯（1994—），女，中央财经大学信息学院 2019 年级硕士研究生，研究方向为数字经济与创新驱动，E-mail：lxw_cufer@163.com。

张敏（1995—），女，中央财经大学信息学院 2019 级博士研究生，研究方向为创新管理、知识管理，E-mail：minniecufe@163.com。

王鲁滨（1960—），男，中央财经大学继续教育学院院长、教授，研究方向为信息管理、金融信息化，E-mail：wanglubin@cufe.edu.cn。

孙广华（1987—），男，中央财经大学信息学院 2018 级博士研究生，研究方向为创新经济，E-mail：sghcufe@163.com。

审稿专家

按姓氏音序排列：

安利平（南开大学）　　　　　　　　安小米（中国人民大学）

曹慕昆（厦门大学）　　　　　　　　陈福集（福州大学）

陈华平（中国科学技术大学）　　　　陈荣（清华大学）

陈文波（武汉大学）　　　　　　　　陈晓红（中南大学）

陈禹（中国人民大学）　　　　　　　陈智高（华东理工大学）

程絮森（中国人民大学）　　　　　　崔巍（北京信息科技大学）

党延忠（大连理工大学）　　　　　　邓朝华（华中科技大学）

丁学君（东北财经大学）　　　　　　董小英（北京大学）

董毅明（昆明理工大学）　　　　　　杜荣（西安电子科技大学）

方佳明（电子科技大学）　　　　　　冯玉强（哈尔滨工业大学）

甘仞初（北京理工大学）　　　　　　高慧颖（北京理工大学）

高学东（北京科技大学）　　　　　　葛世伦（江苏科技大学）

顾东晓（合肥工业大学）　　　　　　顾睿（对外经济贸易大学）

郭伏（东北大学）　　　　　　　　　郭熙铜（哈尔滨工业大学）

郝辽钢（西南交通大学）　　　　　　胡安安（复旦大学）

胡立斌（西安交通大学）　　　　　　胡祥培（大连理工大学）

黄京华（清华大学）　　　　　　　　黄丽华（复旦大学）

黄奇（南京大学）　　　　　　　　　黄伟（西安交通大学）

贾琳（北京理工大学）　　　　　　　姜锦虎（西安交通大学）

姜元春（合肥工业大学）　　　　　　蒋国瑞（北京工业大学）

蒋玉石（西南交通大学）　　　　　　金悦（对外经济贸易大学）

孔祥维（大连理工大学）　　　　　　赖茂生（北京大学）

黎波（清华大学）　　　　　　　　　李东（北京大学）

李红（北京航空航天大学）　　　　　李亮（对外经济贸易大学）

李敏强（天津大学）　　　　　　　　李明志（清华大学）

李倩（中国人民大学）　　　　　　　李文立（大连理工大学）

李希熙（清华大学）　　　　　　　　李一军（哈尔滨工业大学）

李勇建（南开大学）　　　　　　　　梁昌勇（合肥工业大学）

廖列法（江西理工大学）　　　　　　　廖貅武（西安交通大学）

林杰（同济大学）　　　　　　　　　　林丽慧（清华大学）

林志杰（清华大学）　　　　　　　　　刘春（西南交通大学）

刘登攀（清华大学）　　　　　　　　　刘盾（西南交通大学）

刘冠男（北京航空航天大学）　　　　　刘红岩（清华大学）

刘建国（上海财经大学）　　　　　　　刘鲁（北京航空航天大学）

刘鲁川（山东财经大学）　　　　　　　刘汕（西安交通大学）

刘位龙（山东财经大学）　　　　　　　刘璇（华东理工大学）

刘烨（清华大学）　　　　　　　　　　刘咏梅（中南大学）

刘震宇（厦门大学）　　　　　　　　　刘仲英（同济大学）

卢涛（大连理工大学）　　　　　　　　卢向华（复旦大学）

鲁耀斌（华中科技大学）　　　　　　　陆本江（南京大学）

陆文星（合肥工业大学）　　　　　　　罗城（天津大学）

罗念龙（清华大学）　　　　　　　　　马宝君（上海外国语大学）

马费成（武汉大学）　　　　　　　　　马卫民（同济大学）

毛基业（中国人民大学）　　　　　　　梅姝娥（东南大学）

闵庆飞（大连理工大学）　　　　　　　牛东来（首都经济贸易大学）

潘煜（上海外国语大学）　　　　　　　戚桂杰（山东大学）

齐佳音（上海对外经贸大学）　　　　　邱凌云（北京大学）

裘江南（大连理工大学）　　　　　　　任菲（北京大学）

任明（中国人民大学）　　　　　　　　任南（江苏科技大学）

单晓红（北京工业大学）　　　　　　　邵培基（电子科技大学）

沈波（江西财经大学）　　　　　　　　史楠（上海对外经贸大学）

宋明秋（大连理工大学）　　　　　　　宋培建（南京大学）

宋婷婷（上海交通大学）　　　　　　　苏芳（暨南大学）

孙建军（南京大学）　　　　　　　　　孙磊磊（北京航空航天大学）

唐晓波（武汉大学）　　　　　　　　　童昱（浙江大学）

王聪（北京大学）　　　　　　　　　　王刚（合肥工业大学）

王昊（清华大学）　　　　　　　　　　王洪伟（同济大学）

王君（北京航空航天大学）　　　　　　王刊良（中国人民大学）

王楠（北京工商大学）　　　　　　　　王念新（江苏科技大学）

王珊（中国人民大学）　　　　　　　　卫强（清华大学）

闻中（北京外国语大学）　　　　　　　吴鼎（清华大学）

吴金南（安徽工业大学）　　　　　　　吴俊杰（北京航空航天大学）